本研究受到国家社会科学基金项目
"大国自然资源优势与产业发展战略"
（11CJL050）的资助

大国发展经济学系列 | 欧阳峣 主编

Development Economics Series of Large Countries

Land Size, Natural Resources and Strategy of Industry Development

国土规模、自然资源和产业发展战略

邓柏盛 / 著

北京大学出版社

PEKING UNIVERSITY PRESS

图书在版编目(CIP)数据

国土规模、自然资源和产业发展战略/邓柏盛著. —北京:北京大学出版社,2019.4
(大国发展经济学系列)

ISBN 978-7-301-30041-1

Ⅰ. ①国… Ⅱ. ①邓… Ⅲ. ①自然资源—影响—产业发展—发展战略—研究 Ⅳ. ①F062.9

中国版本图书馆 CIP 数据核字(2018)第 251064 号

书　　　名	国土规模、自然资源和产业发展战略
	GUOTU GUIMO ZIRAN ZIYUAN HE CHANYE FAZHAN ZHANLÜE
著作责任者	邓柏盛　著
责 任 编 辑	杨丽明
标 准 书 号	ISBN 978-7-301-30041-1
出 版 发 行	北京大学出版社
地　　　址	北京市海淀区成府路205号　100871
网　　　址	http://www.pup.cn　新浪微博:@北京大学出版社
电 子 信 箱	sdyy_2005@126.com
电　　　话	邮购部 010-62752015　发行部 010-62750672　编辑部 021-62071998
印 　刷 　者	北京虎彩文化传播有限公司
经 　销 　者	新华书店
	730 毫米×1020 毫米　16 开本　14.5 印张　262 千字
	2019 年 4 月第 1 版　2019 年 4 月第 1 次印刷
定　　　价	68.00 元

未经许可,不得以任何方式复制或抄袭本书之部分或全部内容。
版权所有,侵权必究
举报电话: 010-62752024　电子信箱: fd@pup.pku.edu.cn
图书如有印装质量问题,请与出版部联系,电话: 010-62756370

总　　序

20世纪90年代初期，发展经济学的奠基人张培刚先生提出，发展中大国应该成为发展经济学的重要研究对象，这就为发展经济学的完善指明了新的路径。当历史的年轮进入21世纪的时候，"金砖国家"的崛起使大国经济现象格外引人瞩目，基于这个事实，我们追寻张培刚先生的命题，开始在大国经济发展理论这块沃土辛勤"耕作"。

科学发展不仅需要探索规律，而且需要构建知识体系。我们试图以发展中大国为研究对象，从人口数量和国土面积这两个初始条件出发，以规模和结构为逻辑起点，系统分析大国经济发展的典型特征、特殊机制和战略选择，致力于构建一个逻辑自洽的理论体系。摆在读者面前的"大国发展经济学系列"，将从逻辑体系、大国效应、人力资源、自然资源、需求动力、对外贸易、技术创新和结构转型的视角，在专题性研究基础上形成系统性成果，进而演绎成大国发展经济学的理论雏形。

建设中国风格的经济学话语体系，这是当代中国经济学家的梦想。我们以撰写可以传承的著作为目标，秉承创新精神和精品意识，将这套"大国发展经济学系列"呈现给中国乃至全世界，并期望能够形成国际影响力，在学术追梦的道路上留下新的印迹。

欧阳峣

2018年3月于岳麓山

摘　　要

20世纪80年代以后，随着一些新兴大国的崛起，世界经济格局重新调整。全世界自然资源消耗速度迅速加快，国际资源价格波动剧烈，国家之间关于自然资源的摩擦不断、纷争升级，国际贸易秩序屡遭破坏。政治家、经济学家对自然资源重新燃起了异乎寻常的崇拜心理，因为充足的自然资源既能够满足一个农业社会发展的需要，又能够保障一国的工业化持续进行，还能够使一国在国际贸易谈判中占有重要的地位。大国自然资源种类齐全、数量丰富，为经济可持续发展和建立完备的产业体系提供了较好的初始条件。然而，现有的研究表明：自然资源丰裕程度与产业发展、经济发展之间关系复杂。有些自然资源丰富的发展中大国如尼日利亚、埃塞俄比亚等经济增长缓慢，而另一些自然资源丰富的大国，如美国、澳大利亚、加拿大以及"金砖国家"经济增长迅速。中国经济发展进入新时期、新阶段，资源和环境要素已经成为经济发展的"硬约束"，资源的可获取性和利用方式、产业发展的思路和战略，将直接影响国家的产业安全、经济安全和经济社会的可持续发展。这不得不让我们重新思考发挥这些优势的具体方法和途径。

本书以大国为研究对象，从大国自然资源优势入手，研究其对产业形成、产业布局、产业结构、产业竞争力、产业调整和升级的影响，寻求适合大国产业发展的思路、战略和具体政策。理论研究以索罗模型为基础，从资源的稀缺性入手，重新构建包含自然资源在内的分析框架，研究自然资源对经济发展的约束作用。经验研究方面，首先，客观、真实界定大国，结合以往研究归纳、总结大国可能具备的优势，研究其对产业发展、经济增长的影响路径和机制。然后，开展一系列实证分析，具体涉及验证大国的自然资源优势与经济增长的关系，以及大国产业结构变动与经济增长的关系；并且从需求的角度测算自然资源国际均衡价格的波动问题，以及大国的自然资源丰裕度与工业化质量之间的关系；同时分析自然资源对外贸易中的关税壁垒、定价行为和贸易策略等。

通过深入研究，本书得出了一些重要的研究结论和政策建议。研究表明，自然资源、产业发展与产业结构变迁以及经济增长之间存在着复杂的关系。从经济发展的阶段性视角来看，一国在初始发展阶段的自然资源丰裕程度会决定产业布局与产业规模，而产业布局与产业规模又会进一步影响经济增长、产业的升级与变迁。同时，经济增长又会反过来影响一国的产业结构和产业升级。这些经济变量之间的关系，往往需要运用多种方法，从各个方面深入细致分析，不能简单和笼统地给出结论。在不同的国家，由于国情差异，运用同样的方法，得出的研究结果也可能不一样，即使是同一个国家，在不同的时期研究结果也可能会不同。在政策建议上，尽管大国之间存在普遍性和特殊性，大国的自然资源优势存在差异，仍然可能存在一个普适性的产业选择标准和发展战略。在产业选择上，笔者认为，发展中大国基于自然资源优势的产业选择战略应该是全产业链完整的产业选择战略，从整个国家层面来看，必须构建完整的工业体系和产业门类；从地区层面来看，可以根据区域要素禀赋特点有所侧重。在产业布局战略上，发展中大国可以根据自身实际情况进行选择，平衡发展与非平衡发展战略、梯度推移与反梯度推移战略、点轴开发和增长极战略都有可取之处。在产业升级和结构调整上，无论是产业内部的升级还是整体产业结构的优化，都必须依托技术进步、制度创新和提升人力资本来完成，从而实现产业结构的合理化和高级化。产业结构调整不仅与一国的自然资源情况有关，还往往与一国的产业模式、产业发展思路、国家发展战略相关。在自然资源贸易方面，既要看到自然资源贸易的有利方面，也要看到自然资源的不可再生性，应该更多强调资源进口而非出口，可以采取策略性的政策。一方面，拓宽资源进口来源，确保资源获取的渠道安全，构建完善的资源储备体系，运用大国的规模优势提高国际市场上的议价能力，积极参与双边和多边的贸易合作；另一方面，鼓励企业节约资源，提高资源综合利用效率，降低单位 GDP 资源消耗强度。

Abstract

In the nearly thirty years, with the rise of some emerging large countries, the world economy structure re-adjusted. With the natural resources consumption increasing rapidly and the price of international resources fluctuating violently, the international trade order has been repeatedly undermined because more and more frictions and disputes on natural resources between countries. For sufficient natural resources not only can meet the needs of the development of an agricultural society but also guarantee the continuous industrialization of a country, even to play an important role in international trade negotiations. Politicians and economists have rekindled an unusual adoration of natural resources. Large countries have abundant natural resources in variety and quantity, which provides a good initial condition to develop sustainable economic and to establish a complete industrial system. However, a large number of researches show the complex that the relationship among the abundance of natural resources and industrial development and economic development. For example, some small countries with abundant natural resources, such as Nigeria and Congo, developing very slow economic growth, while large ones such as the United States and Australia, are developing very quickly. To China, which has entered a new developing era and stage, resources and environmental factors have become the "hard constraint" to develop economy, so it will directly affect China's industrial security and economic security, and even affect the sustainable development of the whole economic society, what the availability and utilization methods of natural resources, the strategy of industrial development. So we have to rethink the specific methods and ways of take advantage of all these.

This book takes the large country as the research object, relying on the advantages of natural resources, studying on which impacting on a country's industrial formation, industrial layout, industrial structure, industrial competitiveness, industrial adjustment and upgrading, and seeks ideas, strategies and specific policies suitable for the development of a large country's industry. In theory, the research which based on Solow model, starting from the scarcity of natural resources. This research reconstructs the analytical framework including natural resources, and constraints of natural resources on economic development. In empirical research, firstly, the research defines large country objectively, combining with previous studies, summarizes the advantages which large countries having, and analyzing its impact on industrial development and path and mechanism for economic growth. Then, a series of empirical studies are carried out. Specifically, it includes verifying the relationship between natural resource advantages and economic growth of large countries, the relationship between industrial structure changes and economic growth of large countries, calculating the fluctuation of international equilibrium price of natural resources from the perspective of demand, the relationship between natural resource abundance and industrialization quality of large countries, and analyzing tariff barriers, pricing behavior and trade strategies in foreign trade of natural resources.

Some important conclusions and policy recommendations are drawn through intensive research. It shows that there are complex relationships among natural resources, industrial development, industrial structure changes and economic growth. From the stage of economic development, the abundance of natural resources will determine the industrial layout and scale of a country at the initial stage of development, and then industrial scale and layout will further affect economic growth, industrial upgrading and change. Meanwhile, Economic growth will in turn affect a country's industrial structure and industrial upgrading. The relationships among these economic variables need to be thoroughly and meticulously analyzed by various methods, and the conclusion can't be given simply and generally. Different countries may have different research results because of their different national conditions by using the same method. Even the same country may have different research results in different periods. As the policy recommendations, despite the universality and particularity among the large countries and the differences in natural resources advantages among them, there may still be a universal criterion for industrial selection and a development strategy. In terms of industrial selection, we believe that the industrial selection strategy of large developing countries which based on natural resource advantages should be a complete industrial selection strategy of the whole industrial chain. It is necessary to build a complete industrial system and industrial categories from the national level and it can be emphasized according to the characteristics of regional factor endowment from the regional level. In terms of industrial layout strategy, large developing countries should choose industrial layout according to their own actual conditions, Balanced and Unbalanced development, Gradient-transfer strategy and Anti-gradient-transfer strategy, Point-axis development strategy and Growth pole strategy are all desirable. In terms of industrial upgrading and structural adjustment, whether upgrading within the industry or optimizing the overall industrial structure, it must rely on technological progress, institutional innovation and upgrading of human capital to achieve the rationalization and upgrading of industrial structure. Industrial restructuring is not only related to a country's natural resources, but also to a country's industrial model, industrial development ideas and national development strategy. In terms of natural resources trade, it should not only base on the beneficial aspects of natural resources trade, but also known the non-renewable nature of natural resources. We should pay more attention to the import rather than export of resources. So we can adopt strategic policies. On the one hand, we should broaden the import natural of resources to ensure the resources access channels security, and to build a sound resource storage system, and to improve bargaining ability in international market relying on the scale advantage. On the other hand, enterprises should be encouraged to save resources, to improve the efficiency of comprehensive utilization of resources and to reduce the intensity of resource consumption per GDP.

目 录

第一章 绪论 …………………………………………………………（1）
  第一节 研究背景 ……………………………………………………（1）
  第二节 研究意义 ……………………………………………………（2）
  第三节 研究动态及评述 ……………………………………………（3）
  第四节 研究思路与方法 ……………………………………………（10）
  第五节 研究内容、观点与创新之处 ………………………………（11）

第二章 对主流增长理论的理性反思
  ——基于自然资源视角 ……………………………………（16）
  第一节 引言 …………………………………………………………（16）
  第二节 现代经济学对自然资源稀缺认知的缺陷 …………………（17）
  第三节 有限理性与自然资源认知的缺陷 …………………………（23）
  第四节 小结 …………………………………………………………（30）

第三章 大国自然资源与产业发展 ……………………………………（31）
  第一节 大国的界定及优势分析 ……………………………………（31）
  第二节 大国的自然资源与产业发展 ………………………………（39）
  第三节 自然资源禀赋与大国工业发展战略 ………………………（56）
  第四节 小结 …………………………………………………………（64）

第四章 大国自然资源与经济增长 ……………………………………（66）
  第一节 引言 …………………………………………………………（66）
  第二节 文献综述 ……………………………………………………（67）
  第三节 自然资源丰裕度对经济增长的计量分析 …………………（71）

第四节 对计量结果进行进一步分析 …………………………………（73）
  第五节 资源诅咒的原因分析 ……………………………………………（75）
  第六节 结论与政策建议 …………………………………………………（78）

第五章 大国产业结构变化与经济增长 …………………………………（81）
  第一节 引言 ………………………………………………………………（81）
  第二节 产业结构升级的度量 ……………………………………………（83）
  第三节 中美两国产业结构升级的特征 …………………………………（85）
  第四节 基本模型、主要方法和数据来源 ………………………………（90）
  第五节 产业结构升级的实证分析 ………………………………………（92）
  第六节 结论与政策建议 …………………………………………………（94）

第六章 大国自然资源与工业化质量 ……………………………………（97）
  第一节 引言 ………………………………………………………………（97）
  第二节 工业化质量的指标及计算方法 …………………………………（98）
  第三节 发展中大国工业化质量度量 ……………………………………（104）
  第四节 结论与政策建议 …………………………………………………（114）

第七章 大国自然资源需求波动与均衡价格决定 ………………………（116）
  第一节 引言 ………………………………………………………………（116）
  第二节 文献综述 …………………………………………………………（117）
  第三节 "契约人"假设下虚拟供求曲线的推导 ………………………（122）
  第四节 "契约人"假设下的蛛网模型图解分析 ………………………（124）
  第五节 极限存在原理对三种蛛网的收敛性证明 ………………………（131）
  第六节 蒙特卡洛模拟验证三种蛛网的收敛性 …………………………（133）
  第七节 基于"契约人"假设的蛛网模型收敛性实证检验 ……………（135）
  第八节 小结 ………………………………………………………………（139）

第八章 大国自然资源与对外贸易政策 …………………………………（140）
  第一节 引言 ………………………………………………………………（140）
  第二节 文献综述 …………………………………………………………（141）
  第三节 模型的设定 ………………………………………………………（144）
  第四节 上游不同定价模式下的贸易与环境政策 ………………………（145）

第五节　贸易自由化对贸易和环境政策以及社会福利的影响 ……… (150)
第六节　结论与政策建议 ……………………………………………… (163)

第九章　大国自然资源节约与综合利用 ……………………………………… (166)
第一节　引言 …………………………………………………………… (166)
第二节　约束型政策——立法 ………………………………………… (167)
第三节　激励型政策——经济政策 …………………………………… (172)
第四节　发挥产业化和中介组织的作用 ……………………………… (182)
第五节　启示及借鉴意义 ……………………………………………… (183)

第十章　大国自然资源优势与产业发展战略选择 …………………………… (186)
第一节　自然资源与产业选择战略 …………………………………… (186)
第二节　自然资源与产业布局战略 …………………………………… (188)
第三节　自然资源与产业升级战略 …………………………………… (190)
第四节　自然资源与产业结构调整战略 ……………………………… (191)
第五节　自然资源与产业贸易战略 …………………………………… (193)

参考文献 ……………………………………………………………………………… (195)

附录 …………………………………………………………………………………… (207)

Contents

Chapter I Introduction ……………………………………………… (1)
   Section I　Research background ……………………………………… (1)
   Section II　Research significance ……………………………………… (2)
   Section III　Research review and brief comments ……………………… (3)
   Section IV　Research ideas and methods ……………………………… (10)
   Section V　Research contents, views and innovations ………………… (11)

Chapter II Rational introspection on the mainstream growth theory—Based on the perspective of natural resources … (16)
   Section I　Questions raised …………………………………………… (16)
   Section II　Defects of modern economics on the scarcity of natural resources ……………………………………………………… (17)
   Section III　Limited rationality and the limitation of natural resource cognition ………………………………………………………… (23)
   Section IV　Brief summary …………………………………………… (30)

Chapter III Natural resources and industrial development of large countries ……………………………………………………… (31)
   Section I　Definition and advantage of large countries ………………… (31)
   Section II　Natural resources and industrial development of large countries ………………………………………………………… (39)
   Section III　Natural resource endowment and the development strategies of large countries ……………………………………………… (56)
   Section IV　Brief summary …………………………………………… (64)

Chapter IV Natural resources and economic growth of large countries ……………………………………………… (66)

Section I Questions raised ……………………………………… (66)
Section II Literature Review …………………………………… (67)
Section III Econometric analysis of natural resource abundance to economic growth …………………………………… (71)
Section IV Further analysis to the results ……………………… (73)
Section V Causes of resource curse …………………………… (75)
Section VI Conclusions and suggestions ……………………… (78)

Chapter V Industrial structure Changes and economic growth of large countries ……………………………………………… (81)

Section I Questions raised ……………………………………… (81)
Section II Measurement of industrial structure upgrading …… (83)
Section III Characteristics of industrial structure upgrading of China and US ……………………………………………… (85)
Section IV Basic models, main methods and data sources …… (90)
Section V An empirical analysis to the industrial structure upgrading ……………………………………………… (92)
Section VI Conclusions and suggestions ……………………… (94)

Chapter VI Natural resources and quality of industrialization of large countries ……………………………………………… (97)

Section I Questions raised ……………………………………… (97)
Section II Indexes and calculation methods of the quality of industrialization ……………………………………… (98)
Section III The measurement of the quality of industrialization in the developing large countries ……………………… (104)
Section IV Conclusions and suggestions ……………………… (114)

Chapter VII Determination of demand fluctuation and equilibrium prices of natural resources ……… (116)

Section I   Questions raised ……… (116)
Section II   Literature Review ……… (117)
Section III Deduction of the virtual supply and demand curve under the contract man hypothesis ……… (122)
Section IV   Graphic analysis of cobweb model under contract man hypothesis ……… (124)
Section V   The proof of convergence of three kinds of cobweb model under the limit existence principle ……… (131)
Section VI   Monte Carlo simulation to verify the convergence of three kinds of cobweb model ……… (133)
Section VII Empirical test of convergence of cobweb model based on the contractual man hypothesis ……… (135)
Section VIII Brief summary ……… (139)

Chapter VIII Natural resources and foreign trade policy of large countries ……… (140)

Section I   Questions raised ……… (140)
Section II   Literature Review ……… (141)
Section III Model setting ……… (144)
Section IV   Trade and environmental policies under different upstream enterprise pricing modes ……… (145)
Section V   The impact of trade liberalization on Trade and environmental policies and social welfare ……… (150)
Section VI   Conclusions and suggestions ……… (163)

Chapter IX Conservation and comprehensive utilization of natural resources in large counties ……… (166)

Section I   Questions raised ……… (166)
Section II   Constrained policy-legislation ……… (167)

Section III Incentive policy—economic policy ······ (172)
Section IV Industrialization and intermediary organizations ······ (182)
Section V Conclusions and suggestions ······ (183)

Chapter X The advantages of natural resources and the strategic choice of Industrial Developmentin large countries ······ (186)

Section I Natural resources and industry selection strategies ······ (186)
Section II Natural resources and industrial layout strategies ······ (188)
Section III Natural resources and industrial upgrading strategies ······ (190)
Section IV Natural resources and the industrial structure adjustment strategies ······ (191)
Section V Natural resources and industrial trade strategies ······ (193)

References ······ (195)

Appendix ······ (207)

第一章

绪　论

第一节　研究背景

一、世界经济发展情况

世界经济进入新的发展阶段，资源和环境问题已经成为全球性问题。二战以后，世界进入相对和平的发展时期，世界范围内的财富不断增长、人口急剧膨胀和科学技术迅猛发展；与此同时，全球范围内也出现了一系列的社会问题和危机，例如，人口危机、粮食危机、能源危机和环境危机等，如何协调人口、资源与环境之间的相互关系，使社会经济得以持续稳定发展，已成为当今社会所面临的重大社会问题。近30年来，随着一些新兴大国的崛起，工业化程度不断提高。全世界自然资源消耗速度迅速加快，国际资源价格波动剧烈，国家之间关于自然资源的摩擦不断、纷争升级，国际贸易秩序也屡遭破坏。自然资源的重要性仿佛又回到了马尔萨斯和李嘉图所处的时代，政治家、经济学家对自然资源重新燃起了异乎寻常的崇拜心理，因为充足的自然资源既能够满足一个农业社会发展的需要，又能够保障一国的工业化持续进行，还能够使一国在国际贸易谈判中占有重要的地位。

二、中国经济发展情况

中国转型步入关键时期，资源和环境要素已经成为经济发展的"硬约束",资源的可获取性和利用方式、产业发展的思路和战略,都将直接影响中国的产业安全、经济安全,进而影响中国经济发展方式的转变和"两型社会"建设的实现,关乎整个经济社会的可持续发展。中国已经进入工业化后期,重化工业成为重要特征。在过去的10多年间,巨大的需求规模和较高的增长速度,使中国成为世界资源增量需求的绝对主力,使得国际自然资源价格日益受到中国的影响,自然资源价格也屡创新高。从资源消耗的角度来看,中国已成为世界上煤炭、钢铁、铁矿石、氧化铝、铜、水泥消耗量最大的国家,同时也是第一大能源消耗国。2006年以来,中国每年大约消费全世界8%的原油、30%的煤炭、30%的铁矿石、25%的氧化铝、40%的水泥,创造了世界4%的财富。中国一些重要资源如石油对外依存度超过55%、钢铁为45%、铜为60%、铝为30%,能源和资源安全得不到保障。中国经济增长对资本投入的增加依赖程度约为60%,而发达国家和新兴工业国家仅为20%。过去的几十年间,重要的生产性自然资源的价格都有较大幅度的增长,增长的倍数由几倍到几十倍不等。这不得不让人们重新思考中国的经济增长方式、资源的可持续开发和利用问题。

第二节 研究意义

一、理论意义

近20年的研究表明:自然资源丰裕程度与产业发展、经济发展之间到底存在怎样的关系并不确定。为什么一些自然资源丰富的发展中大国如尼日利亚、埃塞俄比亚等经济增长速度缓慢,而自然资源同样丰富的大国如美国、澳大利亚、加拿大以及"金砖国家"经济增长却非常迅速?这就引发我们进一步思考,丰富的自然资源对于经济增长究竟是福音还是诅咒?纵观已有的研究,多半是从特定国家和一些特定资源入手进行分析,可能在具体分析中存在一定的缺陷,或许国家规模不同可能会导致不同的结果。因此,具体的分析过程中可能还需要深入分析"大国"与"小国"的不同之处,分析"大国"所具有的普遍性和特殊性,要从"大国"自身特点、要素禀赋、发展程度等方面入手分析所具有的优势和不足,要结合当前世界经济发展的新形势,提出合理的产业发展模式和国家发展战略,这样才能更真实地体现出自然资源的价值,更科学地分析其在经济发展中的作用。因此,从理论上来讲,该研究在一定程度上是新时期下对经济增长理论、产业发展理论和资源与环境理论的丰富和完善。

二、实践意义

放眼全球大国,由于国土面积大、市场规模大,往往拥有丰富的自然资源,可能存在一些"优势",但是发展中大国普遍表现出企业竞争力不强、产业集群不发达、高附加值产业缺乏的特点,这不能不让我们重新思考发挥这些优势的具体方法和途径。因此,从实践上来讲,本研究能为大国产业发展和产业布局提供决策支持;能够为大国的自然资源开采与自然资源对外贸易提供政策思路;能够为资源节约和综合利用提供可以借鉴的国际经验。

第三节 研究动态及评述

一、问题的提出:自然资源诅咒还是福音

自然资源是国家财富的重要象征,也是生产活动中不可或缺的投入要素,它对经济社会的发展具有重要意义。[①] 从直觉上来说,一个国家自然资源越是丰富,那么经济增长越有保障,拥有较高自然资源禀赋的国家通常蕴含更大的发展潜力。在农业社会、工业社会发展初期,丰裕的自然资源体现了强大的作用。如马尔萨斯所著《人口论》中的核心观点就是,因为人口以指数增长,而粮食等谷物只能以线性增长,从而导致严重的后果;梅多斯等在《增长的极限》中向世人警告,如果人类不改变那种掠夺式的发展以及大量消费资源能源的生产和生活方式,那么人类总有一天会走上绝路。显然,这些研究所关注的核心问题是自然资源禀赋问题,从这些悲观的结论中可以看出,自然资源对经济增长、社会发展具有决定性的作用,因此,拥有丰富的自然资源是一

---

① 根据1972年联合国环境规划署(UNEP)作出的定义,自然资源是指在一定的时间条件下,能够产生经济价值以提高人类当前和未来福利的自然环境因素的总称。自然资源具有稀缺性、区域性、整体性、多用性、难以替代性等特征。

国实现持续增长的关键性因素。

然而，事实似乎并非如此。这一结论可以从两个方面得到证实：一是从全世界来看，容易观察到一个简单的事实，即有很多自然资源非常丰富的国家，经济增长速度却十分缓慢，国民陷入贫困。例如，17世纪的西班牙，19—20世纪的俄罗斯，二战后的尼日利亚、委内瑞拉以及海湾地区的一些石油大国，21世纪的阿根廷等。这些国家都拥有良好的自然资源条件，然而同期与其他国家相比，经济发展速度却不尽如人意。为此，俄罗斯总统普京也曾说过一句让人深思的话："我们的国家十分富有但人民却很贫困。"一些自然资源比较稀缺的国家或地区经济却增长迅速，国民十分富裕，如日本、卢森堡、瑞士、韩国、新加坡，以及中国的台湾和香港地区等。二是一些专家学者不断深入研究的结论表明：自然资源与经济增长呈现出负相关的关系。换句话说，丰富的自然资源在长期内对一个国家的经济增长竟然有着较强的抑制作用。它制约了一国的经济增长速度，从而使得自然资源丰富的国家或地区的经济增长速度慢于资源贫乏的国家或地区。20世纪90年代以来，一些经济学家对自然资源丰富的发展中国家经济增长与社会福利关系的研究表明：自然资源比较丰富的国家反而有更低的经济增长速度和更低的社会福利水平（Sachs, Jeffrey and Andrew Warner, 2001）。

自然资源禀赋不仅直接影响一个国家或地区的产业发展、经济增长，还有可能产生一些其他经济和社会问题，如收入分配问题、人力资本投资问题，甚至在一些国家丰富的自然资源带来的不是财富和福音，而是内乱和战争，如中东地区的一些国家。这不得不引起经济学家、社会学家、地理学家和政治学家的关注，由此也引发了著名的"资源诅咒"（resource curse）问题。本节就自然资源与产业发展、经济增长等方面的问题进行梳理，并作出一个简要的评述和说明。

二、自然资源问题研究现状

毫无疑问，大国自然资源种类齐全、数量丰富，为建立完备的产业体系提供了较好的初始条件。这会对产业的形成、分工与布局以及产业结构的调整、升级与发展产生深远的影响。国外关于自然资源对产业发展影响的理论研究比较丰富。古典经济学家如斯密、李嘉图、赫克歇尔、俄林等从自然资源使用成本的角度分析了产业形成与分工问题，形成了比较优势理论。发展经济学家如罗斯托、罗丹、刘易斯、钱纳里强调丰富的自然资源在产业发展、升级和技术进步中的作用，特别强调其在工业化的前期和中期的作用，由此形成了比较完整的工业化理论体系。经济学家如萨缪尔森、克鲁格曼、胡佛、波特还从自然资源的规模来解释产业规模和产品的种类、数量以及产业集聚问题，由此提出了竞争优势理论。产业发展理论主要是综合了各种因素之后的比较优势理论、后发优势理论和竞争优势理论。近年来，自然资源与产业发展、经济发展的经验研究也屡见不鲜。Delong 和 Williamson 的研究表明，美国钢铁产业发展的前提条件是该国拥有丰富的煤炭和铁矿的储量，De Ferranti 等得出了类似的结论。Wright 认为，美国的制造业技术领先的重要原因在于自然资源优势。Gylfason 和 Thorvaldur（2001）认为，挪威经济繁荣的原因在于成功地管理了丰富的自然资源。最近的研究表明，"金砖四国"经济快速增长部分得益于丰富的自然资源。

然而，丰富的自然资源禀赋赋予的良好初始条件，并不一定就会对一国或地区的产业发展、经济增长带来好的结果。Corden 和 Neary（1982）提出"荷兰病"效应，认为丰富的自然资源会产生"资源转移效应"，抑制其他产业发展。后来，Auty（1990）首次提出了"资源诅咒"的说法，并且通过对资源出口国的案例研究，认为自然资源富集是一种"诅咒"而非"恩赐"。在随后的一篇文章中，Auty 又分析了资源丰裕的国家巴西的经济模式并将其与东亚的国家进行对比，认为丰富的自然资源导致巴西过早地实施了重化工业的扩展，而这是不可持续的发展方式。Sachs 和 Warner（1995）分析了拉美一些国家和东亚国家经济增长的差异。他们认为，拉美国家主要依赖出口初级产品或者初级产品投入的制成品发展经济，实际上，这严重地抑制了制造业部门的发展，而东亚国家基本都是采取出口导向型经济发展战略，出口劳动密集型、资本和技术密集型产品，对收益递增的工业部门的发展起到了推动作用。Auty、Sachs 和 Warner 的研究引发了学术界一场关于自然资源与经济发展、产业发展的关系的大讨论，很多学者相继对这一问题展开了检验和讨论。在过去的 20 多年间，关于这一问题的讨论主要可以分成三大类：一是检验"资源诅咒"命题的普适性问题，有支持"资源诅咒"的论文，也有反对"资源诅咒"的观点；二是研究和分析"资源诅咒"问题形成的条件、产生的原因、发生作用的机理和机制；三是研究解决"资源诅咒"问题的办法。

有比较多的研究结论倾向于支持"资源诅咒"的观点，例如 Torvik (2002) 运用寻租模型，分析和证明了资源丰裕度越高就越有可能参与"非生产性活动"，以获得资源租金，从而肯定自然资源与经济增长之间的反向单调关系。Neumayer 以净收入为指标衡量资源富裕程度，他的研究表明：对于那些资源丰裕的国家而言确实存在"资源诅咒"问题。Papyrakis 和 Gerlagh 检验了 39 个国家或地区自然资源对经济增长的直接效应和间接效应，研究结论表明：自然资源对经济增长的负效应要远大于正效应。Douangngeune 等从资源租金的角度分析了泰国为什么会在 20 世纪 50 年代经济发展和教育发展方面滞后于日本和韩国。Arezki 和 Ploeg 对该问题也进行了系统性的研究，他们的研究重点在于对地理区位、开放度以及制度因素的分析，研究表明：将制度环境和开放度作为工具变量，自然资源出口对人均收入有直接的负面影响，"资源诅咒"尤其在开放度较低的国家会严重阻碍经济发展。在美国，阿拉斯加和路易斯安那两大地区曾经历了很长时间的低经济增长，自然资源过于丰富被认为是一个重要的原因。

也有不少研究反对"资源诅咒"理论和观点。Davis(1995) 的研究将 22 个矿产资源型国家或地区作为一个整体，与其他非矿产资源型经济体的发展进行比较，结果表明矿产资源型经济体作为一个整体并不存在"资源诅咒"问题。Mikesell 提出的增长模型表明，资源丰裕程度与经济增长的速度没有必然联系。Wright 利用一些成功的资源型经济发展案例，诸如早期美国钢铁产业的成功，以及后来挪威、澳大利亚等国的产业成功案例，对"资源诅咒"进行反驳，主要是从工业革命、产业升级和发展的角度来分析资源对经济增长的影响，是否构成阻碍关键在于能否把握住发展的机会而非自然资源本身。

鉴于支持和反对"资源诅咒"的研究都大量存在，后续的一些研究改变了研究思路，更倾向于对"资源诅咒"发生的原因、条件进行更具体的分析，并研究探讨了"资源诅咒"的作用机理和机制问题。Ding 和 Field 以自然资源在总生产性资本中所占比例作为指标进行检验，发现自然资源对经济增长的效应具有不稳定性，若以总量指标进行分析是负相关，而使用人均量进行分析又呈现出正相关。Isham 等的研究表明，使用不同类型的资源进行分析也会导致不同的结果，若使用工业经济中的一些典型资源，如煤炭、铁、铜等进行研究则易出现"资源诅咒"问题,若使用其他一些工业经济不常用的资源,则"资源诅咒"并不明显。Bulte、Mehlum 等认为"资源诅咒"的发生不是绝对的,决定因素还是制度问题,取决于制度质量。

学界对于"资源诅咒"问题的作用机制的研究比较多,也比较深入。早期的研究是从"荷兰病"发生的视角来分析"资源诅咒"问题。Larsen 将这一机制具体分解为挤出效应、溢出效应和支出效应。[①] Learner 等从人力资本的角度来分析"资源诅咒"问题,认为自然资源采掘需要物质资本而非人力资本,这直接导致整个社会对于人力资本的投入不够,长远来看影响了经济增长。还有一些研究者从寻租、冲突、产权、政治进程等视角来分析"资源诅咒"问题。Torvik(2002)构建包含寻租行为的经济增长模型,分析大量的自然资源带来大量的参与寻租行为,最终推导出,自然资源越丰富导致经济增长速度越低。Auty(2001)的研究也有相似的结果,他通过案例分析得出腐败和寻租行为阻碍改革和经济增长的结果。Aslund 研究了俄罗斯的改革经历,认为矿产资源富裕国家会给精英阶层提供大规模寻租的机会,受益人会形成利益联盟反对改革,制约经济增长。Humphreys et al. (2007)等从冲突和产权方面对这一问题作了具体的研究和分析。一个明显的事实就是,丰富的自然资源容易导致对抗活动的增加,提高冲突或战争发生的概率,削弱产权保护,减少生产性活动,阻碍经济增长。因此,在高度异质化(种族、民族或竞争性集团较多)的国家更易发生"资源诅咒"问题。Robinson 等的研究认为,政治制度、政治家的行为也会受到资源丰裕程度的影响,当期的政治家为了获得更多的选票,往往会倾向于过度开采资源,从而扭曲经济结构和资源配置,进而阻碍经济增长。

"资源诅咒"的传导渠道复杂,环节众多。以"荷兰病"机制中的传导渠道为例:自然资源丰裕度越高,越会使得资源生产部门就业增加,从而挤出制造业部门的资本和劳动力投入,降低竞争力,抑制经济增长,这一过程非常复杂。Gylfason 和 Thorvaldur(2001)通过梳理前人的文献认为,自然资源

---

① 按照 Larsen 的解释,自然资源会通过挤出效应将劳动力、资本和技术从机械制造业中挤出;并通过资源类部门较高的工资吸引劳动力从机械制造业脱离,加入资源采掘和加工行业。自然资源也会通过其远低于制造业贸易品部门的技术溢出,引致低产出和低增长。自然资源的支出效应还能通过将大量的资源收益转化成增加的总需求抬高实际汇率,削弱机械制造业部门产品的国际竞争力。

禀赋会通过如下几个渠道给经济增长带来负面影响：一是丰富的自然资源可能通过引起国内货币的流动性过剩，从而导致"荷兰病"。二是丰富的自然资源可能会滋生破坏性寻租行为，扭曲资源配置。三是丰富的自然资源可能会让政府、家庭和社会产生错觉，降低一些必要投入，如错误地认识人力资源的作用，减少人力资本的投入，从长远角度限制了经济增长。四是丰富的自然资源可能会使得政府不能正确地采用有利于经济增长的管理和产品改进方式，也有可能使得政府做一些力所不及的事情。由于"资源诅咒"的发生往往源于多条传导路径同时作用，加上各渠道之间的交叉影响，从而增加了对传导渠道进行准确论述和分析的难度。此外，还有一些学者从生产要素角度，用资本、劳动力、技术创新、制度等代替完整的传导链条，对各渠道的作用和效果进行了简化分析，丰富了研究的内容，并为政策制定提供了重要的依据。

对于如何避免产生"资源诅咒"问题，主要有两个思路：一是从"资源诅咒"的作用机理出发，围绕"资源诅咒"产生作用的渠道展开；二是从案例入手，选择一些成功的国家经验进行推广和拓展。将上述两个方面的政策进行归纳和总结，发现几乎所有的意见和建议都体现在两个方面：一是制度完善，二是经济政策完善。

国内也出现了一系列关于自然资源与产业发展、经济发展方面的研究，对于"资源诅咒"问题也有了一些深入的研究。国内对于这一问题的研究未达成统一认识，不同的研究者意见和观点并不相同。国内研究大国自然资源优势与产业发展问题主要从三方面展开：第一，对大国的研究，涉及大国界定（张李节，2007）、大国特点、优势（欧阳峣，2006；欧阳峣，2010）、可能的发展战略（戚衡玮，2006；杨汝岱和姚洋，2006）和模式。第二，研究自然资源对经济发展、产业发展的影响。研究侧重于两方面：一是研究自然资源对产业影响的作用机制和机理（刘贞等，2009；王必达和高云虹，2009；孙庆刚和秦放鸣，2010），二是确定两者之间的经验关系（徐康宁和王剑，2006；李天籽，2007；胡援成和肖德勇，2007；邵帅和齐中英，2008）。第三，研究我国产业选择和产业发展战略。郭熙保（2002）认为中国应该采取基于后发优势的赶超战略，由于这一战略过分地强调工业部门的作用，受到林毅夫等的质疑。林毅夫、蔡昉、李周（1999）等认为，赶超战略使发展中国家的经济增长主要体现在工业部门，将导致产业结构的不平衡；赶超战略建立起来的现代工业不能使传统工业和中小企业有机结合，将导致二元经济结构，不能够发挥经济发展的联动作用。林毅夫等认为，落后国家赶上发达国家最好的策略是采用比较优势发展战略。魏后凯（2004）提出区域竞争力由比较优势和竞争优势共同决定的假说。陈佳贵和黄群慧（2005）结合中国国情提出了产业发展战略。戚衡玮（2006）构建了用于比较中国和印度发展的模型，解释了中国模式和印度模式这两种截然不同的大国经济发展战略。欧阳峣（2010，2012）在研究大国经济时关注到了大国经济发展的差异性、阶段性与适应性，系统地提出"大国综合优势"，为区域经济发展、产业选择和产业发展提供了依据。

近几年，国内关于"资源诅咒"的文章比较多，大体上集中于三方面：第一，研究自然资源丰裕度与经济增长的关系，即检验"资源诅咒"问题。早期主要以能源为对象考察中国不同省份的资源禀赋与经济增长的关系，具体采用面板数据进行研究，代表性的论文有徐康宁和王剑（2006）、邵帅和齐中英（2008）、胡援成和肖德勇（2007）等。近期的研究在方法和指标选择上都有所突破，在方法上多采用门槛面板数据（马宇、程道金，2017）、空间计量模型（洪开荣、侯冠华，2017）、空间集聚（薛雅伟等，2016）等，自然资源也由能源转向土地（邹书婷等，2015）、耕地（陈昱、陈银蓉，2017）、矿产资源（姚顺波、韩久保，2017）、旅游资源（李跃军、姜琴君，2016）等。第二，分析"资源诅咒"产生的原因和作用机理。研究表明，"资源诅咒"产生的原因主要涉及腐败（姜泽林，2016）、寻租、人力资本限制（赵领娣、徐乐、张磊，2016）、制度的路径依赖（邹炜龙，2016）等。对于作用机理和传导机制，学界基本达成一致观点（黄悦等，2013），普遍认为"资源诅咒"源于路径依赖，因而导致创新乏力。第三，分析如何解决"资源诅咒"问题。解决方案主要从社会资本和技术创新（万建香、汪寿阳，2016），经济发展阶段和经济结构变化（陈纪平，2016），金融发展（郭根龙、杨静，2017），财政转移支付（周亚平、陈文红，2017），资源收入转移支付机制（庞加兰，2016）和制度变迁（陈隆近、吴亚萍、冯力沛，2018）等视角提出。

三、简要评述

对于自然资源状况的分析是获取产业分工以及经济发展优势和劣势的钥匙，是研究产业分工、工业化以及经济发展的基础。整体来看，国内外该领域的研究已经取得了不少成果，由自然资源入手，理论研究涉及产业分工、产业结构、产业规模、产业集群、产业升级、工业化道路和战略等方面；实证研究分析自然资源优势与产业分工、发展以及经济发展的关系，但在以下方面还有待加强：第一，研究者虽然承认大国自然资源优势明显，但是具体有哪些，由此引出的内涵和外延尚不明确，特别是自然资源对产业的影响经由何种路径起作用尚未分析透彻，以至于引发了各种争论；第二，大国自然资源丰富，但受制于国际市场，缺乏定价权，自然资源价格波动使得产业波动剧烈，目前仍缺乏有效解释和解决这一问题的研究；第三，已有文献研究大国发展战略的多，争议也多，缺乏从全球经济与贸易新形势的视角，依托大国自然资源优势来探讨产业选择、产业发展的思路和战略的研究。本研究以发展中的大国为例，研究世界经济进入新阶段后的自然资源与产业问题。

第四节　研究思路与方法

一、研究思路

依托自然资源优势，研究其对一国的产业形成、产业布局、产业结构、产业竞争力、产业调整和升级的影响，寻求适合大国产业发展的思路、战略和具体政策。具体思路如下：第一，本研究对传统经济学与现实的结合情况进行反思，反思主要来自两个方面：一是对自然资源的稀缺性认知的反思；二是对市场的理性问题的反思，这一部分构成了本研究的理论基础。第二，客观、真实地界定大国，结合以往的研究归纳和总结大国可能具备的优势，并分析其对产业发展、经济增长的影响路径和机制。第三，验证大国的自然资源优势，并分析资源优势对资源利用效率、产业规模、产业技术进步以及经济增长的影响。第四，从需求的角度测算自然资源国际均衡价格的波动，并分析国际价格波动对大国产业发展和经济发展的影响。第五，通过构建大国自然资源对外贸易的理论分析模型，对铁矿石、能源和稀土资源的对外贸易进行检验，分析自然资源对外贸易中的关税壁垒、定价行为和贸易策略。第六，考虑到自然资源在生产活动中的重要性和不可再生性，通过分析一些经济大国的资源节约和综合利用政策，为中国自然资源使用提供政策建议。第七，结合国内外经济现实提出大国产业发展思路、战略和对策。

二、研究方法

本研究通过梳理现有的文献，运用历史的分析方法、归纳与演绎的研究方法，总结过去几百年间世界各国的自然资源禀赋，对相关国家的产业发展、经济增长等进行深入分析，总结和提炼自然资源与产业发展的基本理论和部分观点作为本研究的理论依据和逻辑起点；使用定量与定性分析相结合的方法研究一些关键问题，如运用时间序列数据分析大国的产业结构对经济增长的影响，使用蒙特卡洛仿真方法分析市场均衡价格，运用面板数据方法研究大国自然资源与经济增长之间的关系，运用规范的分析方法研究大国自然资源对外贸易中不同的定价策略对一个国家福利的影响，运用因子分析法分析发展中大国自然资源对工业化程度的影响，并评价发展中大国的工业化质量等。

第五节 研究内容、观点与创新之处

一、主要研究内容

全书共 10 章：第一章主要介绍本书的研究背景、研究意义、研究思路、研究方法、研究内容与可能的创新之处，并进行文献梳理，主要介绍自然资源与产业发展、经济增长等方面的研究进展，并作简要的评述。第二章属于本研究的理论部分，包括两个重要方面：一是重新认识自然资源的重要性，将自然资源以自然资本的形式代入索洛模型，构建一个关于增长理论的新的分析框架，研究自然资本对经济增长的影响，反思自然资源的重要作用。二是反思经济学的理性，现实中不可能具备完全理性，理性是有限的。"有限的理性"会对自然资源的利用效率、自然资源的市场结构、自然资源均衡价格的形成、自然资源的对外贸易和定价策略等产生影响。这一理论分析会与后面的各个章节建立起联系。第三章从资源禀赋的角度界定大国，解读大国的内涵与外延，分析大国的基本特征和可能的优势。本章还以发展中大国即中国、俄罗斯、印度、巴西等为例，归纳总结过去的几十年间，上述国家的自然资源优势与产业选择、产业布局、产业升级和产业发展战略。第四章分析大国自然资源优势与经济增长之间的关系，属于实证研究。本章以中国为例，运用时间序列数据和面板数据综合分析自然资源对经济增长的影响。为确保研究的规范和正确，在具体的研究中还以2008年为断点对整体情况进行了邹检验，同时考虑到省情差异，还分东、中、西三部分进行区域检验。第五章分析大国产业发展与经济增长之间的关系，属于实证研究。本章对中国和美国进行对比研究，运用时间序列数据，分析产业结构的变化对经济增长的影响，并比较国家间产业发展、经济发展的路径和政策。第六章研究大国自然资源与工业化质量，属于实证分析，主要研究具有自然资源总量优势的发展中大国工业化的基本情况，包括工业化的速度、工业化的质量以及工业化所处的阶段。第三章、第四章、第五章和第六章，试图探寻自然资源影响一个国家产业选择、产业发展的路径，厘清自然资源丰裕度对资源型产业本身以及其他产业的布局、结构、规模、发展和升级的影响机理。第七章属于理论和实证相结合部分。该部分在有限理性的条件下，运用蛛网理论，构建一个关于自然资源价格波动的模型，并以国际石油价格为例进行检验和分析。第八章研究大国自然资源优势与对外贸易政策问题，该部分内容属于理论和实证相结合。本章通过在 Fujiwara(2011)的模型中引入一个上游中间产品出口国，研究上游垄断厂商在不同定价模式下，贸易自由化（非关税贸易成本降低）对下游出口国的贸易与环境政策，以及社会福利的影响，并以铁矿石和稀土资源等自然资源的国际贸易进行分析和说明。第九章研究大国自然资源节约与综合利用问题。自然资源属于可耗竭资源，如何节约使用和提高其利用效率就成为重要的研究内容，也是资源型城市可持续发展的一个重要思路。本章归纳总结主要发达国家资源节约和综合利用的相关政策，为发展中大国提供借鉴。第十章为本书的结论部分，主要从之前的分析和研究中归纳总结出大国的产业发展战略，包括产业选择、产业布局、产业升级、资源性产业贸易等方面的战略与政策。

二、主要研究观点

大国优势来源于多方面,不局限于自然资源,但自然资源的作用功不可没,尤其是在资源、环境日益受到重视的今天。尽管自然资源优势和"资源诅咒"在不同的地区均有体现,但对于发展中大国而言,自然资源优势在一定程度上具有相似性和普遍性,这些特性仍有待深挖。在研究过程中,我们形成了如下观点:

第一,自然资源禀赋与产业结构之间关系密切,比较优势、后发优势、竞争优势理论为产业选择、产业发展提供了思路,但是不应该局限于上述理论范围之内,大国所具有的一些新的特征和优势,可为产业选择、产业发展、产业升级以及产业结构优化提供新视角。尽管大国之间存在着普遍性和特殊性,大国的自然资源优势和产业发展之间的关系存在差异,但是大国之间仍然可能存在一个普适性的产业选择标准和发展战略。

第二,自然资源不能等同于能源。近20年来,在"资源诅咒"问题上一直存在一个误区,一般研究都将"资源诅咒"等同于"能源诅咒",在刻画和度量自然资源丰裕度时,大多使用煤炭和石油的丰富程度来替代,尽管能源是自然资源的一个重要组成部分,但是自然资源不仅限于能源,所以长期以来的研究结果难免会有争论和偏误。以中国为例,本研究认为,不同的时间段,关于"资源诅咒"研究的结论并不完全相同,即使同一时间段,不同区域层面资源诅咒也不相同。

第三,自然资源、产业发展与产业结构变迁以及经济增长之间存在着复杂的关系。从经济发展的阶段性来看,一国初始发展阶段,自然资源丰裕程度会决定产业布局与产业规模,产业规模与布局又会进一步影响经济增长、产业升级与变迁。与此同时,经济增长又会反过来影响一国的产业结构和产业升级。这些关系的确认,需要运用多种方法,从各个方面深入细致地分析,不能简单和笼统地分析。

第四,自然资源丰裕程度与工业化质量之间存在一定的关系。这种关系源于自然资源初始状态下所形成的产业的规模、结构与布局,产业的规模、结构与布局又进一步影响了产业结构升级与变迁,进而影响一国的工业化进程和工业化质量。在具体比较分析一些大国的工业化质量时,应该从多个指标来分析。

第五，理性人是经济学研究现实问题的逻辑起点，然而现实中的经济主体并非完全理性。在本研究中表现在如下方面：从稀缺性角度来看，经济主体能够认识到经济资源的不足，但是对自然资源而言，却一直排除在主流经济学的增长理论之外；从市场角度来看，价格机制是调整自然资源配置的基本工具，然而，长期以来自然资源市场均衡价格波动剧烈，以致自然资源的供给方和需求方都承受巨大的损失，显然，理性是有限的。

第六，对外贸易中，自然资源出口国不同的定价策略，会带来不同的社会福利水平。本研究在 Fujiwara(2011) 的模型基础上引入一个上游中间产品出口国，发现无论上游中间产品厂商采取何种定价模式，贸易自由化（非关税贸易成本下降）均会提高下游国的环境税和进口关税，但不同定价模式下贸易自由化对下游国社会福利的影响并不相同。在上游采取歧视性定价模式下，下游国社会福利函数为贸易成本的凸函数，贸易自由化总能提高下游国的社会福利；在上游采取统一定价模式下，下游国社会福利函数为贸易成本的凹函数，贸易自由化对社会福利的影响不确定，其影响趋势取决于污染损害系数的大小。

第七，资源节约和综合利用可以借鉴西方国家的发展经验，在具体手段上应该根据中国国情采取奖惩结合方式。发达国家经历了工业化，经历了数次能源危机，在资源节约和综合利用方面已经有较好的经验，如日本建立了垃圾回收体系，德国建立了整个社会的资源循环利用体系，这些都值得借鉴。在具体资源节约和综合利用方面，机制与制度设计应该符合中国国情，赏罚分明，有奖励，有惩罚。

三、可能的创新

本研究基于大国自然资源优势针对大国自然资源禀赋对产业形成与布局、产业升级与变迁、经济增长、对外贸易等各个方面产生的影响进行理论和实证研究，形成理论和实证方面的创新。

从理论上来看有三点创新：一是将自然资源以自然资本的形式纳入索洛模型，建立起自然资源对经济增长影响的分析框架，探讨自然资源对经济增长均衡路径以及均衡收入的影响；从强可持续发展和弱可持续发展的角度分析自然资源的重要性，研究自然资本、人造资源与经济增长之间的关系，这些在国内研究中极少出现。二是由传统的理性转向有限理性来分析自然资源问题，从有限理性的角度分析自然资源对经济增长的影响及其后果，特别是在第四章研究"资源诅咒"问题时对于自然资源丰裕度指标的选择不同于大多数文章，避免了"能源诅咒"的检验问题。三是针对国际自然资源市场的非完全竞争特点，在Fujiwara(2011)的模型基础上引入一个上游中间产品出口国，研究对外贸易中的定价策略与一国福利之间的关系，并得到了一系列有意义的结论，能够为自然资源对外贸易政策包括关税、环境税等方面提供指导和建议，这也是本研究一个重要的理论创新。

从实证研究来看有三点创新：一是针对美国和中国产业结构的变化对经济增长的影响作了深入细致的比较分析，通过产业高级化和合理化指标研究了两者产业结构变化的异同，分析了这些指标对经济增长的影响情况，比较了两个产业发展策略，并以此为基础得到了相对适宜的产业发展战略和政策，能够为其他大国产业发展和经济增长提供指导和建议。二是针对"资源诅咒"问题，本研究使用的资源丰裕度指标通过将煤炭、石油、水电、天然气四类主要能源资源与铁矿石、有色金属、森林资源、稀土四类主要非能源资源占全国总量的比例加权得到，因此，检验结果更有科学性和可靠性。三是构建了一整套相对科学的度量工业化的指标体系，并通过判定矩阵对各个指标进行比较合理的权重设置，然后对发展中大国包括中国、印度、巴西和俄罗斯进行了工业化质量的比较。

第二章

对主流增长理论的理性反思
——基于自然资源视角

第一节 引　言

　　经济学是一门应用科学，主要研究资源如何有效地配置。由于人类欲望具有无限性，而满足欲望的物品以及用来生产经济物品的资源具有有限性，因此资源相对于欲望总是不充足，稀缺性就成为经济学研究的逻辑起点。马尔萨斯基于自然资源主要是土地资源有限，给出了由人口危机导致经济危机的悲惨预言；"罗马俱乐部"的研究成果《增长的极限》也是基于经济增长受制于各类自然资源而得到；萨缪尔森在《经济学》中如是说："如果资源是无限的，生产什么、如何生产和为什么生产就不会成为问题。如果能够无限量地生产每一种物品，或者，如果人类的需要已完全满足，那么，某一种物品是否生产得过多是无关重要的事情，劳动与原料是否配合得恰当也是无关重要的事情。……研究经济学或'寻求经济的办法'就会没有什么必要。"由此可见，人们对自然资源稀缺的认识早已有之而且在不断地强化。尽管自然资源的稀缺性问题已经深入人心，然而主流经济理论并未将其充分体现到理论体系中去，例如，经典的增长理论很少纳入自然资源的经典增长模型；又如，20世纪40年代兴起的发展经济学，考虑更多的是资本的稀缺而非自然资源的有限性与稀缺性。

理性人假设和市场出清是西方经济学最基本的两个假设。"理性"是一切经济问题分析的出发点，一般将合乎人性、合乎自然规律的，认定为理性。亚当·斯密在《国富论》中提出了一种思想，那就是要建立起一种合乎理性、合乎正义的社会。人民在社会中充分地自由竞争，政府承担守夜人的角色，每一个人追求的都是自己利益的最大化，同时间接为别人创造了福利，竞争的结果就是整个社会也实现了福利最大化，或者说实现了社会资源的最优配置。在亚当·斯密之后，无数经济学家以理性为出发点不断完善经济学，试图得到两个重要结论：第一，经济个体如何实现自身利益最大化；第二，整个社会如何实现福利最大化（即资源最优配置）。然而，现实中的经济个体真的是理性的吗？值得商榷。

第二节　现代经济学对自然资源稀缺认知的缺陷

一、自然资源的稀缺性

经济学力图解释经济生活中的各种现象和问题，总的来说要解释两类问题：一是长期内是什么决定一国经济的增长问题；二是一定时期内不同国家之间的收入差异问题。其实，本质上是解释增长或者说发展的源泉是什么的问题，即到底是什么决定了长期内的经济增长，是什么决定了经济增长的速度。目前已经形成的增长理论主要包括资本决定论、技术决定论、人力资本决定论以及制度决定论，理论研究者从各个方面探寻经济增长的源泉。然而，这些主流增长理论存在一个致命的硬伤，稀缺的自然资本始终被排除在研究对象之外。[①] 以上增长理论都将自然资源假定为无限供给，至少也是满足人类生存所需要的最低限度的自然资本存量要求，不存在自然资本约束问题。这样一来，经济学就产生了一个奇怪的现象：经济学家们一面不断地念叨着资源稀缺，一面在经济理论中从来不将稀缺的资源当回事。

真实世界与理论是保持一致的吗？20世纪50年代以来，频繁爆发的石油

---

① 为了便于分析，我们将自然资源转化为自然资本，目的在于将自然资本引入模型，像索洛模型中分析劳动和资本一样进行必要的分析。按照安东尼奥的观点，自然资本是区别于加工资本、金融资本和人力资本的第四种资本，主要由自然资源、生命系统和生态构成。

危机对世界经济产生了深远的影响,国际舆论开始关注"能源危机"问题,甚至预言:世界石油资源将要枯竭,能源危机不可避免。如果不作出重大努力去有效利用和开发各种能源资源,那么人类在不久的未来将面临能源严重短缺。1972年,"罗马俱乐部"发表其研究成果《增长的极限》,向世界警告:"如果在世界人口、工业化、污染、粮食生产和资源消耗方面按现有的趋势持续下去,这个行星的增长极限会在今后的100年中的某一天发生。"随后,人们开始反思增长与发展问题。1987年,布伦特兰委员会在《我们共同的未来》报告中提出可持续发展思想,强调可持续发展是"既满足当代人的需要,又不损害后代人满足需要的能力的发展",这反映了人们对未来发展不确定性的强烈忧虑。最近10多年来,循环经济理念(3R宗旨)、低碳经济理念在世界范围内得到广泛认可并迅速传播,进一步改变了人们对资源利用方式、经济发展模式的看法。这些都是源于对稀缺资源的忧虑和恐慌。由此可见,自然资源并不是主流经济学家们描述的那样可以无限供给,一旦某些资源不足以维持增长的最低存量极限,这种由自然资本的稀缺导致的经济不发展就将成为一种常态。然而,这并没有引起主流经济学家们的注意,正如20世纪初经济学家和政治家们看待不完全竞争一样,认为这只是特例而非常态。

二、关于增长理论的一个新的分析框架——引入自然资本

本节将自然资本定义为可再生和不可再生两类,将资源、环境因素纳入传统的索洛模型,分析加入自然资本条件下经济增长的均衡路径、均衡的经济增长情况以及可再生和不可再生自然资本对经济增长的影响。[①]

从唯资本论的哈罗德—多玛增长模型,到唯技术论的索洛增长模型都没有包含诸如自然资源、生态环境等自然资本,后期的研究如人力资本模型、干中学模型以及近年来的社会基础结构(social infrastructures)论等,都将自然资本假定为无限供给的,至少能满足人类生存最低需求,自然资本不在研究范围之列。然而,资源不足这一问题可以追溯到马尔萨斯时代,基于土地资源的有限性,假定人口持续增长,他得出经济最终将陷入不发展状态。现实

---

① 关于自然资源对经济增长影响的实证分析具体见第四章"大国自然资源与经济增长",该章将以中国为例,综合各类自然资源,将其以变量的形式纳入模型,运用时间序列数据和面板数据分析其对一国和地区经济增长的影响。

社会的确如此,可供利用的土地资源有一个固定限额,它不可能被无限扩充,各种不可再生资源的存量也是一定的,使用多少就将减少多少,而人口的延续可以看成是无限的。虽然新技术、新能源在一定程度上可以缓解资源约束的压力,但从世界近100年的发展历程来看,资源和能源的消费并没有因为新技术和新能源的使用而减少,一些稀有资源即将开采完毕,能源消费量也是越来越大,按照现有的消费模式和储存量,石油资源已经不足以供全世界人民使用50年。因此,有理由认为自然资本对于经济发展将构成严重制约,不考虑自然资本约束的增长是不切实际的增长。

本书将自然资本定义为两类,一类是可再生自然资本,存量具有稳定性或者说再生性,如可再生的资源、生态环境等;另一类是不可再生自然资本,存量具有衰减性,主要是不可再生的资源和不具备再生能力的自然环境。这里将两类自然资本纳入索洛模型,于是模型由最初的 $F = (K, AL)$,转变为 $F = (K, AL, N, R)$,其中 N 为不可再生资本(non-reproducible resource),R 代表可再生资本(reproducible resource),为了便于分析和控制,假设产出函数关系式为柯布—道格拉斯函数,并将产出函数描述为如下形式:

$$Y(t) = K(t)^{\alpha} R(t)^{\beta} N(t)^{\gamma} [A(t)L(t)]^{1-\alpha-\beta-\gamma}, \alpha > 0, \beta > 0,$$
$$\gamma > 0, \quad 1 - \alpha - \beta - \gamma > 0 \tag{2.1}$$

为了便于比较分析,继续沿用索洛模型提供的各类条件,在动态关系中,假设资本、劳动和有效劳动(反映的是技术水平)的动态关系分别为:

$$\dot{K}(t) = sY(t) - \delta K(t) \tag{2.2}$$

$$\dot{L}(t) = nL(t) \tag{2.3}$$

$$\dot{A}(t) = gA(t) \tag{2.4}$$

这里需要重新定义可再生资本和不可再生资本长期动态的关系,可再生资本 R 通常在特定时间内维持稳定,但是从长远来看,合理开发和利用可再生资本会使其保持一定数量的增加,反之则会导致其迅速减少,于是有理由假设可再生资本满足如下关系:

$$\dot{R}(t) = cR(t), \quad c \in R \tag{2.5}$$

对不可再生资本来说,资本总量会随着不断的消耗而逐渐减少,而减少的部分从长远来看是没有办法弥补的,而且从经济发展的历程来看,不可再

生资本的消耗速度在加快。不妨假设不可再生资本的消耗速度满足如下关系:

$$\dot{N}(t) = -bN(t), \quad b > 0 \tag{2.6}$$

显然,在产出函数中加入可再生资本和不可再生资本后,很难再按照索洛模型提出的方法,通过对函数式两边同时除以 K/AL,并令 K/AL 为新变量 k,重新建立 $f(k) = k^{\alpha}$ 的函数关系进行求解。

由 2.1 式可知,K/AL 不再趋向某一个特定值,再通过类似于索洛模型的方法来分析经济体的行为已经变得不适宜。那么现在,关键问题是,在产出函数中加入可再生资本和不可再生资本后,经济体系是否能达到稳定增长的状态?换句话说,经济体能不能产生新的平衡增长路径,若能,新的平衡增长路径上经济增长率是多少?

由于 2.3 式到 2.6 式假定,L、A、R 和 N 变量的变动速度为恒定值,那么如果要存在平衡增长路径的话,只需要 Y 和 K 的增长保持一个恒定值。由 2.2 式可知:

$$\frac{\dot{K}(t)}{K(t)} = s\frac{Y(t)}{K(t)} - \delta \tag{2.7}$$

由 2.7 式可知,若 K 的增长率要保持恒定,那么必须要求 Y/K 为常数,因为 δ 为折旧,本身是一个固定值,这进一步要求 Y 和 K 的增长率保持一致。为了找出 Y 和 K 的增长率保持一致的条件,只能借助 2.1 式,通过对 2.1 式取对数得:

$$\ln Y(t) = \alpha \ln K(t) + \beta \ln R(t) + \gamma \ln N(t) \\ + (1 - \alpha - \beta - \gamma)[\ln A(t) + \ln L(t)] \tag{2.8}$$

由于在对变量取对数后,可以通过对变量取导数,再对时间取导数,获取变量的增长率,于是对 2.8 式两边同时求导,可得:

$$g_Y(t) = \alpha g_K(t) + \beta g_R(t) + \gamma g_N(t) + (1 - \alpha - \beta - \gamma)[g_A(t) + g_L(t)] \tag{2.9}$$

这里,g_X 表示的是要素 X 的增长率,由于先前已经定义 R、N、L 和 A 的增长率分别为 c、$-b$、g 和 n,代入 2.9 式化简得:

$$g_Y(t) = \alpha g_K(t) + \beta c - \gamma b + (1 - \alpha - \beta - \gamma)[n + g] \tag{2.10}$$

利用先前分析的结论:如果经济体存在平衡增长路径,那么 g_Y 和 g_K 的增长率一定相等。将 $g_Y = g_K$ 带入 2.10 式并化简求解 g_Y 可得：

$$g_Y^{bgp} = \frac{(1-\alpha-\beta-\gamma)(n+g) + \beta c - \gamma b}{1-\alpha} \quad (2.11)$$

2.11 式表示的是产出在平衡增长路径上的增长率，其中 bgp 为 balance growth path 的缩写。

显然，上述分析很武断地得出平衡增长路径，它忽略了一个重要步骤，即没有探讨经济体收敛于平衡增长路径的条件。由 2.10 式可知，当 g_K 大于平衡增长路径时，g_Y 亦会大于平衡增长路径，但是超过的数量将小于 g_K。当 g_K 为大于平衡增长路径的值时，Y/K 的值是不断变小的。由 2.7 式不难看出，在此种情况下 g_K 也不断变小。在不断变小的过程中，它最终将停止在平衡增长路径上；同样，如果 g_K 增长率小于平衡增长路径上的增长率，那么在变化过程中它将是不断上升的，直到与平衡增长路径上的增长率相等为止。实现这一过程的前提条件是 $(1-\alpha-\beta-\gamma)[n+g] + (1-\alpha)\delta + \beta c - \gamma b > 0$，否则经济体不会收敛于平衡增长路径 $\frac{(1-\alpha-\beta-\gamma)[n+g] + \beta c - \gamma b}{1-\alpha}$，而是收敛于 $g_Y = g_K = -\delta$ 且 $Y/K = 0$。

2.11 式表明，平衡增长路径上的经济增长率 g_Y^{bgp} 既可以为正，也可以为负。通过 2.11 式还可以得到，经济体平衡增长路径上每一个劳动者的平均增长产出率，只需将 2.1 式两边同时除以 L，按照平衡路径求法即可得到：

$$g_{Y/L}^{bgp} = \frac{(1-\alpha-\beta-\gamma)g + \beta c - \gamma b - (\beta+\gamma)n}{1-\alpha} \quad (2.12)$$

从 2.11 式和 2.12 式可知，稳态的经济增长率取决于人口、技术和自然资本三者综合的作用，如果人口增长和技术创新产生的推动作用大于自然资本的约束作用，那么经济可以持续地增长，这能够解释过去几个世纪经济增长的情形。反之，如果人口增长和技术创新产生的推动作用小于自然资本的约束所用，那么经济增长将面临极限，而且是不可持续的。这样一来，就可能由于自然资本即资源和环境的约束，导致每个工人的产出最终下降，从而使得整个经济体进入不发展状态。显然，自然资源或者说自然资本作为一个重要的经济变量对经济增长和社会发展产生了重要的影响。

三、自然资本、人造资本以及经济增长

从过去几个世纪的经济发展来看，即使加入自然资本的约束，经济发展也没有因此而减速，甚至从长远来看经济发展还在加速。如何解释这种现象呢？由先前分析可知，产生这种结果可能是由于，经济发展过程中技术进步比较快，以至于技术进步带来的经济增长的动力大大高于资源约束所带来的经济发展的阻力，也就是说，技术进步化解了自然资本约束，即$(1-\alpha-\beta-\gamma)(n+g)+\beta c-\gamma b>0$。这表明经济体内部由人口和技术的增长所导致的经济拉动作用大于由于自然资本减少所带来的经济发展阻力。从现实发展来看，也就是不断投入使用的各种新的技术，极大地提高了资源利用效率，改变了生产组合中的人造资本和自然资本之间的比例关系，在一定程度上人造资本替代了自然资本。

问题是自然资本和人造资本真的可以完全相互替代吗？对于这个问题，且不谈功利主义者的观点，即使在可持续发展拥护者中也分成了两派，即强可持续发展的支持者与弱可持续发展的支持者，两派争论激烈。就目前的情况来看，弱可持续发展的支持者一直占据上风，并将可持续发展建立在人造资本和自然资本总和基础上，而不是关心自然资本本身。换句话说，人们认为对自然和环境产生了重大影响没有关系，只要生产出足够多的人造资本弥补这些伤害就行，也就是说自然资本和人造资本之间存在着完全意义上的替代性。完全替代的关系，可以通过简单的数学关系式进行描述，假设 NC 为自然资本、HC 为人造资本，于是替代性可以写成：$d(NC+HC)/dt \geq 0$，前提是 $dNC \geq \lambda_0$，其中 λ_0 代表维持地球生态系统平衡和人类生存所需要的最低自然资本存量，然而，$dNC \geq \lambda_0$ 的条件通常被人遗忘。

这种替代性与生产函数的选择关系十分紧密。由于本书采用的产出函数为柯布—道格拉斯函数，而在这一类型的函数关系下，各个变量的重要性都是完全相同的，在变化过程中它们处于同等重要的地位，相互之间存在自然的替代关系。由于在函数关系中已经假定了 A 的既定变化，这种变化是正向的，也就是说对经济起拉动作用，即不管其他变量怎样变化，它都能带来产出的既定增长，而 R 和 N 被设定为 c 和 $-b$，这样变量之间就自然存在着替代关系，而且替代关系恒为 1。显然，这种替代性与研究者选取的生产函数直接

相关，那么是不是说这种替代性是生产函数的一般性质呢？答案是否定的。若采用固定比例生产函数（里昂惕夫生产函数）的话，结果很明显，完全不同。随着时间的流逝，自然资源绝对数量减少，最终使得资源在生产函数中的地位越来越重要，即使技术和资源间存在某种替代关系，也不可能维持1，直觉上判断，它将是远小于1。

除了上述解释外，还有一种解释，即通过 $dNC \geq \lambda_0$ 来解释，同时也是研究稳态的前提条件即 $(1-\alpha-\beta-\gamma)[n+g]+(1-\alpha)\delta+\beta c-\gamma b>0$。地球上可供利用的资源总量上比较丰富，在过去几个世纪不断使用的过程中，并没有从整体上出现资源不足的情形，也就是说资源约束目前还没有完全发挥作用。同时，此处产出函数采用的是柯布—道格拉斯函数，而分析的过程又是采用平衡增长路径，所以得到的是平衡增长的结论，是一种理性状态下的增长路径，然而，实际上经济发展本身是偏离平衡增长路径的。资源是以一定的存量来计算，任何一种资源，只要其市场价格高于开发成本，对于开发者而言就是有利可图，理性的生产者（假定不考虑代际公平问题）就会开采各类资源，使得市场上可供利用的资源在相当长的一段时间内保持充足。资源约束要真正发生作用，必须是数量减少到一定程度，开发的成本加大，市场价格不断上升后才能体现出来。由于地球上的资源总量比较大，可供开采的量也比较大，在短时间内达到资源约束的条件比较难。Nordhaus（1992）评估过美国土地资源约束对经济增长的影响，测算的结果表明土地对产出的约束大约为0.25%，即给每个工人工资增长带来了0.25%的阻力。这一数字不是很大，也不是很小，考虑到美国由于技术带来的经济增长尤其是工人工资迅速增长，这一阻力并未产生明显的作用。然而，可以预料到的是，自然资本的存量是固定的，伴随着资源的不断使用，自然资本这一生产要素将日益稀缺，一旦 $dNC \geq \lambda_0$ 条件不能满足，自然资本的制约作用就会真正显现。

第三节 有限理性与自然资源认知的缺陷

一、理性与经济学

理性人假设和市场出清是西方经济学最基本的两个假设。"理性"是一切经济问题分析的出发点。然而，经济学对于理性本身的认识是有争议的，定义是不清晰的，特别是随着科学哲学的发展，理性受到了毁灭性的打击。① 在过去的两百多年间，关于理性有大量的来自哲学层面的批评和批判。

具有代表性的如海森堡测不准原理②，该原理让人们认识到任何被观测对象总是在随时间而运动，而且观察者和观测仪器必然会对观测对象产生干扰，从而导致测不准。从哲学的层面而言，这意味着永远不存在"中立的客观事实"，因此理性也就失去判断的依据。

从数学层面来讲，我们经常使用的数学归纳法用于经济学也是不靠谱的。可以很简单地说明这个问题，即使你见到过的所有的天鹅都是白色的，也不能保证世界上所有的天鹅都一定是白色的。这不得不让我们认识到任何命题都不可能被最终证实，而只可能被证伪，科学的前进过程也就成为一个证伪的过程，然而科学是一个向前永无止境的过程。因此，在任何时候，人们也不可能研究出一个千古不变的范式的"理性"。为此，哲学家费耶阿本德提出了无政府主义科学理论，基于不存在作为理性的客观真理，他提出了"什么都行"的思想，即每一个人都可以提出自己的见解，任何人都不可能找出确凿的证据将其驳倒。然而，问题又来了，"什么都行"，也就意味着"什么都不行"，即任何一种见解都无权宣称代表不存在的客观理性，任何一种见解或理论都不应该具有命令他人必须遵循的真理意义。

数学归纳法靠不住，并不意味着演绎的方法就靠得住，哲学家哥德尔提出不完整性定理，即不存在自我封闭且自圆其说的公理系统。除此之外，还

---

① 18 世纪以来，自然界的各种规律已经被牛顿为代表的自然科学体系阐释得非常清楚，因此，只有合乎人性、合乎自然规律的理性，才是至高无上的。理性被认为是一种不以个人意志为转移的客观必然，既然是客观必然，也就自然是合理和合乎正义的。然而，爱因斯坦相对论提出以后，牛顿学说被动摇了，建立在牛顿体系基础上的"理性"，也就自然受到了质疑。

② 由海森堡于 1927 年提出，这个原理是说，你不可能同时知道一个粒子的位置和它的速度，粒子位置的不确定性，必然大于或等于普朗克常数（Planck constant）除于 4π（$\Delta x \Delta p \geqslant h/4\pi$），这表明微观世界的粒子行为与宏观物质很不一样。此外，测不准原理涉及很多深刻的哲学问题，用海森堡自己的话说："在因果律的陈述中，即'若确切地知道现在，就能预见未来'，所得出的并不是结论，而是前提。我们不能知道现在的所有细节，是一种原则性的事情。"

有说谎者悖论①，理发师悖论②等。这意味着无论是过去存在的、现在流行的或者将来有可能出现的任何一种数学体系，都是靠不住的，数学的最终基础是永远找不到的，也是不存在的。经济学家阿罗通过严密的数学推导提出了不可能定理③。

显然，对于经济学"理性"这一基本前提的批判不得不让我们重新思考传统经济学的基本结论或者说希望得到的结论是否正确，以及是否可以实现。

二、可度量的自然资本与经济增长

在上一节中，我们已经定义和说明了自然资本、人造资本以及经济增长之间的基本关系。那么以当前按照功利主义准则建立起来的社会效用标准，能否保证经济发展过程中资本存量满足 $dNC \geq \lambda_0$ 条件呢？答案是否定的。且不说按照霍特林于1931年提出的不可再生资源最佳利用方式获取利益最大化，即使将条件放宽：假设所有的资源在合理的利用水平下都能持续利用或者找到可替代品，功利主义也不能够保证满足 $dNC \geq \lambda_0$ 条件。简单起见，不妨设有两种不同的资源获取和利用路径以满足社会效用：路径一以不变效用水平 U_1 提供无限期社会效用，也就是说资源利用满足 $dNC \geq \lambda_0$ 条件，但是利用水平必须受到一定限制，如考虑价格、资源利用方式、补偿制度等；路径二仍然以不变效用水平 U_2 为社会提供效用，但是 $U_2 > U_1$，且放松对资源使用的约束，由于资源无序使用从而导致只能在有限时间 T 内提供较高效用水平，T 时间以后的社会效用为0。那么，决策者将如何决策？

假定效用在时间上的贴现率为 ρ，容易得到路径一和路径二总效用的净现值分别为 PV_1 和 PV_2：

$$PV_1 = \int_0^\infty U_1 e^{-\rho t} dt, \quad PV_2 = \int_0^T U_2 e^{-\rho t} dt \qquad (2.13)$$

---

① 说谎者悖论，又叫谎言悖论，由克里特哲学家埃庇米尼得斯提出的"我的这句话是假的"得来。

② 理发师悖论又称为罗素悖论，即设集合 S 是由一切不属于自身的集合所组成，即"$S = \{x | x \notin S\}$"。那么问题是：S 包含于 S 是否成立？首先，若 S 包含于 S，则不符合 $x \notin S$，S 不包含于 S；其次，若 S 不包含于 S，则符合 $x \notin S$，S 包含于 S。

③ 阿罗不可能定理是指如果众多的社会成员具有不同的偏好，而社会又有多种备选方案，那么在民主的制度下不可能得到令所有人都满意的结果。

如果决策者运用净现值最大化作为决策标准，那么决策者极有可能选择路径二，而非路径一，这只需满足如下条件：

$$\int_0^T U_2 e^{-\rho t} dt > \int_0^\infty U_1 e^{-\rho t} dt \tag{2.14}$$

解此不等式可得：

$$\rho > [\ln(U_2) - \ln(U_2 - U_1)]/T \tag{2.15}$$

赋予其经济上的内涵，假定 U_2 比 U_1 大 10%，并将 T 设定为 50 年，选择路径二，容易计算出 ρ 为 4.8%。这表明：在功利主义规则下，为了使得当代人在未来 50 年内平均每年的效用提高 10%，决策者选择了不合理的资源利用方式，使得人类在 50 年后灭亡，而非选择了一条使得人类长期存在但只具有较低效用的路径，这一方面说明以效用为基本衡量标准的功利主义思想下，选择的结果并非一定就是理性的；另一方面也说明功利主义有可能会带来不合理的资源利用，导致经济和社会不可持续发展，这从一定程度上给"资源诅咒"问题提供了理论支撑。[①]

三、不可度量的自然资本与经济增长

如果说可直接观测到不可再生的自然资本的衰竭是一种显性危机，那么对不可度量的自然资本有意无意地破坏导致制约经济的发展，就是一种隐性危机。上文探讨主要集中于可以度量的自然资本，可度量的存量资源约束并非影响经济增长的唯一因素，还有一类自然资本是不能够用存量来度量的，诸如生态环境、物种多样性以及生态气候等。非可度量的存量自然资本，如污染、温室效应、臭氧层空洞、物种消亡等同样会对经济产生重大影响。这一类因素在模型中主要是通过参数 c 发挥作用，同时还有可能通过 c 影响 b 值。不可度量的自然资本损失将通过几个方面影响经济增长。它能改变可以利用的资源总量，例如，污染可以使得可再生资源变为不可再生资源，如江河污染使得一些鱼类种群消失，土地污染使得草场荒漠化甚至沙化，大气污染使得冰川融化，海面上升，可供使用的土地资源绝对数量减少等。尤其是当污染超过一定水平时，一些可再生资源将不具备再生能力，这就相当于将

---

① 本书将在第四章中对资源诅咒问题进行详细分析。

部分可再生资源转化为不可再生资源，即原来的 $\dot{R}(t) = c$ 中，c 值为负，与此同时，$\dot{N}(t) = -bN(t)$ 中的 b 值也将变大，这毫无疑问将极大地增强经济增长中的阻力 $\frac{\beta c - \gamma b}{1-\alpha}$ 或 $\frac{\beta c - \gamma b - (\beta+\gamma)n}{1-\alpha}$。

不可度量的自然资本破坏还会通过其他途径影响产出，以农业为例，气候的变化所产生的洪水、冰雹等自然灾害将导致农业产出具有极大的不确定性，即使是由于 CO_2 导致的温室效应也会使得产出发生变化。然而，更为严重的是气候变化将改变生态系统，打破生态平衡，以埃及的阿斯旺大坝为例，其建设历时长久，耗资巨大，是一项集灌溉、航运、发电为一体的综合水利工程。然而，随着大坝建设的快速发展，大坝负面影响和安全问题也日益显现。由于它破坏了尼罗河流域的生态平衡，引发了一系列问题，如两岸土壤盐渍化、河口三角洲收缩等。按照本书自然资本的定义方式，这同样能够在平衡路径中得到反映，即 c 值为负且绝对值比较大。

如果将人类从自然界取得各种可再生资源看作是一种向自然生态系统征税的过程，那么供给学派提出的拉弗曲线可以很自然地运用到生态领域，得到生态拉弗曲线(ecological laffer curve，ELC)。生态拉弗曲线在一定程度上为可再生资源最佳使用指明了方向，然而一个致命问题是人们无法控制此类资源的使用强度，即无法控制拉弗曲线的税率。因为此类资源大多属于公共物品，不具有排他性，因此，理性人出于自身利益将尽可能多地利用它，结果导致这类资源使用过度，弱化其再生能力甚至使其无法再生，从而造成灾难性的后果，如公地的悲剧。

此外，利用不可度量自然资本的过程中，通常会导致外部性。以污染为例，在一个非管制的市场上，制造污染的人不需要承担造成污染的成本，结果就是过度污染。对于污染这一类外部性问题，经济学上提出的解决方案通常是征税和产权界定，从实际运行效果来看，日益恶化的世界环境便是最好的回答。

从经济学的角度来看，目前对此类不可度量的自然资本破坏并没有好的解决办法。近年来世界范围内兴起的循环经济，既不能解决不可再生自然资本的持续性问题，也没有涉及不可度量自然资本保护问题。循环经济倡导的减量化、再利用、再循环(3R)也不能满足 $dNC \geq \lambda_0$ 的可持续的均衡发展条件。减量化只能延缓不可再生资源枯竭的时间，却不能改变现有产业技术体系对不可再生资源消耗的本质。如果不在资源替代上寻找最终的解决办法，"减量化"也无法阻止不可再生资源的最终枯竭；受制于自然界的质量守恒和能量守恒定律，再利用和再循环不具备无限性。循环经济也没有对不可度量自然资本提出额外要求，保护仍局限于原有的法律和制度。

四、理性与自然资源价格波动

理论分析表明，自然资源丰裕程度对经济增长和社会发展产生重要的影响。由于技术进步、人口资源、人力资本以及其他因素的作用，在不同时期，自然资源的约束程度并不一样，现实生活中观测到的是自然资源价格的波动。在不同时期，自然资源的价格并不相同，运用一个较长的时间序列分析某种自然资源的时候，我们发现自然资源价格的波动表现得十分剧烈。毫无疑问，自然资源价格的剧烈波动肯定会对经济增长产生重要影响，那么一个重要的问题是为什么在不同时期自然资源价格会剧烈波动呢？背后的逻辑又是什么呢？

若市场上的企业和个人是完全理性的，而市场信息又是充分且完全的，那么自然资源价格波动应该仅仅受到供给和需求的影响，波动应该不会很剧烈，而且很容易实现市场出清。然而，现实情况表明，完全理性和完全信息是一个遥不可及的梦想，按照西蒙"有限理性"思想中的"契约人"假设，可以进一步研究和分析这一问题。西蒙认为，现实生活中的人都是契约人，他们一直处于一种交易关系中，而且这种交易背后总有某种契约支持。契约人在两个方面不同于经济人，即有限理性和机会主义。契约人假设认为，人在认知能力方面是有限理性的，人在行为动因方面是抱有机会主义的，交易双方是存在信息压缩现象的。首先，人的认知能力是在不断地提升的，没有人天生就什么都会、什么都懂，这是我们人类所不可能实现的。其次，人们追求利益不一定是在保证对方利益不受损害的前提下进行的。换句话说，很多情况下，人们会做出一些损人利己的事。因此，市场上的主体是根据自我独特的主观价值参考系，在特定的条件下，采取对自己最有力度策略，这样就会加剧市场的不确定性，从而导致资源价格的剧烈波动。①

自然资源价格剧烈波动又会产生什么样的影响呢？在价格波动过程中，自然资源价格高的时候对经济增长和社会发展的影响比较显著，一般来说至少会在如下方面产生影响：第一，在生产活动中，作为资源开采型的企业，由于自然资源价格上涨，利润上升，则会增加自然资源开采的力度，提高产量；作为消费品和工业产品生产的企业，考虑到各类资源之间存在一定的替代关系，会逐步减少自然资源的使用，增加其他类型资源的使用，并尽量提高自然资源使用的效率。此外，不同行业和不同类型的企业受自然资源影响程度不一样，故自然资源价格的变化对不同的企业影响也不尽相同。这一变化将直接改变整个社会的资源配置方式，使得劳动、资本、技术和自然资源之间的搭配方式发生变化，进而还会影响社会的产业结构和经济结构。第二，对消费者的消费习惯产生影响，对于消费者而言，自然资源价格的变化会影响现实生活中具体产品的价格，在消费者偏好不变的情况下，各种产品价格受影响程度不同，消费者购买的产品组合也会随之变化，从而改变消费者的消费结构和消费习惯。消费结构和消费习惯的改变反过来又会影响企业的生产行为。第三，对一国的资源保护和利用机制以及具体制度产生重大影响，这在资源价格高涨的时候表现得尤为明显，特别是近几十年来，可持续发展、循环经济、低碳经济的提出，以及世界各国各种资源环境政策皆与之相关。②

除此以外，经济运行的环境、竞争的程度等也会对自然资源的供给数量、供给价格产生影响，进而影响经济增长和社会发展。③ 微观经济学经典市场理论告诉我们，完全竞争、垄断竞争、寡头以及完全垄断这四种不同类型的市场结构所导致的产品的价格和数量是不一样的，在我国，一些重要的自然资源一般都被国有大型企业所控制或垄断，资源产量不仅受到市场价格影响，同时还会受到政府调控的约束，与此同时，资源供给的企业还会采取一些策略性行为，用以获得利润最大化。

---

① 本书第七章以有限理性为基础，从需求的角度分析了资源价格的波动和均衡价格的形成过程，对于自然资源均衡价格的形成的认识有利于认识自然资源在经济社会发展中的重要作用。

② 本书第九章将对这一问题进行深入分析，包括常见的政策类型分析、发达国家不同时期政策演进情况分析，以及各国的具体政策分析等。

③ 本书第八章将构建一个寡头垄断的模型，对自然资源丰富的大国在进行自然资源贸易时所采取的策略性行为进行系统的分析。

第四节 小 结

传统的建立在功利主义基础之上的增长理论，忽略了经济增长的基础变量（即环境和自然资源），给长期的经济增长带来了不确定性。正因为如此，一些国家和地区因为缺乏对自然资源的合理利用和规划最终陷入经济发展的困境。本章一方面将自然资本纳入索洛模型，探讨了自然资本对平衡增长路径的影响，通过该框架解释了近几个世纪的经济增长，为资源节约和环境保护提供了理论依据，为可持续发展指明了方向。另一方面，本章还从理性和市场的角度探讨了主流经济学的缺陷，从理性的角度分析了可度量的自然资源、非可度量的自然资源对经济增长的影响，以及自然资源均衡价格决定之间的关系。

通过本章的分析可知，对于自然资本的持久利用应该有所区分，对于不可再生的自然资本应该通过建立价格补偿机制，及时调整、储备资源，在其衰竭之前寻求新的替代品；对于不可度量的自然资本，应该建立协调组织在世界范围内进行合作与调控，目前已有一些国际组织在世界范围内进行协作与交易，如减排协议和排污权交易等，可以看作是有益的尝试。然而，真正发挥作用恐怕需要建立起更为强势的国际贸易和环境规则。对于经济学的理性问题应该一分为二来看待，经济学的理性是一种有限的理性，运用于自然资源实践的时候也会有缺陷，不能迷信理性。

第三章

大国自然资源与产业发展

第一节 大国的界定及优势分析

一、大国的界定

本研究主要针对的是一些大国,然而"大国"是一个复杂的概念。究竟什么是"大国",什么是"小国",并没有一个统一的认识,学界更没有明确哪些国家属于大国。到目前为止,对"大国"进行研究最为深入和透彻的应该属于以欧阳峣为代表的大国经济研究团队。笔者非常认同欧阳峣和罗会华(2010)基于经济学从综合性的角度界定的"大国"概念。① 他们根据大国的国土、人口、经济总量情况,把大国分为特大国、中等大国和一般大国三个层次;根据大国的人均国民收入,把大国分为高收入大国、中等收入大国和低收入大国三种类型。最终区分出三类大国,第一类是具有综合优势的特大国,主要有:美国、俄罗斯、中国、印度、巴西;第二类是具有比较优势的中等大国,主要有:日本、德国、英国、法国、意大利、加拿大、西班牙、印度尼西亚、澳大利亚、阿根廷;第三类是具有区域优势的一般大国,主要

---

① 作者通过综合考虑人口、国土、GDP 三个标准,认为全世界可列入大国范畴的国家有 24 个:中国、印度、美国、印度尼西亚、巴西、俄罗斯、墨西哥、埃塞俄比亚、埃及、刚果(金)、伊朗、日本、德国、英国、法国、意大利、西班牙、韩国、加拿大、澳大利亚、阿根廷、苏丹、南非、哥伦比亚。2008 年,全世界国家(或地区)总数为 224 个,大国的比例约为 1/10。

有：墨西哥、埃塞俄比亚、埃及、刚果（金）、伊朗、韩国、苏丹、南非、哥伦比亚。① 大国的综合优势实际上就是基于规模所形成的各种优势的一个综合，本书主要研究第一类大国，即具有综合优势的特大国，此类国家中只有美国是发达国家，其他国家都是发展中国家，因此研究的重点又在于其中的发展中国家。②

二、大国的综合优势

（一）大国的国土面积广阔

国土面积作为综合国力的构成要素，成为大国经济研究中首要关注的条件，我们评价大国实力时，往往首先关注其幅员大小。一般说来，国土面积越大，国力也就越强。很多学者在研究大国经济时，往往将国土面积作为第一个重要参数。如欧阳峣、罗会华曾经指出，一个国家的大小与其拥有的陆地面积有关，一个国家土地面积越大，自然这个国家就越大。国土面积排名全世界前十位的国家有俄罗斯、加拿大、中国、美国、巴西、澳大利亚、印度、阿根廷、哈萨克斯坦和苏丹。上述国家的国土面积都超过了100万平方公里(如表3.1所示)。

表3.1 世界主要国家国土面积排名

序号	排名	国家	国土面积（万平方公里）	序号	排名	国家	国土面积（万平方公里）
1	1	俄罗斯	1707.5	5	5	巴西	854.7
2	2	加拿大	997.1	6	6	澳大利亚	774.1
3	3	中国	960.1	7	7	印度	328.8
4	4	美国	936.4	8	8	阿根廷	278.0

---

① 详见欧阳峣、罗会华：《大国的概念：含义、层次及类型》，载《经济学动态》2010年第8期，第20—24页。

② 本书主要研究第一类具有综合优势的超级大国，研究重点为中国、印度、巴西和俄罗斯四国，这四个国家都是发展中国家，因此将其称为发展中大国。另外，近年来，由于上述四国发展迅速，在世界上的地位不断提升，国际上对其还有一些新的称呼，如新兴大国、"金砖四国""金砖国家"等，这些称呼在本书的一些章节中也有所体现。

(续表)

序号	排名	国家	国土面积（万平方公里）	序号	排名	国家	国土面积（万平方公里）
9	9	哈萨克斯坦	271.7	15	20	乍得	128.4
10	10	苏丹	250.6	16	21	尼日尔	126.7
11	16	利比亚	176.0	17	22	安哥拉	124.7
12	17	伊朗	163.3	18	23	马里	124.0
13	18	蒙古	156.7	19	24	南非	122.1
14	19	秘鲁	128.5	20	25	哥伦比亚	113.9

数据来源：中华人民共和国国家统计局编：《国际统计年鉴2017》，中国统计出版社2017年版。

国土面积大是国家生存与发展的重要有利条件。通常，"地大"总是与"物博"相关联。一般来说，国土越辽阔，资源就越丰富，国家实力也就越雄厚。目前，世界上的领土大国，如俄罗斯、加拿大、中国、美国、巴西、澳大利亚等均是资源大国。广大的国土和丰富的资源，是一国发展经济的重要基础，领土面积对一国来说具有非常重要的意义，也是大国综合国力的一个重要体现。

(二) 大国的自然资源储量丰富

自然资源禀赋对经济发展意义重大，已经有相当多的研究从贸易、分工、资源禀赋和规模等方面探讨自然资源对于经济发展的重要作用。亚当·斯密在《国富论》中曾指出：基于地域和自然条件的不同将产生商品成本的绝对差异，这种差异将导致区域间的产业分工……分工的基础主要是有利的自然资源禀赋。在马尔萨斯看来，自然资源对增长具有极为重要的决定作用，拥有丰富的自然资源应该是经济持续增长的必要条件。李嘉图也看到了自然资源的重要作用，在此基础上提出了比较优势理论。在资源导向型的增长模式中，自然资源禀赋状况在很大程度上决定了一国的经济发展水平。

笔者重点研究的美国、俄罗斯、中国、印度、巴西等特大国，这些国家一个典型的特征就是国土规模比较大、自然资源储量丰富。其中，俄罗斯自然资源最为丰富，其国土面积居世界第一，约为1707万平方公里，拥有全世界10%的耕地，耕地面积约1.3亿公顷，人均耕地面积世界第一，约0.85公顷。俄罗斯矿产资源种类丰富、储藏量巨大,在世界自然资源总储量中占有重要的地位,其中煤炭、石油、天然气、铁、锰、铜、铅、锌、镍、钴、钒、钛、铬等均名列世界前几位。① 美国国土面积约 936.4 万平方公里,耕地面积约 1.97 亿公顷,占世界耕地总面积的 13%,是世界上耕地面积最大的国家,人均耕地 0.7 公顷,是世界上人均耕地面积的 2.9 倍。美国的矿产资源也非常丰富,石油、煤炭、天然气、铁矿石、钾盐、磷酸盐、硫磺等矿物储量均居世界前列。此外,美国还拥有丰富的铅、锌、银、铀、钼、铜、金等资源。② 巴西国土面积约为 855 万平方公里,自然资源极为丰富。例如,已探明铁矿砂储量 650 亿吨,产量和出口量居世界第二位,铀矿、铝矾土、锰矿储量居世界第三位;此外还有较丰富的铬矿、镍矿和黄金矿;石油储量约 36 亿桶,另有相当于 15 亿桶石油的油页岩;天然气储量 1330 亿立方米。丰富的自然资源奠定了巴西健全的工业体系,咖啡、蔗糖、柑橘生产量居世界第一位,可可、大豆为第二位,玉米居第三位,畜牧业发达,丰富的自然资源使巴西成为"世界经济的粮仓"。印度国土面积约 328.8 万平方公里,其中平原占总面积的 2/5 强,山地只占 1/4,高原占 1/3,但这些山地、高原大部分海拔不超过 1000 米。低矮平缓的地形在全国占有绝对优势,不仅交通方便,而且在热带季风气候及适宜农业生产的冲积土和热带黑土等肥沃土壤条件的配合下,大部分土地可供农业利用,农作物一年四季均可生长,有着得天独厚的自然条件。印度矿产资源丰富,铝土储量和煤产量均居世界第五位,云母出口量占世界出口量的 60%。印度主要资源可采储量估计为:煤 463.89 亿吨(不含焦煤),铁矿石 97.54 亿吨,铝土 22.53 亿吨,铬铁矿 1.24 亿吨,在世界上都有举足轻重的地位。

(三) 大国的人口众多

人口众多是特大国的第二个典型特征。现有对大国的分析和研究中提及最多的划分标准就是人口,如西蒙·库兹涅茨在《各国的经济增长》一书中分析国家大小对一国国内生产结构的影响时,就运用人口作为尺度,以 1000 万

---

① 参见鹏飞:《丰富的俄罗斯自然资源》,http://www.chinarussia-info.com/readnews.asp? NewID=1580-58k,2018 年 1 月 20 日访问。
② 参见刘翊:《美国自然资源》,http://bbs.easybizchina.com/showtopic-5856.aspx-27k,2018 年 1 月 20 日访问。

作为分界线把国家分为大国和小国两类。钱纳里在《发展的格局：1950—1970》一书中，将人口在 2000 万以上的国家称为大国。为什么专家学者大都喜欢以人口作为大国的衡量标准？一个重要的原因就是人口数量的多少，体现了国家的人本性、群体性，一个人的社会或者几个人组成的社会是不需要国家这种载体的。世界排名前十位的人口大国分别是中国、印度、美国、印度尼西亚、巴西、巴基斯坦、孟加拉国、尼日利亚、俄罗斯和日本，具体人数见表 3.2：

表 3.2　世界主要人口大国排名

排名	国家	人口数量	排名	国家	人口数量
1	中国	13.692 亿	6	巴基斯坦	1.76 亿
2	印度	11.66 亿	7	孟加拉国	1.56 亿
3	美国	3.07 亿	8	尼日利亚	1.49 亿
4	印度尼西亚	2.40 亿	9	俄罗斯	1.40 亿
5	巴西	1.99 亿	10	日本	1.27 亿

数据来源：中华人民共和国国家统计局编：《国际统计年鉴 2010》，中国统计出版社 2010 年版。

中国是世界上人口最多的国家。自 20 世纪 70 年代以来，由于坚持不懈地推进计划生育，人口的自然增长率从 1970 年的 25.83‰，下降到 1998 年的 9.14‰，2005 年进一步下降到 5.89‰，人口的快速增长得到了有效控制。丰富的人口和劳动力资源数量，有利于提高劳动分工带来的规模效益，并且具有低工资优势，为中国近年来的经济高速增长创造了必要的条件。

（四）大国的资本积累规模大

在推动经济增长的众多要素中有三个最为重要，一是技术，二是劳动力，三是资本。在一个短期的研究中，往往会假定技术是不变的，另外两个要素中劳动力体现在人口的规模和质量上，资本则体现在包括物质资本、金融资本和人力资本等方面。大国资本积累量大，而且在经济发展的不同时期，不同的资本对经济增长的作用并不相同。在工业化初期和中期，物质资本的作用更为重要。这一时期，社会消费结构以生存和基本发展需要的物质产品为主，知识产品消费的比例较小，相应地，在产业结构上，整个国民经济以物质生产产业为基础，服务业的资本密集度较低。向工业化推进的过程中，工业部门的持续扩张，制造业的迅速增长，客观上要求物质资本急剧膨胀，因此在这一阶段，物质资本对经济增长起着举足轻重的作用。伴随知识经济时代和信息时代的来临，消费结构升级，物质消费的比重降低，知识产品、精神和服务类消费比重不断上升，产业结构随之发生变化，服务业比重大、知识密集度大，科学技术研究与开发事业、信息服务与咨询业、教育培训业等专门知识性的产业更发达，高新技术产业成为第一支柱产业。为适应消费结构和产业结构变化的需要，从工业经济向知识经济过渡时期，人力资本、金融资本成为经济增长的重要源泉。

在大国工业化和城市化的过程中，工业部门的扩张及其城市化进程中的推进需要交通运输、电力、供水等基础设施的发展；农村人口向城市转移，这一切都会产生巨大的资本需求，巨额投资是大国经济发展的基本前提。因此，大国要想迅速改变自己的经济面貌，摆脱发展中国家形成"贫困的恶性循环理论"（纳克斯），就必须全面地、有规模地筹集资本和提高资本利用效率。这些国家由于人口众多，储蓄率比较高，使得其无论是人力资本积累还是物质资本积累都具有大国优势。以中国为例，固定资本形成总量从2000年的37316.58亿元增加到2013年的269075.4亿元。1994年后，人力资本增长加速，1995—2009年间的年均增长率达10.16%；而1985—1994年间的年均增长率为2.26%。物质资本和人力资本的积累，为大国经济的高速发展奠定了良好的基础。①

（五）大国其他方面的规模优势

相对于小国而言，大国还存在一些明显的规模特征：第一，大国经济总量大，影响力强。经济总量一般用国内生产总值来衡量，2011年全球国家GDP前10名如表3.3所示。经济规模是衡量国家经济实力的一个重要标准，不仅构成影响一国发展的重要因素，也构成影响国际市场变动的重要变量。经济规模大是大国经济的一个基本标志。大国效应是大国经济的外部体现，大国经济的特性决定了其具有不同于小国经济的内在规律和外部特征。

---

① 详见中央财经大学中国人力资本与劳动经济研究中心发布的《中国人力资本指数分析报告2012》。

表3.3　2011年全球主要国家GDP排名

排名	国家	GDP(亿美元)	排名	国家	GDP(亿美元)
1	美国	150940	6	英国	24212
2	中国	73011	7	巴西	24746
3	日本	58729	8	意大利	21996
4	德国	35786	9	印度	18393
5	法国	27775	10	加拿大	17378

数据来源：中华人民共和国国家统计局编：《国际统计年鉴2013》，中国统计出版社2013年版。

第二，大国的市场规模大。规模经济分为外部规模经济和内部规模经济。具体来说，外部规模经济是由于相关联的企业间的优势互补和资源共享，扩大了企业的边界和规模，实现了扩大生产规模才能实现的规模经济效应。内部规模经济就是随着单个企业生产规模的扩大，采用先进技术和设备，提高生产效率，降低能源和原材料的消耗及各种费用从而引起的产品成本下降和收益增加的情况。市场规模体现在市场需求和市场供给的规模方面。从市场需求来看，市场容量就是国内市场需求量，生产规模取决于国内市场需求规模。显然，国内市场容量大的大国企业更容易实现规模经济，而国内市场狭小的小国，大多数产品的规模经济难以在国内市场上实现。国内市场容量对企业规模经济的影响至关重要。因为即便一个企业具有实现规模经济的能力，但受到市场容量的约束，该企业也难以实现规模扩张，这也意味着在企业内部无法实现充分的分工。在存在较高贸易壁垒的情况下，对大国而言，由于国内市场容量大，在内部规模经济条件下，单个企业达规模的生产可以充分获益于规模经济。从市场供给来看，由于大国的国内市场较大，规模经济效应较强，可以使本国产品以低成本进入国际市场。由于产品平均成本下降的原因，规模经济可分为内部的和外部的。内部规模经济指的是单位产品成本取决于单个厂商的规模而非行业规模；外部规模经济则指的是单位产品成本取决于行业规模而非单个厂商的规模。内部的和外部的规模经济对市场结构具有不同的影响。一般情况下，内部规模经济的实现与一个产业或行业内的厂商数量呈反比，即厂商数量越少，专业化程度就越高，规模收益也就越高。内部规模经济依赖于厂商自身规模的扩大和产出的增加。在这种情形下，大厂商比小厂商更具有成本优势，能够迫使小厂商退出市场，从而获得市场份额，也形成了不完全竞争的市场结构。如果一种商品能够长期大规模生产，就有可能大大提高它的经济效率。大规模生产可以深化生产分工和专业化程度，从而提高劳动生产率；可以缩短机器设备闲置期和原材料及产品库存期，从而降低产品平均成本；可以更多地积累生产经验和更便于引进生产技术及管理水平，从而拥有竞争优势；可以实现产品的多元化，从而扩大市场份额，等等。大国由于自身市场规模巨大，即使在没有国际市场的情况下也能充分实现大规模生产的优越性。

从对外贸易的角度来看，其规模也非常大。大国经济内部的市场特征不会是均质的，而是呈现出较大的内部差异性。这为区域分工和区际贸易的发展创造了条件。一般来说，大国情形下的专业化生产优势具有比小国更强的延展能力，这种延展能力是以内部地区经济资源的重新配置为前提。比较优势理论论证了对外贸易的必要性，在全球市场一体化条件下，各国依据本国的比较优势选择加入国际分工，这将带来贸易收益。

另外，从创新的角度来看，大国的创新需求远强于小国，其规模也是小国无法比拟的。大国经济体在研发（R&D）和技术创新方面具有小国经济所不具备的一些特殊优势，主要体现在以下几个方面：首先，从最为基础性的成本收益视角来看，一些在小国无法获利的技术在大国却能够获得收益。其次，对于大国来说，一些具有超前性的技术创新虽然在一定程度上违背了本国当前的比较优势，但是即使在这种情况下，其对资源的扭曲效应也将小于小国，也就是说，大国可以更好地接受超前性的技术创新的出现与成长，而这些超前性的技术创新对于大国的长远发展又是至关重要的。这些具有超前性的技术创新在增强大国当前的综合国力以及塑造大国长远的竞争优势方面往往产生不可替代的关键作用。再次，技术创新存在一定的进入门槛，特别是前沿性的重要技术创新对资金和人员等都存在严格的要求，而这些条件可能并不是每个国家都具备的。作为大国，虽然从相对量上来说，可能存在资金和技术人员储量不足的问题，但是从绝对量上来说，却往往可以跨越技术创新所需要的门槛，而小国往往不具备这一条件。最后，具有独立开展技术创新能力的大国在引进和消化发达国家先进技术方面比小国更具优势。当发展中国家具备独立开展技术创新的能力之时，发达国家对相关技术进行封锁也就失去了意义,为了获得经济利益,发达国家将倾向于以更快的速度和较低的价格向该大国转移相关的技术。同时,具备相关的自主创新能力,也有利于大国充分吸收、消化和进一步改造发达国家转移的相关技术。

第二节 大国的自然资源与产业发展

一、自然资源与产业发展思想

自然资源禀赋对产业发展影响的理论研究比较丰富。[①] 古典经济学家从自然资源使用成本的角度分析了产业形成与分工问题。发展经济学家强调丰富的自然资源在产业发展、产业升级和技术进步中的作用,特别强调在工业化的前期和中期的作用,由此形成了比较完整的产业结构调整和升级的工业化理论体系,如霍夫曼的产业结构演进规律说、罗丹的大推进理论、赫克曼的非平衡发展论、罗斯托的大国经济发展 6 个阶段论、钱纳里的工业发展阶段说等。一些经济学家还从自然资源的规模角度来解释产业规模和产品的种类、数量,以及产业集聚问题,由此提出了竞争优势理论。据此,研究者们提出的产业发展理论主要是综合了各项因素之后的比较优势理论、后发优势理论和竞争优势理论。

近 20 年来,出现了不少自然资源与产业发展、经济发展的经验研究。经验研究引发了自然资源重要性问题的重大争论。20 世纪 90 年代初的一些研究表明,自然资源对于一国产业发展意义重大,如 Wright 认为,美国的制造业技术领先的重要原因在于拥有自然资源优势;Delong 和 Williamson 在研究美国钢铁产业发展时,特别指出该产业能够得以发展的前提条件是美国拥有丰

---

① 自然资源与产业发展之间的关系主要集中于第一产业和第二产业,早期对第一产业的研究和说明较多,后期对第二产业的分析较多。本章研究涉及自然资源与第一产业和第二产业之间的关系,重点在于研究自然资源与第二产业之间的关系,选择的国家主要是超级大国中的中国、俄罗斯、印度和巴西等,一些研究者还将这些国家称为发展中大国、新兴大国或者"金砖国家"。美国作为一个成熟的发达国家,已经完成了工业化,第一产业和第二产业比重已经相对较小。尽管在美国工业化发展初期也能够找到一些自然资源与产业发展的典型事实和案例,如钢铁产业、汽车产业等,但是由于美国完成工业化的时间比较长,一些数据已经难以获取,一些地区的资源也随着使用和开发年限不断上升,已经出现枯竭,一些产业已经伴随产业升级发生了重大变化甚至已经消失,因此,笔者没有将美国的情况单独拿出来在此章节中作比较分析。

富的煤炭和铁矿的储量。然而，伴随研究的深入，一些研究发现自然资源密集度高的国家反而经济增长比较慢，于是提出了"资源诅咒"之说。Auty（1990）认为，丰裕的资源对一些国家的经济增长并不是充分的有利条件，反而是一种限制。Sachs 和 Warner（1995，2001）连续发表多篇文章，对"资源诅咒"问题进行开创性的经验研究，并将自然资源划分为"集中型资源"和"扩散型资源"进行论证说明。"资源诅咒"问题可能源于下列几个方面：第一，"荷兰病"。Corden 和 Neary（1982）认为，由于资源产业部门具有更高的边际生产率，丰富的自然资源会产生"资源转移效应"，抑制其他产业发展，最终导致制造业萎缩。第二，自然资源价格波动影响。自然资源的生产具有低价格弹性和低供给弹性，从而导致资源价格波动。第三，资金使用不当。一些国家相当一部分自然资源开采的收入以补贴的方式用于幼稚产业的保护，或者是出于政治目的而投资于一些社会回报率低的项目，而不能够及时投入教育、研发以及基础设施等相关领域（Auty，1990；Gylfason，2001），从而导致一国缺乏持久增长动力。第四，制度弱化。由于产权安排不合理和相关法律不健全，导致寻租行为，少数人对资源排他性的占有（Sala-i-Martin 和 Subramanian，2003）。Olsson、Englebert 等提出了资源冲突思想，认为那些冲突管理制度薄弱、收入不平等严重的国家，面对突然的资源繁荣时，会使社会长期积累的不满爆发，增加了国家陷入冲突的危险。最近的一些研究结果则更为乐观一些，肯定了自然资源对经济增长和产业发展的重要作用。这些研究发现一些经济体的经济增长和工业化与该国自然资源之间的正向关系。Gylfason 和 Thorvaldur（2001）认为，挪威经济繁荣的原因在于成功地管理了丰富的自然资源。Stijins（2005）发现，丰富的自然资源会对经济增长产生积极或者消极的影响，这种影响倾向何方，取决于一国自然资源的生产、积累和知识吸收渠道。一些关于"金砖四国"的研究表明，这些国家经济的快速增长部分得益于丰富的自然资源。

国内研究大国自然资源与产业发展关系从三个方面展开：第一，研究大国。主要涉及大国界定、大国特点、优势以及可能的发展战略和模式（戚衡玮，2006；欧阳峣，2010；杨汝岱和姚洋，2006）。第二，研究自然资源对产业影响的作用机制和机理。这里又可以分两个方面：一是理论研究；二是确定两者之间的经验关系分析。王青等分析了中国山区各类自然资源对产业结构演进的作用；孙庆刚、秦放鸣探讨了"资源诅咒"在我国的传导机制问题；何立华和金江（2010）在考虑非再生自然资源的约束条件下，将环境质量作为生产要素，构建新古典的分析框架，探讨了在环境污染和自然资源双重约束下的长期经济增长问题；徐康宁和王剑（2006）以区域为样本，研究了中国各省市自然资源与经济增长的内在关系，认为在我国内部的地区层面存在"资源诅咒"现象，多数省市丰裕的自然资源并未成为经济发展的有利条件，反而制约了经济增长；胡援成、肖德勇（2007）利用 Hansen 的门槛模型，在加入物质资本投资、人力资本投资和制度因素等变量后，发现自然资源对经济增长是促进还是抑制取决于该地区人力资本投资的高低。邵帅、齐中英（2008）研究表明，能源开发对西部地区确实带来了"资源诅咒"效应，并分析了其产生的原因。第三，研究中国产业选择和产业发展战略。郭熙保（2002）认为，中国应该采取基于后发优势的赶超战略，但是由于这一战略过分强调工业部门的作用，受到林毅夫等的质疑。林毅夫、蔡昉、李周（1999）等认为，赶超战略使发展中国家增长主要体现在工业部门，将导致产业结构的不平衡，与此同时，赶超战略建立起来的现代工业不能够使传统工业和中小企业有机结合，将导致二元经济结构，不能够带动经济发展的联动作用。林毅夫等认为，落后国家赶上发达国家最好的策略是采用比较优势发展战略。戚衡玮（2006）构建了用于比较中国和印度发展的模型，解释了中国模式和印度模式这两种截然不同的大国经济发展战略。欧阳峣（2008，2010）在研究大国经济时关注到大国经济发展的差异性、阶段性与适应性，系统地提出"大国综合优势"，为一国或区域经济发展提供了思路，也为产业选择和产业发展提供了依据。

二、自然资源禀赋与大国产业选择

21 世纪前 10 年，新兴大国平均经济增长率超过 6%，其中中国平均经济增长速度超过 9%，印度和俄罗斯约为 6%，巴西约为 4%，新兴经济体经济增长速度都远高于同期世界平均水平。研究者对这一现象表现出极大的研究热情，通过简单比较分析表明，新兴经济体有一些共同特征，即人口数量众多、国土面积广大、自然资源丰富。丰富的自然资源为这些国家经济长期增长提供了良好的初始条件，任何一种工业部门的生产，都需要占用一定的地域空间，都需要原料、动力和水。罗斯托指出，自然资源在一国经济起飞阶段起到了重要作用。一国经济增长、财富增加与该国对森林、保护区、矿产、能源和农业用地等自然资本进行精心管理有密切的关系，良好的自然资源条件为一国经济增长提供了基础，为产业形成、布局与发展提供了宽松的初始条件。

新兴大国的自然资源禀赋在一定的条件下经由产业发展转化为自然资本，成为一国的财富，为这些国家经济长期发展提供了动力。最新研究表明：在自然资本①占财富总额 30—50% 的国家，要取得发展，需动用自然资本。近 20 年来，四大发展中大国自然资本所占总财富的比重正好处于 30%—50% 之间。由于估算数据有限，笔者选取世界银行 1995 年、2000 年和 2005 年三年估算数据进行说明，具体情况如表 3.4 所示。巴西自然资本占财富总量的 15%—25%，印度为 20%—50%，俄罗斯为 30%—60%，中国为 20%—40%。自然资本是这些国家财富的一个重要组成部分，并且对产业发展和经济增长产生了重要影响。新兴大国的自然资本收益的各个项目必须建立在自然资源基础之上，如农业、牧业和林业产品价值的产生必须依托适宜的耕地、草场和森林资源，石油、天然气、矿产开采价值严重受制于自然资源本身的存量。

表 3.4　新兴大国自然资源财富情况　　　　（单位：万亿美元）

国家	年份	总财富	自然资本	自然资本占总财富比重	农作物	牧场	木材	石油	天然气	矿产	地下资产
巴西	1995	1167	171	15	81	31	13	6	0.4	5	11
	2000	1326	232	17	143	25	16	7.3	0.7	6.2	14
	2005	1475	279	19	127	23	55	25	2.6	16	43
印度	1995	689	318	46	177	91	9	5	1.7	1.6	17
	2000	917	330	36	217	62	10	6.1	3.1	2.2	19
	2005	1153	295	26	152	65	21	11	6.6	5.4	39

---

①　按照安东尼奥的观点，自然资本是区别加工资本、金融资本和人力资本的第四种资本，主要由自然资源、生命系统和生态构成。

（续表）

国家	年份	总财富	自然资本	自然资本占总财富比重	农作物	牧场	木材	石油	天然气	矿产	地下资产
俄罗斯	2000	764	417	55	41	56	9.4	94	106	2.2	207
俄罗斯	2005	1047	448	43	24	19	4.7	161	170	5.4	346
中国	1995	1186	365	31	264	17	20	24	2	3	51
中国	2000	1806	475	26	324	29	63	24	3.1	4.1	44
中国	2005	2509	523	21	326	42	30	35	9.2	11	105

注：自然资本为农作物、牧场、木材、非木材森林、保护区、石油、天然气、煤、矿产资源价值之和，自然资本所包含的全部项目并未在表中全部记录下来。

数据来源：世界银行数据库网站。笔者进行了相应调整，其中，俄罗斯1995年的数据缺失。

上述发展中大国的自然资本价值增长速度与经济增长速度，呈现出显著正相关。以中国为例，进行简单回归分析表明1995—2000年间，中国自然资本每增长1%，将拉动经济增长约2%，2000—2005年间，中国自然资本每增长1%，拉动中国经济增长超过3%。1995年，中国自然资本占总财富的31%，2005年已经下降到21%。这从另一方面说明中国人造资本或者说加工资本财富在这10年中得到迅速发展，工业、制造业比重上升，中国目前已经进入工业化中后期，呈现出典型的重化工业形态，类似的情况也出现在印度。巴西自然资本占总财富比重一直低于30%，巴西近10年来这一比重有上升的趋势，这说明自然资源为巴西经济增长提供了基础，从而说明自然资源对该国的影响逐渐增强。俄罗斯自然资本财富占总财富百分比一直高于30%，经济增长、财富积累对自然资源财富依赖程度相当强。

丰裕的自然资源使得新兴大国资源性产业发展迅速，然而新兴经济体之间又各有特点。中国自然资源总量丰富，工业门类齐全、发育完善，工业以制造业为主，被称为"世界工厂"，农业发达，占整个国民经济的比重超过10%，用占世界7%的耕地养活了占世界20%的人口。从地区产业分布来看，绝大多数省市都根据其资源特色进行了产业分工，一些资源型城市，相关产业成为经济发展的主导力量，区域经济对自然资源的依赖程度相当高。俄罗斯自然资源丰富，这为该国工业和农业发展提供了坚实的后盾。俄罗斯石油探明储量 82 亿吨（2009 年数据），占世界探明储量的 4%，位居世界第八；森林覆盖面积达 8.67 亿公顷，位居世界第一；天然气已探明储量为 48 万亿立方米，占世界探明储量的 1/3 强，位居世界第一；水力资源达 4270 立方千米/年，位居世界第二；俄罗斯的钻石资源储量估计超过万亿克拉，能满足全球宝石市场 3000 年的需求，此外，铁矿石、煤炭等资源也相当丰富。俄罗斯工业以机械、钢铁、冶金、石油为主，其农牧业也占有相当分量，主要农作物有小麦、大麦、燕麦、玉米、水稻和豆类。俄罗斯主要出口商品以石油和天然气等矿产品和农产品为主。巴西则农业特别发达，是世界第一大咖啡生产国和出口国，被称为"咖啡王国"，同时还是世界最大的蔗糖生产和出口国、第二大大豆生产和出口国、第三大玉米生产国。此外，由于巴西铁矿丰富，占世界总储量的 9.8%，居世界第二位；出口量也位居世界前列。近年来，巴西采矿业也发展迅速。印度同样资源丰富，产业门类齐全，主要工业包括纺织、食品加工、化工、制药、钢铁、水泥、石油和机械等，其矿产资源开采力度相当大，云母产量世界第一，煤和重晶石产量世界第三。印度农业在经济中占有相当的比重，拥有世界 1/10 的可耕地，是世界上最大的粮食生产国之一。

工业在国民经济中的重要地位，在于它是国民经济的主导力量，是衡量一个国家、一个地区经济发达程度的重要标志。表 3.5 记录了新兴大国主要工业门类。巴西从 19 世纪 70 年代开始初步建立起较为完整的工业体系，目前巴西支柱产业就是采矿业、加工、机械制造、石油冶炼、冶金、农产品加工工业等，产值最大的是采矿、石油冶炼和农产品加工工业，利润较高的产业主要是采矿、石油冶炼和机械制造工业。俄罗斯继承了苏联主要的产业，其工业化发展开始于 19 世纪 30 年代，工业化的总路线以发展重工业为核心，从机械制造业开始偏重于生产资料生产。经过几十年的发展，俄罗斯建立起比较完整的工业体系，按照俄罗斯的归纳方法，具体包括八大工业部门：燃料动力工业，冶金工业，化学和石油化学工业，机器制造和金属加工工业，建筑材料工业，森林、木材加工和纸浆造纸工业，轻工业，食品工业。主要工业为燃料动力工业、冶金工业、化学和石油化学工业、机器制造和金属加工工业，其中燃料动力工业主要包括石油工业、天然气工业和煤炭工业，冶金工业主要是钢铁冶炼。印度工业发展经历比较曲折，经过近百年的发展已经建立起比较完善的工业体系。印度的工业主要包括制造业、电力、矿业、纺织、食品、精密仪器、汽车制造、软件制造、航空和空间等行业。印度目前在天体物理、空间技术、分子生物、电子技术等高科技领域都已达到相当的水平，此外还在信息、服务和旅游等产业上具有传统优势。中国拥有 39 个工业大类，191 个中类，525 个小类，是全世界唯一拥有联合国产业分类中全部工业门类的国家。

表 3.5 新兴大国工业情况

国家	主要工业门类	特点
巴西	钢铁、汽车、造船、石油、水泥、化工、冶金、电力等	分布不均，工业门类偏重于资源采掘和加工，工业具有一定的竞争力
俄罗斯	采掘业、石油、机械、钢铁、冶金等	工业门类倚重自然资源，具有一定的影响力
印度	制造业、电力、矿业、纺织、食品、精密仪器、汽车制造、软件制造等	门类相对齐全，基本成体系，但竞争力不强
中国	制造业、钢铁、煤炭、机械、纺织、加工工业等	工业门类齐全，工业结构以低端制造为主，缺乏核心竞争力

这些新兴大国工业化过程中一个显著的共性在于工业生产活动起源于自然资源禀赋丰富地区，伴随产业发展，产业不断完善，呈现出点源型和面源型的扩散，工业化进程不断加速。以印度工业为例，印度工业区主要分布于加尔各答和孟买，主要因为周围有大量的煤和铁；纺织则位于德干高原和恒河流域，主要源于当地盛产棉花和黄麻，类似于中国东北老工业基地、德国鲁尔区等。

三、自然资源禀赋与大国产业布局

工业布局主要是政府部门通过规划有意识地对工业生产力在一国或某一地区范围内进行调整和再分布。[①] 合理的工业布局将有效地推动经济的快速增

---

① 工业分布是人类进行生产活动的自然结果，人们只能承认它、继承它。工业布局必须以原有工业分布为前提和基础，是对原有工业分布的再分布，工业布局与工业分布之间的关系是一种继承与被继承的关系。

长，促使区域间生产力的趋同，有利于缩小城乡收入差距，工业布局也受到一系列因素的影响，主要包括三大类因素，一是自然因素，包括自然资源禀赋如土地、矿产、水、生物资源等，还包括自然条件如区域地形、气候、水文条件、自然灾害、生态环境等；二是社会因素，包括某一地区现有的经济基础、基础设施、劳动力素质、运输能力、市场容量、经济政策、经济体制、价格水平、税收制度等；三是生产技术因素，主要包括生产工具先进程度以及与生产工具相适应的工艺流程与方法，劳动者掌握生产工具的技能等。在过去的几十年中，发展中大国工业分布不断变化，工业布局日趋合理，为这些国家长期的经济增长奠定了基础。下文将主要就发展中大国工业布局、工业发展阶段以及重点工业发展战略进行详细的分析。

工业布局是形成区域经济发展空间格局的前提和基础。发展中大国具有地域辽阔，自然资源禀赋丰富以及环境、地形、地貌、气候复杂等特征，为一国工业布局提供了有利条件。由于发展中大国各种资源丰裕程度各不相同，人文因素如经济、社会、历史、文化等也各不相同，因此各国在工业布局、工业发展战略上也有较大的差异。

中国的基础工业集中分布在中东部地区，形成当前的工业格局既有自然、历史因素，也有政策因素。中国工业布局经历了两个重要阶段：第一阶段，中国在计划经济体制下，由于条块分割的关系，国家依托各个地区的自然资源优势，选取均衡布局的模式，在全国各地区形成了分散化的、小而全的产业体系。尽管也形成了一些大的工业基地如东北老工业基地、武汉工业基地，但这些工业多以资源的采掘和加工、钢铁、造船等重工业为主。这种产业体系的缺陷在于难以形成区域之间的分工与协作，无法发挥地区间的比较优势。伴随改革开放的进程，这种局面被逐步打破，非平衡发展的工业布局模式逐步替代平衡发展的模式，国家通过政策倾斜，促使东部沿海地区经济率先高速增长。在这一发展过程中，逐步建立了市场经济机制。值得注意的是，这一时期中国工业化从某种意义上来讲是一种重工业的革命，这种工业化发展史是本期中国工业区域布局发展的历史。这一时期中国工业区域布局的模式是：需要+服从。①

第二阶段，在市场价格机制的引导下，各种类型的生产要素向投资收益高的东部地区集聚，循环累积因果效应使得东西部差距进一步扩大，并且强化了工业布局的不均衡发展。这种工业布局向东部地区集聚的趋势，在2000年以前没有发生根本性的转变。2000年以来，为了缩小东西部地区经济发展差距、调整中国经济发展结构和发展方式，中国先后实施了西部大开发、东北等老工业基地振兴和中部地区崛起等区域发展战略。这在一定程度上改变了中国基础工业的整体格局、缩小了区域发展差距、促进了区域协调发展。然而值得注意的是，拉动中国经济增长的主要产业制造业仍然在向东部地区集聚，这种趋势没有发生根本性的改变，这也成为区域非平衡发展的重要推手。以2007年为例，当年工业产值排名前三位的地区为广东、山东和江苏，三省的工业总产值占到全国工业总产值的33.5%，然而排名后10位的各省工业总产值之和占全国比重仅为8%，还比不上排名第三的江苏省所占的比重。

印度在全球经济中以IT信息技术、金融、用户服务等外包业务著称，从一定程度来说，印度跳过工业化阶段直接发展服务业，其服务业缺少产业支撑。印度的工业发展及其工业布局也经历了多个阶段：第一阶段是印度殖民地时期，这一时期印度工业发展完全掌控在英国手中，以自然资源为基础形成了一些资源开采和初加工的工业。第二阶段是印度建国以后直到20世纪70年代末，印度开始实施工业化战略，借鉴苏联的发展模式走优先发展重工业的工业化道路。这一时期，印度工业体系已经基本形成，依托东北部丰富的锰矿、煤矿和铁矿资源形成了东北部的钢铁和机械工业中心，依托德干高原西北部的棉花形成了以孟买为中心的棉纺织工业中心，依托恒河流域及恒河三角洲的黄麻形成了以加尔各答为中心的麻纺织工业中心，依托交通、自然和人才优势在班加罗尔发展软件工业。第三阶段是20世纪80年代以来，印度不断调整自身经济发展，逐步走出了具有自身特色的发展道路和模式，其产业结构演进路线既不同于发达国家的轨迹，又不同于中国正在走的道路，

---

① 这里的"需要"既有主观的东西，又有客观的内容。主观的东西包括马克思的理论、斯大林的认识与经验、中国领导人的见解；客观的内容包括人民群众的福利、自然环境和自然资源、生产方式、国际政治与经济，因而"需要"的内容是多方面的。这里的"服从"主要是指中国工业化运动实施的动力源。这一动力源来自于广大群众对军事和行政命令的服从、对国家领导人的信赖。

一些研究者将其工业化道路称为新型工业化道路。在这一工业化道路引导下，印度经济发展成绩显著，1990—2005 年，印度年均经济增长率超过 6%，同期印度产业结构迅速升级，三大产业在 GDP 占比中发生重大变化，其中服务业比重从 43% 上升到 51%，农业比重从 31% 下降至 24%，工业比重从 25.4% 下降到 24.6%。这一时期，印度综合国力和国际竞争力迅速提高，《2016—2017 年全球竞争力报告》指出：印度进步显著，在效率和创新方面十分突出。印度同时还加大了教育开支，改善教育设施，培养和留住尖端人才，到目前为止，印度在信息、生物、制药等方面已经成为技术大国。总的来看，印度工业化布局主要依托的是原有的工业基础、自然资源、人才以及区位优势，走非均衡发展道路，目前绝大多数工业中心和工业基地都位于沿海地区。

巴西曾经是一个农业经济国家，且农作物单一，主要为蔗糖和咖啡。伴随经济的发展，工业化以及工业布局的逐步完善，目前巴西已经成为拉丁美洲工业化程度和工业化水平最高的国家。巴西在 20 世纪 70 年代就建成了相对完整的工业体系，主要的工业部门有钢铁、石油、汽车、水泥、电力、造船、化工、纺织、冶金、建筑等。目前，巴西在核电、通信、电子、飞机制造、军工等领域已跨入世界先进国家的行列，在钢铁、造船、汽车、飞机制造等领域已经跃居世界重要生产国家的行列。[①] 巴西从 20 世纪初开始工业化，同时关注工业分布和工业布局问题。巴西采取非均衡发展战略，工业区在选址上考虑的就是自然资源因素、运输条件和人口因素。巴西的工业分布极为不均，主要分布于东部沿海地区，其重工业主要分布于人口稠密的圣保罗、里约热内卢等地区，主要依托的是米纳斯吉纳斯州丰富的铁、锰、镍等矿区。20 世纪 50 年代到 70 年代是巴西经济腾飞的时期，50 年代，巴西通过推行"进口替代"经济模式，使得工业得到迅速发展；与此同时，巴西通过大量举借外债并有效利用获得了经济腾飞，在 60 年代中期到 70 年代中期年均经济增长速度达到 10%，创造了"巴西奇迹"。

总体来看，巴西工业以资源为核心，采取非均衡发展思路进行工业布局。在发展传统工业和新兴工业时，巴西特别注意考虑其人口和资源分布，如汽

---

① 目前，巴西已经成为南美洲钢铁制造大国，钢铁产量排名世界第六，钢材出口超过 1200 万吨，占全国钢材总量的 50% 以上，同时还是拉美地区第一、世界第九汽车生产大国。

车工业发展主要分布在人口稠密区,而资源出口产业则更多考虑区位因素,如巴西在近海地区库巴唐建立了大型炼油厂和钢铁联合企业,城市周围形成了一些新的工业区。值得说明的是,在随后的20年中,伴随全球化的不断深入,由于受到本国严重的通货膨胀和债务危机,以及中国、印度等国家工业实力不断壮大的影响,巴西工业经历了严峻的挑战,产业竞争力不断下降,以至于经济发展陷入停顿,产业布局没有得到根本改善,目前,巴西工业经济中的"初级产品化"和"去工业化"问题已经成为人们热议的话题。

俄罗斯自然资源种类齐全、储量丰富,是少数资源可以自给的大国之一,这为俄罗斯的工业带来了得天独厚的优势。俄罗斯工业主要分布在欧洲部分,主要以莫斯科和圣彼得堡为中心建立了工业中心,二战以后,俄罗斯工业向东发展,在乌拉尔山区建立了钢铁和机械工业为主的乌拉尔工业区,在新西伯利亚地区建立了以重工业和军事工业为主的新西伯利亚工业区。[①]

俄罗斯的工业以重工业为主,工业分布属于资源型分布,工业区靠近资源产地而且沿铁路干线分布,这样做的主要目的在于降低运输成本。俄罗斯工业分布和布局受到自然因素和政治因素的影响明显,二战后主要分布于内陆矿产资源丰富地区,优先发展重工业,其目的在于创建一个独立的国民经济体系,为工业、农业的全面技术改造提供必要的物质技术基础,也只有如此才能迅速发展国防工业,加强国防实力,才能建立一个雄厚的社会主义经济基础。受到二战影响,考虑到战略安全,俄罗斯工业布局逐步向东发展,已经形成了伊尔库茨克、伯力、海参崴等工业区域。俄罗斯80%的能源和矿产资源分布在亚洲,制造业集中在欧洲。俄罗斯的航天工业和核工业技术先进,位居世界前列,在国际上有重要地位,资源产业包括煤炭、石油、天然气影响力大。目前,俄罗斯共有10大工业区,最大的工业区包括圣彼得堡工

---

① 1991年苏联解体,俄罗斯继承了原苏联的主要工业,这里并未明确区别苏联和俄罗斯。解体后,俄罗斯由计划经济向市场经济转型,经历了私有化。俄罗斯的私有化过程分为两个阶段:第一阶段为1992年秋至1994年6月,第二阶段从1994年7月起。两个不同的阶段使得俄罗斯的工业发展也发生了重大变化。第一阶段为私有化时期,经济上彻底打破传统的计划体制,并以国有企业为突破口,通过私有化形式开始大规模的市场经济改造。这一阶段实行的是无偿私有化。外国投资者可以参加拍卖、竞卖和投资招标,以及购买私有化证券。到1994年6月底,70%的工业企业,其中包括2万个大中企业已转为股份化;私有化比例达75%;农业中私有化企业和个人副业产值已达86%;非国有制经济已占国内生产总值的一半,就业人数达到4000万。从1994年7月1日起推出第二阶段私有化计划。这一阶段私有化的特点是从无偿私有化转为有偿私有化,从追求政治目标转向注重经济效益,刺激生产投资。

业区,即中央工业区,主要是加工制造业;莫斯科工业区,主要是加工制造业;新西伯利亚工业区,主要是石油、煤炭生产加工区;乌拉尔工业区,主要为黑色金属、有色金属生产加工区,也是俄罗斯最大的冶金工业区;顿巴斯工业区,主要为煤炭生产区;库兹巴斯工业区,主要为煤炭、石油生产加工区;卡拉干达工业区,主要为各种有色金属生产加工区;埃基巴斯图兹工业区,主要为资源生产加工区和石油、煤炭生产加工区;库尔茨克工业区,主要为加工工业区;埃斯克—阿钦斯克工业区,主要是能源、资源、加工综合工业区。

四、自然资源禀赋与大国产业调整

丰富的自然资源为新兴经济体提供了产业发展的初始条件,为经济持续发展提供了潜在的动力,伴随着工业化进程,这些国家的产业结构一直在调整和改变。工业发展是工业化的最突出表现,但它并不是工业化的全部,因此工业化不能仅仅理解为工业发展。在经济社会发展过程中,工业发展绝不是孤立进行的,而总是与农业现代化和服务业发展相辅相成,总是以贸易的发展、市场范围的扩大和产权交易制度的完善等为依托。近年来,新兴大国产业结构的调整和变化最直观地体现在三个方面:第一,各国三次产业结构本身的变动;第二,工业内部结构的剧烈变动;第三,各国进出口结构的变动。

表 3.6　1988—2008 年金砖四国产业结构变化

国家	产业结构	1988	1998	2007	2008
巴西	农业	10.1	5.5	6.0	6.7
	工业	43.6	25.7	28.1	28.0
	服务业	46.2	68.8	66.0	65.3
印度	农业	30.5	26.0	18.1	17.5
	工业	26.2	26.1	29.5	28.8
	服务业	43.4	47.9	52.4	53.7
俄罗斯	农业	—	5.6	5.0	5.0
	工业	—	37.4	37.7	37.2
	服务业	—	57.0	57.3	57.8

（续表）

国家	产业结构	1988	1998	2007	2008
中国	农业	25.7	17.6	11.1	11.3
	工业	43.8	46.2	48.5	48.6
	服务业	30.5	36.2	40.4	40.1

数据来源：世界银行数据库网站。

从整体上来看，大国的产业结构趋向合理和优化。表3.6记录了印度、俄罗斯、中国和巴西1988年、1998年、2007年和2008年产业结构变动情况。1988—1998年，巴西、中国产业结构变化巨大，印度产业结构变化不大，中国第一产业比重迅速下降，第二产业和第三产业比重上升，巴西则是第一产业和第二产业比重同时下降而第三产业比重上升，这表明中国和巴西经济发展的道路并不相同，中国仍在进行工业化而巴西则在着力发展服务业。1998—2008年，巴西、俄罗斯、印度产业结构变动不大，产业比重呈现出第三产业最大、第二产业次之、第一产业最小的特点，与发达国家产业结构情形差异不大；中国产业结构变动比较大，第一产业比重在逐步下降，第三产业比重在上升，目前产业结构仍以第二产业为主，且进入工业化后期，从经济长远发展来看，按照发达国家经济发展规律，中国产业结构仍然有巨大的调整空间，第三产业亟待发展。

大国的产业结构变动遵循配第—克拉克定理所反映的三大产业变化过程。配第认为，这种转变的原因在于工业比农业、商业比工业的利润多。从近一个半世纪的世界经济发展来看，笔者认为，经济结构的转变可能更多源于技术进步引起对资源利用方式和效率的改变。农业、工业的发展都需要大量的自然资源，然而在不同的技术条件下，单位资源所具有的经济价值并不相同，同等自然资源条件下技术条件越好，所具有的经济价值越高。这就迫使一国不断地进行技术创新，进而导致产业升级和发展，显然从农业到工业再到服务业体现的就是一种产业升级和发展。现代服务业对技术的要求更是不言而喻。Mauricio(2006)的研究表明，技术的创新更容易发生在那些低技术水平的制造业和自然资源产业。这样一来，就有可能使得技术和产业相互促进，低技术水平的制造业和自然资源产业促进了技术进步，技术进步又反过来促进了产业分工和发展，使得产业结构发生改变，这一过程是动态的、持续的。

经济结构的调整不仅与技术水平有关,还与一国自然资源本身情况有关,尤其表现在采掘业、以自然资源为基础的加工工业和制造业上。以金砖四国的矿产资源产业为例,在过去的 20 年间,四国大量开采和利用矿产资源。四国矿产资源损耗现值除俄罗斯矿产资源损耗现值呈现出先下降后上升的趋势外,其他国家上升趋势明显,1990—2008 年,中国、俄罗斯、印度和巴西矿产资源损耗现值增长速度分别为 25%、22%、20% 和 17%,中国矿产资源开采强度最大,印度和俄罗斯居中,巴西最小。资源损耗现值的增加意味着相关的矿产资源产业规模的扩大,资源开采数量的增加,这可以从俄罗斯、中国和巴西近几年的矿产资源开采和相关产业发展得到印证。矿产资源的大量开发和利用,使得相关产业得以发展和壮大。

通过简单的数据分析发现,金砖四国的矿产资源开采与这些国家经济增长速度密切相关,呈现出明显的正相关。这种正相关的关系也可能会进一步加剧资源型产业的发展,一方面,资源产业的发展能够拉动经济增长;另一方面,经济增长也需要更多的自然资源。尽管相关产业得到发展壮大,但并不意味着相关产业在国民经济中的比重一定会上升,这取决于资源型产业与其他产业增长的速度。值得说明的是,一些自然资源具有不可再生性,伴随自然资源的枯竭,一些国家和地区的资源型产业已经出现危机。这也是学界质疑长期内自然资源对产业发展和经济发展重要作用的一个原因。以中国为例,目前已经出现近百个资源枯竭型城市,由于长期资源产业一支独大,挤出了其他产业发展空间,一旦资源开采完毕,又缺乏其他可以持续发展的产业,经济便陷入困顿。又如南非,黄金和钻石出口一直占该国出口绝大份额,然而最近 20 年,此类资源出口数量并未出现明显增加,相关产业并未得到进一步发展。

产业结构调整也表现在发展中大国工业内部结构的变化上。以中国为例,在最近的 10 年间,工业内部结构发生了巨大的变化,工业内部各产业产值比重变化剧烈,各部门从业人数也变化巨大。从轻重工业的划分角度来看,2000 年,中国轻工业与重工业产值的比重约为 2:3,企业数量比约为 1:1,从业人数比约为 1:1;到 2010 年,轻工业与重工业产值比约为 3:7,企业数量比约为 2:3,从业人数比约为 2:3,由此可以看出中国工业发展呈现出重化工业的趋势。这种趋势在早期的美国和苏联都有明显的体现。19世纪末20世纪初，美国成为一个重工业占主导地位的工业大国，最终完成工业化进程，苏联在发展过程中则始终把重工业放在最主要的地位。

此外，图3.1和图3.2记录了中国2000—2010年10年来工业内部产业的变化情况，2000年，占工业比重最大的前10个产业分别为电子及通信设备制造业、化学原料及制品制造业、交通运输设备制造业、纺织业、电气机械及器材制造业、黑色金属冶炼及压延加工业、电力蒸汽热水生产供应业、石油加工及炼焦业、食品加工业、非金属矿物制品业，到2010年时则变为农副食品加工业、非金属矿物制品业、通用设备制造业、化学原料及化学制品制造业、纺织业、电气机械及器材制造业、黑色金属冶炼及压延加工业、交通运输设备制造业、金属制品业、有色金属冶炼及压延加工业。类似的工业内部变化也同样发生在印度、巴西和俄罗斯。

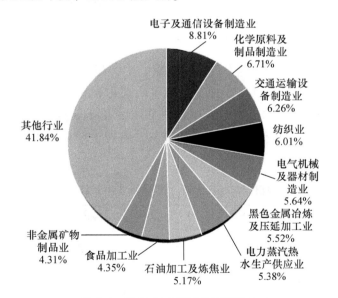

图3.1　2000年中国工业产值分布

产业结构的变化还可以通过一国进出口产品情况得出。自然资源禀赋的丰裕度不仅影响一国产业结构，同样会影响一国商品的进出口情况。以出口为例，大国的出口项目中，资源出口占据重要地位，但是相关原材料出口所占比重不断地发生变化。由表3.7可见，资源出口总额皆呈现出显著上升趋

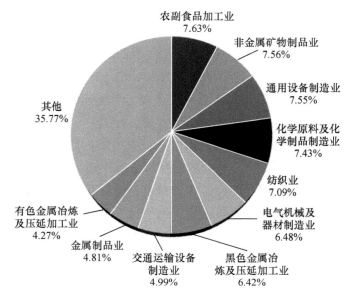

图 3.2 2010 年中国工业产值分布

势,但是从资源出口占出口总额比重来看,中国和印度比较低,都低于 10%。俄罗斯和巴西比较高,其中,俄罗斯资源出口占出口总额的 30%—50%,巴西占 10%—20%。中国矿物燃料和相关原材料出口比重在下降,这说明,伴随经济发展,中国产业结构逐步进行调整,随着工业化程度的提高,直接初级资源出口逐步下降。

表 3.7 新兴大国出口构成及金额(按照离岸价格计算,单位:百万美元)

国家	出口构成及金额	1988	1998	2007	2008
巴西	出口总额	32809	50736	160649	184216
	咖啡和大豆出口	5266	5431	19659	33645
	资源出口占出口总额比重	16.1	10.7	12.2	18.3
印度	出口总额	14257	33219	159007	190000
	铁矿石和茶叶出口额	1260	1931	10708	—
	资源出口占出口总额比重	8.8	5.8	6.7	—
俄罗斯	出口总额	—	74444	354401	471603
	矿物燃料和相关原材料出口	—	23756	164129	230254
	资源出口占出口总额比重	—	31.9	46.3	48.8

(续表)

国家	出口构成及金额	1988	1998	2007	2008
中国	出口总额	47516	183809	1218015	1428546
	矿物燃料和相关原材料出口	3950	5175	19944	31634
	资源出口占出口总额比重	8.3	2.8	1.6	2.2

注：由于数据可得性的问题，印度资源出口采用铁矿石和茶叶数据，巴西资源出口采用咖啡和大豆数据。尽管茶叶、咖啡和大豆并非矿产资源，但是其产出也是建立在相应的耕地、林地和山地资源基础之上，与自然资源丰裕度密切相关。

数据来源：世界银行数据库网站。笔者对数据进行了整理。

进一步结合中国出口情况发现，中国加工贸易迅速增加，中国被称为"世界工厂"，进出口结构已发生重大变化，由早期的资源型产品出口转向成品出口，成品出口需要消耗大量自然资源，相关资源出口下降不可避免。俄罗斯矿物燃料和相关原材料出口比重在上升，根据其占经济总量的比重情况来看，俄罗斯自然资源产业越来越强大，非资源性产业在相对萎缩，自然资源产业对其他产业产生了挤出效应，伴随经济发展，俄罗斯产业结构并未得到发展和完善，在一定时期和程度上印证了"荷兰病"和"资源诅咒"之说。印度和巴西比较稳定，资源出口价值占出口总额比重变化不大，不同时间比重不一致主要是由于自然资源价格波动引起。总的来说，自然资源对新兴大国对应的产业形成与发展产生了重大影响，伴随技术的进步以及资源的不断损耗，引起了产业结构的变化。

上述观察到的进出口商品的结构变化，不仅与一国的自然资源情况有关，还与一国比较优势下的产业发展思路、国家发展战略密切相关。由于自然资源型产业本身的特点，各国对相关产业发展也会提出相应的政策引导和限制。绝大多数自然资源本身具有不可再生性，一旦资源开采完毕将面临衰竭，因此各国对其开采规模进行限制，特别是一些战略性的资源，如石油、稀土、黄金资源等。一些研究表明，自然资源型产业对经济发展的作用并不明显，而且存在着诸多不利，Mauricio认为，简单的开采以及初级的加工和利用并不利于产业分工和发展，不利于产品的差异化和技术进步。Corden和Neary早在1982年就发现，资源的过度开发会对其他产业产生挤出效应，从而抑制其他产业的发展。由于国际市场不完善，资源价格具有不稳定性，各类资源的国际价格经常发生剧烈波动，这种波动往往会导致资源依赖性强的经济体经济发展产生剧烈波动，此外，单一的资源产业的强大不利于收入分配，也不利于社会稳定。因此，各地政府在产业发展思路上并不愿意依靠单一的资源型产业来主导地区经济发展，而是力图以此为基础促进产业纵向和横向发展，完善产业结构。

发展中大国经济发展战略大多采用的是比较优势下的赶超战略，特别强调经济增长，并由此形成了国家间对外贸易的进口替代或者是出口导向的战略。从20世纪80年代以后，中国就开始借鉴亚洲四小龙外向型经济发展战略的成功经验，由进口替代战略向出口导向战略转移，这一转移的直接结果就是20年后中国成为世界制造业重要基地，成功实现了产业发展升级、结构的转变。印度对外贸易在20世纪80年代末之前实行的是进口替代政策，20世纪80年代到90年代实行进口替代与出口促进并重的贸易政策，90年代后开始实行出口导向型的对外贸易政策。然而，基于印度自身的其他条件，如基础设施、教育培养模式、开放时间以及国内耕地情况，印度注重发展的是服务业，力图成为"世界办公室"。经过30年的发展，印度第三产业在国民经济中所占比重已经超过50%。20世纪90年代以来，俄罗斯经济发展走的是外向型、资源型发展道路，注重自然资源对该国经济的影响，强调经济增长速度；近年来，这一政策有所调整，力图从资源型经济向发展型经济转变，强调经济增长速度和质量并重，对国内产业结构提出了新的要求。

第三节　自然资源禀赋与大国工业发展战略

一、发展中大国工业发展一般性战略

大国不能依靠大规模进口资源的方式来解决资源不足的问题，也不能通过大力发展虚拟经济的方式来实现经济增长和经济发展，而是必须立足于实体经济发展，从而促进经济发展。为获得自身经济独立，实现国民经济长久发展，大国大都根据自身的国情现状、历史条件制定和实施了相应的工业发展战略。从产业发展战略来看，俄罗斯、中国、印度都采取了优先发展第二产业战略，从第二产业内部划分来看都是重工业优先战略。俄罗斯工业发展自十月革命以后就偏重于生产资料生产的重工业发展，随后这种发展模式逐

步得到加强。中国和印度在20世纪50—80年代的工业化发展过程中也都效仿苏联重工业优先发展的赶超战略,很快由农业国转变为工业国。这三国在工业化初期都曾因过于追求发展重工业,忽视了农业、轻工业及服务业的发展。巴西曾经是一个农业大国,工业则是逐步相对缓慢发展起来的产业。

各国在工业化的进程中,不同的发展阶段工业发展战略也不尽相同。20世纪50年代,中国和印度在工业化初期采取的工业发展战略是重工业优先发展的赶超战略。在赶超战略的指导下,中国和印度都采取了非均衡发展的路径来发展经济,提升经济实力。[①] 然而,这一时期中国和印度所处的国际环境并不相同,具体的发展路径也不完全相同。当时的国际环境为印度经济的发展提供了较为宽松的条件,因此,印度在工业特别是重工业发展中又特别注重资本品的进口,主要采取了资本品进口替代的内向型工业发展战略,这一时期采取类似的工业发展战略的发展中国家还有阿根廷。[②] 中国在这一时期同样是通过进口替代的工业发展战略来完善和发展工业经济,但是中国和印度并不相同,由于中国面临严峻的外部环境,很多工业制成品无法进口,中国是被迫实施进口替代的工业发展战略。同一时期,巴西工业化则采取了完全不同于印度的模式,即由进口替代向工业制成品出口转化的外向型工业发展战略,这一时期采取类似的工业发展战略的发展中国家还有智利。

总体来看,发展中大国在相应的工业化战略指导下取得了比较好的发展,但是随着工业化进程的推进,一些问题也随之暴露出来,因此,有必要对工业化本身以及工业发展战略进行重新界定、认识和评价,工业化战略也应在此基础之上作出必要的修正和调整。如采用进口替代政策必然会以牺牲国内消费者为代价,因为采取该种战略会降低自身与世界市场的联系程度,一般来说,国内市场相对狭小,生产成本相对较高,经济规模效益低,产品质量得不到保障,企业、行业竞争能力不强,故多数实行进口替代政策的发展中国家,尽管一定程度上促进了国内轻工业的发展,工业产值增长速度有所加

---

① 非平衡发展战略主张发展中国家应将有限的资源有选择地集中配置在某些产业部门和地区,首先使这些部门和地区得到发展,然后通过投资的诱导机制和产业间、地区间的联系效应与驱动效应,带动其他产业部门和地区发展,从而实现整个经济的发展。

② 进口替代是一种内向型工业发展战略,这种战略的实质,是以本国生产的工业制成品来满足国内需求,取代进口货,并通过进口替代工业的发展来逐步实现工业化。

快,但这只是短期现象,长期内并不能保持有效增长。① 这就迫使它们不得不进行调整,甚至加以放弃,转而实行出口替代政策。除此之外,20 世纪 80 年代以来,世界经济进入稳定发展时期,全球化的兴起使得各国发展所面临的外部条件发生了剧烈的变化,也促使各国改变发展战略。中国这一时期就在积极扩充国内市场需求的基础上,运用劳动力和资源价格低廉的条件,采用比较优势战略不断扩大进口替代的广度和深度,并逐步实行对外开放和鼓励出口制成品的政策,实行进口替代与出口替代相结合的发展战略,而且在随后近 20 年的发展过程中以出口增长来带动经济发展似乎成为唯一正确的经济发展战略。在此之前以出口为导向的工业发展战略已经在日本和"亚洲四小龙"等国获得成功。2002 年,中共"十六大"提出走"新型工业化道路"。新型工业化道路要求坚持实施科教兴国和可持续发展战略,走经济、社会、自然和人的全面协调可持续发展的科学之路,这是对工业化发展观的新突破,对工业发展战略提出了新要求。

20 世纪 80 年代以来,印度不断发展经济,并取得了良好的业绩,过去 30 年,其年均经济增长率超过 6%,然而其工业化道路不同于西方成熟资本主义国家发展路径,也不同于同期的中国模式,学界称之为新型工业化道路。印度新发展模式是知识密集型、以发展高新技术产业和现代服务业为主导的模式,它紧跟当今世界经济科技发展趋势,直接在很高的层面上参与国际分工与竞争。这一时期,印度有意识地调整三大产业结构,特别是第三产业从传统服务业到现代服务业升级衔接得很好,使第三产业自始至终处于良性发展状态;在重点产业如生物、制药、计算机、软件,重点领域如信息服务,采取了非均衡发展战略,予以政策和资金保障并结合自身优势获得了较大的成功。2000 年以后,印度也认识到本身制造业发展的不足,于 2005 年成立了"全国制造业竞争力理事会",并出台了《印度制造业国家战略》白皮书,决心打造制造业,恶补之前工业化的不足。

20 世纪 80 年代以来,巴西经济发展并不顺利。由于巴西采取的是外向型工业化战略,贸易的国际化程度很高,而且政府通过大量举债的方式融资推

---

① 1970 年,利特尔等在研究了巴西、印度、墨西哥、巴基斯坦、菲律宾和中国台湾等国家和地区的工业发展经验后认为,进口替代战略严重降低经济效率、抑制出口、加剧失业,导致国际收支恶化。

动经济发展,这样一来极容易受到全球经济波动的影响。在随后近20年中,巴西一直受到外债和通货膨胀两大因素的困扰,经济发展陷于困境。尽管1994年巴西推出"雷亚尔计划",有效地控制了国内的恶性通膨,使经济出现了稳定增长,但财政赤字和对外贸易中的经常项目双赤字问题却越发严重,外贸依存度急剧加深,随后在东南亚和俄罗斯金融危机冲击下,被迫在1999年宣布采取浮动汇率制,引发其货币大幅贬值,直到2000年以后,巴西经济发展才逐步趋于稳定。这一时期,俄罗斯的经济发展也不顺利,苏联解体后试图通过市场化、私有化和自由化来促进经济发展,然而这种休克疗法在最初的十多年未见成效,直到2000年以后,俄罗斯经济才有起色。世界银行数据表明,到2009年,俄罗斯整个工业的增加值仍然只有苏联1990年水平的72%,其中纺织业和皮革业还不到苏联1991年产出水平的30%。

二、发展中大国重点工业发展战略

重点工业对一国经济发展和社会安全具有重要影响,重点工业的发展速度和质量关系到一国工业化进程的速度和质量。不同的国家重点工业并不完全一致,[①] 一般来说,重点产业主要涉及能源产业、钢铁产业、汽车产业、电子信息产业、物流产业、纺织产业、制造产业、有色金属产业、轻工业产业、石油化工产业、船舶产业、生物制药产业、航天产业等。建国之初,俄罗斯、中国、印度等国都将钢铁产业、能源产业和制造业作为重点产业,进行大规模的投入和建设,集中有限的资源,运用优先发展、非均衡发展的战略,促进经济增长和经济独立;为了推动重点产业的发展,还在财政、货币、税收、金融等方面采取相应的对策和措施。经济发展到一定阶段后,不同的工业门类在经济社会生活中的地位逐步发生变化,因此重点产业也在逐步发生变化。在不同时期以及工业化不同阶段,发展中大国的重点工业发展战略各不相同,并且容易受到其他因素,如世界经济形势、国内经济发展状况以及政治因素等的影响。下面就发展中大国重点产业及其主要发展策略进行简要的说明。

中国是全世界最大的发展中国家,工业化已经进入中后期,其间重点产业一直在变动,产业发展战略和各项政策也在不断调整。总体来看,中国的

---

① 这里产业和工业含义相同,各个具体产业都是从第二产业内部进一步细分出来的。

重点产业主要有汽车、钢铁、电子信息、物流、纺织、装备制造、有色金属、轻工、石化、船舶等产业。到 20 世纪 80 年代，中国已经建立了完整的工业体系，这时产业发展不平衡，国家关注的重点产业主要是钢铁、能源和制造等产业，这里的制造业主要是指金属制品的加工、设备制造、化学原料和化学制品制造、石油加工、专用设备制造、炼焦和核燃料加工等产业。这一时期，重点产业采取优先发展战略，国家产业布局主要是基于资源禀赋条件和国家安全角度考虑，工业化路径走的是非均衡发展道路。由于这一时期中国实行的是计划经济体制，因此产业布局、规划以及产业规模几乎都是在中央和地方政府的指令性要求下建设和完成。国家发展战略决定产业发展战略。80 年代以后，随着计划经济向市场经济转型，关注的重点已经由国家安全转向经济发展，重点产业也随之发生了一些转变，特别是 90 年代以后中国实施外向型经济，采用出口替代工业发展战略，使得制造业发展迅速，一些新的产业加入重点产业之列，如制造业中国家关注的重点就新增了纺织服装、服饰业，医药制造业，汽车制造业等。2000 年以来，为了缩小东西部地区经济发展差距、调整中国经济发展的结构和发展方式，中国先后实施了西部大开发、东北等老工业基地振兴和中部地区崛起等区域发展战略，这些战略的提出使得相应区域内相对重要的产业成为国家或者地区的重点产业。① 2008 年国际金融危机以来，国家从缓解企业困难和增强发展后劲入手，相继制定出台了汽车、钢铁、电子信息、物流、纺织、装备制造、有色金属、轻工、石化、船舶十大重点产业调整和振兴规划。2011 年下半年以来，国家重点培育和发展节能环保、新一代信息技术、生物、高端装备制造、新能源、新材料、新能源汽车等产业。由此可见，中国的重点产业发展战略与国家发展战略以及国际、国内经济形势密切相关，而且重点产业所涉及的领域比较宽泛，也容易发生改变。

印度的重点产业主要是钢铁、能源、制造、生物制药和电子信息等产业。印度特别注重信息产业发展而且具有极强的延续性，也取得了成功。印度政

---

① 西部大开发、东北等老工业基地振兴和中部地区崛起等区域发展战略实际上是中央和地方政府博弈之后的结果，同时也是国家发展战略由非均衡发展向均衡发展转向的一个标志。然而值得指出的是，这些发展战略提出后一些产业的兴起、转移、扩张所带来的具体效应对于中国经济发展方式的转变所起到的作用仍有争议。

府早在 1986 年，就正式提出"用电子革命把印度带入 21 世纪"的口号，同时还出台了《计算机软件出口、软件开发和培训政策》，这标志着印度开始重视与扶植软件产业，也是印度产业发展战略的一个重大转折，为其抢占世界软件产出高点奠定了基础，也为印度随后 20 多年的经济增长创造了有利条件。通过上述战略，印度比其他发展中国家更早跟上了以科学技术和信息化为核心的全球化浪潮。在此期间，美国和西欧一些国家出现了电脑普及高潮，印度敏锐地发现了这一现象，并向美国派出大量程序员，让他们系统地学习计算机应用和软件开发技术。这一方面为美国公司提供了廉价的劳动力，另一方面使印度员工学到了相应的软件开发技能，为印度软件企业获取美国技术、给美国企业供应软件产品创造了有利条件。80 年代末，西方软件企业开始大量雇用印度程序员，印度软件外包行业迅速崛起，不断向海外出口软件及服务。90 年代以后，互联网在全世界范围内迅速普及，对网络软件的需求急剧增加，印度再次抓住机会，进一步做大做强了国内的软件业。其主要做法包括三个方面：一是为跨国公司提供特殊的软件定制服务；二是由合资企业在印度开办软件中心，培养国内软件人才；三是直接为西方公司的软件项目提供解决方案，通过网络把国内外的软件服务业务连成整体。1996 年，印度编制了以软件产业为基础的 2020 年技术远景规划，力图让其经济增长由传统的要素投入型转向技术驱动型，并使之进入发达国家行列。印度在发展软件业过程中，曾实施任务小组报告制，这一举措极大地激发了全民性的软件技术竞争，迅速促使印度成为仅次于美国的第二大软件出口国，同时也带动了服务业和国民经济的迅速发展。有研究数据表明，印度软件业产值与 GDP 的相关系数达 0.98，比美国还要高。印度软件和服务出口增长更是迅速，1980 年，软件和服务出口额仅为 400 万美元，2005 年增长到 6000 倍，软件和服务出口收入达 240 亿美元。

俄罗斯拥有雄厚的工业基础，俄罗斯创新发展道路的重点领域是工业，核心思路有两条：一是发展高新技术产业，二是用高新技术装备和改造传统工业，其主要目标是提高劳动生产率。俄罗斯重点产业以资源、能源型产业以及装备制造业为主，其中资源、能源主要包括煤炭、石油、天然气资源的开采加工相关产业和农产品加工产业。装备制造业主要与军事密切相关，如造船、核工业、航天工业等。按照普京所作的《俄罗斯 2020 年发展战略》报告，到 2020 年，主要经济部门的劳动生产率指标至少提高 3 倍。俄罗斯把产业结构优化的重点放在第二产业，通过"再工业化"战略，一方面发展高新技术产业，另一方面用高新技术装备和改造传统工业，提高劳动生产效率，由过度依赖能源原材料部门的发展模式全面转向创新型发展模式。从近年来俄罗斯工业结构调整、重点产业和领域的转变来看，其工业化创新演变将表现在如下几个方面：第一，着力发展航空航天、造船、信息、医疗等具有全球竞争力的高新技术领域，这些高新技术被称为"知识经济的领航员"；第二，根本改变以往的发展模式，不排斥能源动力的增长和原料开采的增加，但前提必须是运用高新技术使其得以实现；第三，对所有经济领域的生产进行大规模的现代化改造，更新企业使用的全部技术，包括所有型号的机器和设备；第四，着手过渡到地区政策的新阶段，在伏尔加河沿岸地区、乌拉尔地区、俄罗斯南部、西伯利亚和远东地区等建立起新的社会经济发展中心；第五，在国家承受能力范围之内，大力发展高性能新型武器的生产。在相当长的一段时间内，俄罗斯将以追求工业内部产业结构变化为主要目的，追求第二产业工业内部的结构重组、升级和现代化。这样的重点产业发展战略和思路，不仅是一个经济发展问题，也源于俄罗斯国家层面总体战略需求的考虑。①

三、发展中大国战略性新兴产业发展战略

过去 200 多年的发达国家工业化历程，仅使不到 10 亿人口实现了现代化，但却让资源和生态环境付出了沉重代价。事实证明，发展中国家要实现工业化和现代化，再也不能走西方国家的老路。战略性新兴产业的兴起为发展中国家的发展提供了新思路。战略性新兴产业是以重大技术突破和重大发

---

① 近年来，俄罗斯经济发展向好，逐步崛起，在世界上的地位显著提高。然而，纵观世界经济发展历程，后发国家的经济追赶主要有三种类型，一是资源型追赶，以中东产油国为典型代表；二是劳动密集型追赶，以泰国、马来西亚等东南亚新兴工业化国家或地区为典型代表；三是重化工业型追赶，苏联是典型代表。前两类国家虽然实现了经济追赶，但在世界经济中的"配角"地位却没有发生大的变化，在国际政治领域更是依旧处于从属地位。重化工业型追赶曾经使苏联成为与美国分庭抗争的超级大国，但遗憾的是最终走上了解体之路。作为苏联的继承国，发展潜力巨大，完全有可能重新成为世界政治经济大国和强国。俄罗斯已经崛起，必然加快增强关乎国民经济和国家安全命脉的工业领域的竞争力。

展需求为基础,对经济社会全局和长远发展具有重大引领带动作用,知识技术密集、物质资源消耗少、成长潜力大、综合效益好的产业。纵观世界经济发展史,每一次产业革命、每一次经济危机之后都会涌现出新兴产业,这些产业往往是新兴科技与工业、金融、商业的深度融合,代表着科技创新的方向,也代表着产业发展的方向,在科技革新力量的推动下,一批又一批新兴产业在产业革命和危机中孕育、诞生和发育,并以其特有的生命力成为新的经济增长点,成为摆脱经济危机的根本力量,推动经济进入新一轮繁荣。

2008年由美国次贷危机引发的国际金融危机,使世界经济遭受20世纪大萧条以来最为严重的经济危机,它波及范围之广、影响程度之深、扩散速度之快,远超人们的预料。为了摆脱危机、走出衰退,许多国家提出发展战略性新兴产业的经济发展战略,借此推动经济增长。中国根据战略性新兴产业的特征,立足国情、科技现状和产业基础,提出要重点培育和发展节能环保、新一代信息技术、生物、高端装备制造、新能源、新材料、新能源汽车等产业,并对这些产业发展作出了要求,确定了发展重点,提出了初步发展目标。

从发达国家来看,美国实施"再工业化"的战略思路,重视人才培养,加大基础设施建设,保持技术上的领先优势,力图重振制造业,并在新能源上获得进一步突破,让美国回归实体经济,逐步转向"出口推动型"的经济发展方式。欧盟各国普遍支持战略性新兴产业发展,主张大力发展"绿色经济""环保型经济"和物联网技术。欧洲发展战略性新兴产业重在提高"绿色技术"的水平,意在保持"绿色技术"在全球的领先地位。欧盟还颁布了《物联网——欧洲行动计划》,目的在于确保欧洲在构建新型物联网的过程中能够起到主导作用。日本以低碳革命为契机,将低碳经济作为未来产业发展的重要支柱,并且制定了太阳能发电、节能世界"第一计划",根据此计划,日本要在2030年实现新建公共建筑物零排放;此外,日本战略性新兴产业还试图大力开发与普及环保汽车和实施IT潜力战略。

一些发展中国家也实施了战略性新兴产业发展战略。例如,俄罗斯战略性新兴产业重点依靠航天科技发展航空航天产业。俄罗斯实施的航天科技计划涉及领域有地球远距探测、卫星导航、地质勘探、环境监测、信息传播和农业、林业及水资源保护等。政府在一些产业和项目上加大财政支持力度,俄罗斯联邦航天预算中经费上涨幅度最大的项目是"2006—2015年联邦航天计划"，达到670亿卢布，占预算总额的67%。在联邦预算支出中，"国民经济"一项支出将由2008年的10250亿增加到17435亿卢布，增长70.1%。俄联邦政府在联邦层面确定了295个扶持企业，支持方式包括国家注资和国家信用担保等，同时在地方层面确定了1148个重点企业，列入俄罗斯区域经济发展部的关注视野。此外，在税收政策方面对获得科研成果的机构给予税收优惠，企业用于职工培训的支出将全部免税，对引进国内不能自产的先进技术和设备将免除增值税。巴西、墨西哥等发展中国家也在以前所未有的力度推进新能源和绿色环保技术的开发。巴西政府结合自身农业发展优势，因地制宜，着力发展生物能源产业，鼓励发展生物燃料汽车，制定发展生物燃料的发展规划和产品标准。在第二代生物燃料研发方面，巴西已经尝试从甘蔗渣、各种植物纤维、秸秆及其他农产品加工废弃物中提取纤维素乙醇的技术，加快第二代生物燃料乙醇的研发生产。目前，巴西成为世界上开发利用替代能源做得最好的国家之一。印度战略性新兴产业则试图在信息、软件技术、软件服务贸易、生物、制药等产业上进行突破。

第四节　小　　结

工业是大国发展的根本，工业化是大国经济发展过程中不可回避的一个问题。工业化的阶段、工业化的速度和工业化的质量会影响一国工业的布局，而工业布局又会影响一国的工业化进程，改变工业化的路径。上述研究表明，大国一般是基于工业发展现状、资源要素禀赋和国家发展战略来选择符合自身发展的工业布局，通过重点产业发展的战略，强化一国经济基础，通过技术进步来抢占产业发展和经济发展的制高点。

通过对中国、印度、俄罗斯和巴西等发展中大国自然资源和产业发展的关系研究表明：自然资源对大国产业选择和发展产生了重大影响。自然资源通过直接和间接的途径影响一国或地区产业发展。首先，自然资源为一国或地区产业的形成提供了初始条件，资源的丰裕程度直接决定了产业的初始规模和发展潜力。其次，自然资源利用的技术和能力，是一国或地区产业升级、产业结构调整的关键，直接决定产业变迁的速度。技术进步和产业升级之间相互影响，一方面，技术进步促进了产业分工和发展；另一方面，分工又会促进技术进步，且这一过程具有动态性和持续性。最后，以自然资源为基础的产业发展思路、贸易政策和国家发展战略，都将影响产业形成、产业布局、产业结构和产业升级的速度。

从单个国家来看，尽管自然资源总量优势明显，但各个大国之间差异明显，特别是考虑人均自然资源存量后部分国家自然资源优势将消失，而且在过去几十年间各国已经大量生产、消费和浪费了部分不可再生的自然资源，因而若要维持自然资源优势，其根本途径在于加强自然资源的保护和合理利用。从当前各国产业结构来看，若要从自然资源角度优化产业结构，维持经济长久、高速增长，各国必须加大产业结构调整和升级的力度、加快产业技术创新的速度、进行资源深加工、拓展产业链条、提高资源利用效率、强化环境保护。从产业发展思路和国家战略来看，必须整体考虑一国的综合优势，可从比较优势或者竞争优势出发优化产业结构，避免经济发展依赖于单一产业或少数产业的情形。此外，新兴经济体之间的资源、产业优势存在一定的互补关系，同时这些国家也存在一些约束产业发展和经济发展的不利条件，如俄罗斯、巴西都曾经历改革失败，中国金融体制改革不彻底，印度缺乏良好的投资环境，若国家间能够有效利用现有的合作、交流机制，积极地倡导和构建新的发展思路和框架，建立起相互合作、共同发展的关系，实现优势互补，则能够有效推进各国的产业发展和经济发展。

第四章

大国自然资源与经济增长[①]

第一节 引 言

自然资源在经济社会发展中占有重要的地位。威廉·配第提出了"劳动是财富之父,土地是财富之母"的名言;罗斯托也认为一个国家拥有财富的多少,很大程度上取决于其对自然资源的占有。20世纪60年代,荷兰发现了大量的天然气,伴随资源的出口,一时间,荷兰出现了经济繁荣,然而,由于过度依赖资源的出口而忽略了其他产业的发展,荷兰没有因为丰裕的自然资源而走向真正的繁荣,反而陷入经济停滞的泥沼,为此,学界提出了所谓的"荷兰病"。后来,经济学家将这种现象称为"资源诅咒"[②]。事实上,资源诅咒现象不仅在荷兰有所体现,沙特阿拉伯、伊朗、尼日利亚等以石油出口为主要经济来源的国家也有类似的现象发生。同一时期与那些拥有丰富的自然资源出口的国家不同,二战之后迅速发展起来的"亚洲四小龙"以及日本等都是资源匮乏的国家或地区,然而经济却在短时间内取得了巨大的成绩,实现了飞跃。

显然,"资源诅咒"现象在国家层面已经发生了。当今世界,纵观一些大

[①] 本章写作过程中,湖南商学院经济学专业2014级谯丽同学在数据的收集整理工作中付出了辛勤的劳动。

[②] "资源诅咒"是一个经济学的理论,多指与矿业资源相关的经济社会问题。丰富的自然资源可能是经济发展的诅咒而不是祝福,大多数自然资源丰富的国家比那些资源稀缺的国家经济增长得更慢。

国经济的发展,不难发现区域经济的非均衡发展已成为一种常态,例如,美国、俄罗斯、印度、巴西、中国等都是如此。对于幅员辽阔、各省资源禀赋和经济发展水平都有较大差异的中国来说,对资源诅咒进行再检验显得更为重要,这将关系到一个地区经济发展战略的选择,关系到地区经济发展的速度与质量。直观上的感受表明,资源诅咒现象在中国已经初现端倪。例如,北京、上海、江苏、浙江等省份资源相对匮乏,而经济发展水平、经济增长速度一直遥遥领先于中西部地区;山西、内蒙古、新疆等这些中西部地区省份尽管资源丰富,然而这些资源大省往往是经济欠发达地区的代表。在过去20多年间,伴随中国经济快速增长的同时,资源也在大量消耗,而且在最近的一个经济周期中,国际资源价格发生过几次大的波动。2008年,由于全球性金融危机,国际资源价格暴跌,2009年又迅速回升,上升速度脱离实体经济的需求,这毫无疑问会对中国乃至世界经济增长造成深远的影响。为了验证资源禀赋对地区经济增长的影响以及影响路径,本书利用2005—2014年31个省(自治区或直辖市)的数据,在现有研究成果基础上对资源诅咒在中国省级层面是否存在进行再检验。

第二节 文 献 综 述

一、国外文献综述

马尔萨斯是最先系统性地关注自然资源与经济增长之间相互关系的经济学家,他认为肥沃的土地和丰裕的自然资源是经济增长的必要条件,而土地边际报酬递减最终会制约经济增长。Auty(1990)最先从寻租的角度来研究资源诅咒现象,认为寻租行为是导致资源诅咒现象发生的重要因素。原因是资源所有权通常掌握在少数政治精英手中,往往更容易产生寻租行为,影响经济健康增长。Sachs和Warner(1995)最早就资源诅咒现象进行实证研究。他们利用1970—1990年间95个国家和地区的相关数据构建了"荷兰病模型",在控制了初始人均收入、贸易政策、政府效率、投资水平等一些对经济增长有重要作用的变量后,他们发现严重依赖资源出口的国家经济增长率普遍较低。Blattman、Hwang、Williamson(2007)也有类似的观点,认为资源型国家经济过度依赖于资源出口,经济增长很容易受资源的国际价格所影响,而自然资源价格的变动短期内往往呈现出随机游走的趋势,表现出高度的不稳定性,对国家经济的长期增长不利。尤其当资源出口国是一个有国际影响力的大国时,这种阻碍经济增长的效果会更加明显。因为资源的增多会导致该资源国际价格下降,如果这种资源的需求弹性小,价格的下降并不会带来需求量的大幅度提升,结果往往以贸易条件恶化而告终。

也有一些学者持不一样的观点,认为资源诅咒不一定存在。例如,在 Roed(2005)的研究中,以挪威 1969 年发现了大量石油为例,阐述一个国家在资源丰富的情况下,只要有完善的资源开发管理政策,经济仍会得到迅速发展。尽管到目前为止,挪威人均收入仍处在世界前列,但 Roed 仅用一个国家是否存在资源诅咒加以验证,不能避免偶然性和特殊性,结论不太具有说服性。Alexeev 和 Conrad(2009)也进行了国家层面的研究,发现石油储备的增长对经济增长的影响是正的,但对人均收入增长的影响则是负的。

二、国内文献综述

国内学者对"资源诅咒"的研究主要分为三类:存在论、不存在论以及条件存在论。存在论认为,中国省级层面存在资源诅咒现象。持有这种观点的有:徐康宁、王剑(2006)利用中国省际面板数据,对"资源诅咒"假说进行实证检验,结果显示,"资源诅咒"在中国省级层面成立。又选择山西为典型省份,进一步揭示"资源诅咒"的作用机制,结果表明,过度密集的资源开采引致的制造业衰退和制度弱化是制约经济增长的主要原因。邵帅、齐中英(2008)通过 1991—2006 年的省际面板数据对西部地区的能源开发与经济增长之间的相关性及其传导机制进行实证研究,结果显示,实施西部大开发战略前"诅咒"效应尚未明显产生,而实施大开发后能源开发对人力资本投入和科技创新的负作用增强,导致诅咒效应明显出现,其中人力资本投入是作用最强的传导因素。邓明、钱争鸣(2012)利用灰关联熵和中国省际面板数据对中国各省际的"资源—经济"系统的有序度进行分析,结果发现在整个样本区间里,"资源—经济"系统的有序度同资源本身有着负相关的关系,资源禀赋会通过人力资源途径和制度途径产生"资源诅咒",但这两种途径的影响在不断减弱。徐仪红于 2009 年从全国和省际两个层面分析不可再生资源与中国经济增长的关系,从全国层面看,不可再生资源的生产和消费与中国整体的经济增长同方向变化,不可再生资源对于中国经济增长起支撑作用;在省际层面,对比分析了不可再生资源的储量分布及各省的年均经济增长率与不可再生资源丰裕度的关系,发现中国省际层面确实出现了"资源诅咒"现象,但是并非所有资源丰裕的省份都遭遇了"资源诅咒"。由于其研究将资源丰裕度用煤、石油、天然气等能源的丰富程度替代,可能使研究结果失真,毕竟资源不仅包括能源资源,还有其他非能源资源。裴潇、黄玲、蒲志仲(2014)也作过相同的研究,以12个省的面板数据来检验资源状况与经济增长之间的关系,选取煤炭、石油、天然气三种能源作为衡量资源丰裕度的指标,并按照世界能源消费结构对其赋予权重。这无疑是不妥的,首先,仅考虑煤炭、石油、天然气三种不可再生资源,而没有把在能源消费结构中占比第三的水、电包含进去。其次,世界能源消费结构与中国能源消费结构还有很大的出入,中国的煤炭消耗依然占比很大,而一些发达国家煤炭占比比中国小得多,而且再生能源的利用也达到20%以上。显然,以中国能源消费结构赋予权重更为妥善。

认为中国不存在资源诅咒现象的研究有:赵奉军(2006)认为,我国人口众多,虽然某些自然资源储量相对丰富,但人均占有量远远低于世界平均水平。从这个角度来说,中国并不是一个资源丰裕的国家,因此不存在资源诅咒现象。对此,殷俐娟(2008)也有类似的观点,不同之处在于,她认为就国家层面来看,中国不存在资源诅咒现象,但在某些自然资源丰裕的地区的确存在这种现象。邓可斌、丁菊红(2007)从理论上阐述了政府干预度、资源禀赋与经济增长之间的关系,并在此基础上利用地区层面的面板数据进行检验,结果发现在控制住海港距离、政府干预等因素后,"资源诅咒"在中国并不明显;资源禀赋与政府干预因素在中国不是正相关,而是负相关关系。冯宗宪、姜昕、王青(2010)以人均GDP的平均年增长率作为衡量经济发展状况的指标,并加入区位这样一个非常显著的控制变量,发现经济增长与矿产资源丰裕度及依赖度之间并不存在显著的负相关关系。他们认为,西部地区之所以跟不上东部的发展,主要在于地处内陆,在对外贸易中不占优势,而不是由于资源带来的负面影响。方颖、纪衎、赵扬(2011)利用中国95个地级市的横截面数据研究"资源诅咒"假说在中国是否成立的问题。结果表明,当以人均概念衡量自然资源丰裕度时,自然资源丰裕度与经济增长之间并无显著的负相关关系,而在控制了各种影响经济增长的长期因素以后,发现资源丰裕城市对省内其他城市具有正向的"溢出"效应。这是因为资源丰裕度在挤出当地制造业生产的同时也促进了其他城市的工业化进程。田志华(2014)使用中国 285 个城市 2005—2011 年间截面数据,得出自然资源对制造业、良好的制度和创新、国内投资有一定挤出效应,其中制造业的挤出是最主要的传导机制,这些传导机制的存在削弱了资源对经济增长的促进作用,降低了资源优势。但是整体来看,传导机制对经济增长的阻碍效应小于自然资源推动经济发展的直接效应,资源诅咒在现阶段中国城市层面并不存在。

还有一部分学者提出了资源诅咒条件存在论。如胡华(2013)提出,资源价格的波动对于资源诅咒命题是否成立具有决定作用。当自然资源价格增长率小于零时,资源对经济增长产生抑制作用,资源诅咒命题成立。反之,则不成立。姚毓春、范欣(2014)利用生态足迹模型重新测度,发现中国存在着有条件的资源诅咒,自然资源与经济增长呈现出非线性关系。在 1991—2000 年间,自然资源不利于经济增长;而在 2001—2011 年期间,自然资源推动了经济增长。其原因可能在于制度的不断完善产生了正面激励效应。邓伟、王高望(2014)结合各地区对国内经济开放的程度考察了自然资源对经济增长的影响。结果表明,当一个地区对国内的经济开放度较小时,这种边际影响为正,即资源红利,否则为负,即资源诅咒,而自然资源影响经济增长的传导机制主要是投资。彭欢欢、姚磊(2015)的研究发现,自然资源丰裕度对经济增长的影响存在明显的地区差异。西部地区面临资源诅咒,而东部地区几乎不受资源诅咒影响。通过测算经济发展门槛值发现资源诅咒存在"门槛效应",自然资源丰裕度在与 FDI 相结合时,能对经济增长产生正面影响,而人力资本投资、R&D 等因素则对资源诅咒影响不显著。

三、简要评述

近 10 年来,涌现出很多关于"资源诅咒"现象的研究,这些研究涉及"资源诅咒"的产生原因、作用机理、不同地区以及不同程度的经验检验和解决"资源诅咒"的方法等方面。综合而言,这些研究还存在这样或那样的不足,可以在如下方面进行改进:第一,多数文章分析自然资源与经济增长的关系时，主要使用能源作为指标，得出的结论应该叫"能源诅咒"更贴切些；第二，在研究方法上，大多使用时间序列数据，面板数据研究也有一些，但是在时间段的选择上具有随意性，同一国家或地区不同时期的研究结论极有可能完全相反；第三，在研究样本的选择上，为已设定结论服务的目的性太明显。

第三节　自然资源丰裕度对经济增长的计量分析

一、自然资源界定与说明

资源一般分为自然资源与社会资源两种，前者分为再生资源和不可再生资源，再生资源包括阳光、空气、水、风、森林等；不可再生资源包括矿产资源、煤炭资源、石油资源等。社会资源一般包括人力资源、信息资源以及经劳动创造的各种物质。由于学界达成了"资源诅咒"讨论的仅是自然资源的共识，故本书不再对社会资源进行讨论。自然资源中的再生资源种类繁多，其中风能、太阳能不易量化且具有不确定性，统计起来难度较大。因此，本书采用的资源丰裕度的衡量指标通过煤炭、石油、水电、天然气四类主要能源资源与铁矿石、有色金属、森林资源、稀土四类主要非能源资源占全国总量的比例平均加权得到。笔者摒弃了以往研究中只选取能源资源为衡量标准，而忽视非能源资源的做法，从而提高了检验的可靠性，是真正对"资源诅咒"的检验，而不是传统文章那样对"能源诅咒"的检验。

二、计量分析与模型的设定

一般认为，影响地区经济增长的因素有很多，例如，滞后一期的经济增长率、自然资源、人力资源、投资、教育、科技、政策、海陆等。考虑数据的可得性，除自然资源丰裕度外，本书选取滞后一期的经济增长率、投资、教育、科技几个有代表性的影响因素作为控制变量，经分析后有可能需要剔除。初步将模型表述为 $G = F(G(-1), RE, EDU, INV, TEC)$。其中，$G$ 表示经济增长率；$G(-1)$ 表示滞后一期的经济增长率；RE 表示资源丰裕度；EDU 表示居民受教育水平；TEC 表示科技水平。为了扩大信息量，增加估计和检验统计量的自由度、提高动态分析的可靠性,我们采用的是面板数据。

三、变量指标的选取和符号预期

G 与 $G(-1)$ 分别表示经济增长率和滞后一期的经济增长率。因为经济增长可能具有滞后性,如果前期经济增长率高,那么这种经济增长的趋势可能会延续到当期。预期符号为正。

RE 表示自然资源丰裕度。笔者采用的是各地石油、煤炭、天然气、水力发电量、有色金属、铁矿石、森林覆盖率、稀土八种主要资源占全国的比例平均加权后的值,即各地区资源丰裕度指标。由于资源诅咒的存在与否尚无定论,符号难以预测。

INV 表示投资。衡量投资的替代指标是各地区固定资产投资额占全国固定资产投资额的大小。由于投资是拉动经济增长的三驾马车之一,预期符号为正。

EDU 表示教育。此处采用的是各地区的教育经费支出占全国教育经费支出的比例(包括初等、中等、高等及职业教育)。预期符号为正。

TEC 表示科技。本书采用的是各地区从事研究与开发(R&D)的人员数占全国从事 R&D 人员数的比例。预期符号为正。

四、模型的估计

初步选取一阶滞后分布模型、加入解释变量平方的模型、对数模型以供选择。

$$G_{it} = \alpha_0 + \alpha_1 G(-1)_{ij} + \alpha_2 RE_{it} + \alpha_3 INV_{it} + \alpha_4 EDU_{it} + \alpha_5 TEC_{it} + \varepsilon_{it} \quad (4.1)$$

$$G_{it} = \alpha_0 + \alpha_1 G(-1)_{ij} + \alpha_2 RE_{it} + \alpha RE\textasciicircum 2 + \alpha_4 INV_{it} + \alpha_5 EDU_{it} + \alpha_6 TEC_{it} + \varepsilon_{it} \quad (4.2)$$

$$\ln G_{it} = \alpha_0 + \alpha_1 LNG(-1)_{ij} + \alpha_2 LNRE_{it} + \alpha_3 LNINV_{it} + \alpha_4 LNEDU_{it} + \alpha_5 LNTEC_{it} + \varepsilon_{it} \quad (4.3)$$

通过 Eviews 检验,选取变截距模型。给定原假设建立随机效应模型并进行豪斯曼检验,发现检验结果 p 值为 0.0000,拒绝原假设,建立一个变截距的固定效应模型。估计结果如下:

表 4.1　模型 4.1 估计结果

常数项 c	0.36	0.35	0.37	0.36	0.36	0.38	0.35
	5.06***	5.97***	5.76***	5.05***	6.92***	7.88***	3.99***
$G(-1)$	0.13	0.13	0.13	0.14	0.13	0.14	—
	2.02**	2.04**	2.03**	0.03**	2.04**	2.20**	
re	−3.88	−3.84	−3.88	−3.78	−3.84	−3.81	−3.67
	5.58***	−5.59***	−5.59***	−5.49***	−5.60***	−5.55***	−3.44***
inv	1.04	0.85	0.94	—	0.73	—	2.26
	1.09	1.08	1.02		0.99		1.60
edu	0.23	—	−0.61	0.40	—	—	0.86
	0.42		−0.39	0.31			1.03
tec	−0.55	0.24	—	0.08	—	—	−1.03
	−0.35	0.45		0.15			−1.17

注：表格第一行为参数，第二行为 t 值，"**"与"***"分别代表 5%、1% 显著水平。

用同样的办法对模型 4.2、模型 4.3 进行检验。根据显著性水平与参数符号是否符合预期来进行比较，认为模型 4.1 最优。检验和分析中发现，投资、教育以及科技因素在模型中并不显著，进一步对模型 4.1 中不显著的控制变量进行剔除，最终得到的模型是：$G_{it} = \alpha_0 + \alpha_1 G(-1)_{it} + \alpha_2 \text{RE}_{it} + \varepsilon_{it}$。

对所选定的模型作进一步分析和检验，结果如下：

$$G_{it} = 0.38 + 0.14 G(-1)_{it} - 3.81 \text{RE}_{it} + \varepsilon_{it}$$
$$(7.87) \quad (2.20) \quad (-5.55)$$
$$F = 2.5962 \quad D.W = 1.9849$$

模型检验结果表明：在 RE 不变的情况下，前期的经济增长率每增加一个单位，经济增长率平均增加 0.14 个单位；在 $G(-1)$ 不变的情况下，资源丰裕度每上升一个单位，经济增长率平均下降 3.81 个单位。通过这一结果可以初步判断中国省级层面存在资源诅咒现象，下文将分时间段和地区作进一步分析。

第四节　对计量结果进行进一步分析

一、分时间段检验分析

21 世纪以来，资源价格出现了一段前所未有的持续增长期。而 2008 年爆发的全球性金融危机又导致资源价格暴跌，下跌幅度与速度都是史上罕见的。2009年，资源价格见底回升，上涨幅度脱离实体经济的需求。这种资源价格的上升可能会促进资源出口地区的经济增长。因此，本书特以2008年为分段点，将数据分为2005—2008年、2009—2014年两个样本对资源丰裕度与经济增长的关系分别进行检验，观察资源价格的剧烈波动是否对地区资源丰裕度与经济增长的关系产生影响。检验结果如表4.2所示：

表4.2　省级层面分时间段检验结果

	变量	参数	t值	p值
2005—2008年	c	0.11	6.23	0.00
	g(-1)	0.35	3.63	0.00
	re	0.19	1.82	0.07
	变量	参数	t值	p值
2009—2014年	c	0.37	3.28	0.00
	g(-1)	0.01	0.13	0.90
	re	-3.52	-2.14	0.03

由表4.2可见，在两个时间段内，资源禀赋对经济增长的影响是截然不同的。2005—2008年间，资源禀赋对经济增长的影响是正向的；而2009—2014年间，资源禀赋对经济增长的影响是负向的。这意味着资源诅咒现象在2009—2014年期间是存在的，而在2005—2008年期间可能并不存在。这与我们之前的预期"较高的资源价格可能会促进地区经济的增长"不一致。原因可能是在资源价格更高的2009—2014年期间，高收入吸引了更多的劳动者从事资源采掘业，从而对二、三产业造成人力资源的"挤出"，阻碍了经济增长。而资源价格上涨带来的收入不能弥补"挤出"其他产业带来的损失。

二、分区域检验分析

考虑到中国经济发展的非均衡性，地区经济差异比较大，因而有必要分区域对中国资源诅咒现象进行进一步分析。为此，笔者在中国东、中、西部分别随机选择两个省份，就资源诅咒现象进行单独检验。东部选择浙江、山东二省；中部选择湖北、江西二省；西部选择新疆、青海二省。检验结果如表4.3所示：

表 4.3 省级层面分区域检验结果

地区	变量	参数	t 值	p 值
东部	C	0.87	4.01	0.00
	RE?	−10.70	−3.70	0.00
中部	C	0.45	2.54	0.02
	RE?	−3.23	−1.60	0.13
西部	C	0.83	2.98	0.01
	RE?	−13.12	−2.28	0.04

由东、中、西部省份的单独检验可以看出，我国东、西部省份资源诅咒现象显著存在，而中部地区还不太明显。

第五节 资源诅咒的原因分析

一、经济发展过程中的路径依赖

毫无疑问，地区经济初始发展状况对后期经济发展有着重要的影响，经济学将这一影响归结为路径依赖。笔者将 GDP 增长率分为第一产业增长率、第二产业增长率、第三产业增长率，分别进行计量检验，适当剔除解释变量后，结果如下：

表 4.4 分产业检验结果

产业类型	变量	参数	t 值	p 值
第一产业	C	0.12	9.64	0.00
	RE?	0.22	1.73	0.09
	EDU?	−0.92	−2.61	0.01
	TEC?	0.27	1.29	0.20
第二产业	C	0.40	5.21	0.00
	RE?	−4.79	−4.49	0.00
	INV?	1.10	1.69	0.09
第三产业	C	0.30	3.87	0.00
	RE?	−3.70	−3.46	0.00
	INV?	2.92	2.26	0.02
	EDU?	0.68	0.83	0.41

综上,资源丰裕度与经济增长率呈负相关。而分别检验显示,资源丰裕度对第一产业的发展是有正向作用的。很明显,这种正相关被与二、三产业的负相关抵消了。区域经济的初始发展状况很大程度上影响其未来的发展走向,在第一产业占主导地位的经济发展初始阶段,资源丰富的省份曾经靠资源的开采获得了一段时间的发展。相比之下,资源匮乏的省份没有资源可以依赖,转而从事服务业或是科技创新等产品附加值高的行业,取得了较好的发展。久而久之,这样的经济模式就会固定下来。起初,资源大省会由于丰富的资源而取得较快的发展,但这种短视行为的缺点会随着社会的发展与产业结构的变迁显现出来。第一产业占主导地位的时代一去不复返,资源大省从事的资源附加值低的产业创造的 GDP 远远落后于其他地区,造成一种资源越丰富、人们越贫穷的局面。

二、人力资源挤出效应

人力资源的"挤出效应",可以从人员的就业情况得以说明。为了分析资源丰富省份第一产业的发展是否会对二、三产业有"挤出效应",我们以 2014 年全国各省城镇人口就业去向数据为例,对其进行计算并加以排序,结果如表 4.5 所示:

表 4.5 人员就业结构

地区	从事第一产业占比	排名	从事第二产业占比	排名	从事第三产业占比	排名
北京	0.0042	22	0.2115	29	0.7853	2
天津	0.0017	29	0.5462	6	0.4525	24
河北	0.0070	16	0.4316	18	0.5616	12
山西	0.0044	21	0.4753	13	0.5198	17
内蒙古	0.0789	4	0.3436	26	0.5771	10
辽宁	0.0347	6	0.4756	12	0.4896	21
吉林	0.0398	5	0.4417	16	0.5188	18
黑龙江	0.1577	2	0.3307	27	0.5112	19
上海	0.0037	25	0.3823	25	0.6140	4
江苏	0.0039	24	0.4945	11	0.2957	31

(续表)

地区	从事第一产业占比	排名	从事第二产业占比	排名	从事第三产业占比	排名
浙江	0.0005	31	0.6297	1	0.3697	29
安徽	0.0086	15	0.5018	10	0.4857	22
福建	0.0069	17	0.6289	2	0.3642	30
江西	0.0112	14	0.5373	7	0.4515	25
山东	0.0013	30	0.5514	4	0.4474	26
河南	0.0046	20	0.5487	5	0.4467	27
湖北	0.0132	13	0.5120	8	0.4751	23
湖南	0.0037	26	0.4477	15	0.5488	14
广东	0.0029	28	0.6073	3	0.3898	28
广西	0.0207	9	0.3913	23	0.5888	6
海南	0.1025	3	0.1970	30	0.7005	3
重庆	0.0029	27	0.5045	9	0.4929	20
四川	0.0040	23	0.4714	14	0.5248	16
贵州	0.0049	18	0.3856	24	0.6114	5
云南	0.0160	12	0.3987	20	0.5853	8
西藏	0.0338	7	0.1415	31	0.8262	1
陕西	0.0046	19	0.4374	17	0.5584	13
甘肃	0.0189	11	0.4107	19	0.5705	11
青海	0.0222	8	0.3956	21	0.5854	7
宁夏	0.0205	10	0.3948	22	0.5833	9
新疆	0.1671	1	0.2846	28	0.5483	15

注：数据由《中国劳动统计年鉴2014》计算得出，采用的是三次产业分类法。

由上表可以看出，从事第一产业排名靠前的新疆、黑龙江、海南、内蒙古、吉林、辽宁、西藏等省从事第二产业明显排名靠后，但对从事第三产业的排名影响并不明显。这说明资源大省单一的产业结构的确会对第二产业产生"挤出效应"，这可能是因为资源丰富地区经济的增长过度依赖自然资源开采，从而导致环境污染、生态破坏、产业单一，使得大批劳动力从事简单的劳动，缺乏教育与科技创新的意识，因而对人力资源的积累产生了"挤出效应"，阻碍了经济的可持续发展。但这种"挤出效应"对第三产业的影响并不明显，可能是因为资源大省大多分布在西部，依靠具有地域特色的旅游业拉动了第三产业的发展。

三、政府资源环境经济政策

一是资源价格。如果对资源的定价过低,甚至低于其边际开采成本,就会导致资源过度开采,进而破坏经济的可持续发展。中国长期实行资源补贴政策,这使得资源定价有可能会低于其开采成本,使得经济发展初期就开采了大部分,且利用效率低,产值低下。山西省就是一个典型的例子,数十年向全国输送廉价的煤炭资源,也替全国承担了环境生态成本。现在的山西出现了大面积的坍陷区,饱受"煤炭之灾"。二是产权。产权的不明晰不仅使得资源被当成"公共物品",无节制地使用,且不加以保护。目前,中国的土地、林业的产权都属于国家,人民只有使用权,且使用权往往是有年限的。这使得任何人都想在自己的使用期限内实现效用最大化,因此不会考虑资源是否还能被下一代持续利用。三是资源税收。如果对资源开采征税过低,则不能起到有节制地开采资源的效果。例如,内蒙古的税收收入中资源税收入占比很低,远低于其他发展中国家的水平。这可能是导致其经济发展落后的原因。

第六节 结论与政策建议

一、本章研究结论

笔者通过构建科学的自然资源丰裕度指标,对中国经济增长中自然资源的作用进行分析,研究表明:第一,整体上计量结果所显示的资源丰裕度与经济增长显著负相关,表明我国省级层面已经出现了资源诅咒现象。第二,资源价格波动对资源诅咒问题有根本性的影响。根据省级层面分时间段检验结果,笔者发现在资源价格不同的两个时间段内,资源禀赋对经济增长的影响是截然不同的。第三,分区域的资源诅咒检验表明,我国东、中、西部地区资源诅咒的说法是成立的。其中,东、西部地区尤为显著,而中部地区则相对不那么明显。第四,分产业进行检验,发现自然资源与第一产业的发展正相关,而与二、三产业的发展负相关。可能是由于经济增长存在路径依赖,经济的初始发展状况会对后期经济发展产生影响。第五,从各地区的人员就业结构分析,发现资源丰富地区往往第一产业发达,而第二产业衰弱,可以认为资源丰富地区第一产业的过度发展对人力资源有挤出效应,而这种挤出效应对第三产业而言并不明显。第六,资源丰富地区政府早期制定的资源环境政策是为了开采资源,从而推动区域经济发展。但实际上,这种政策反而导致区域经济不可持续发展的现状,这与政府制定政策时的初衷是截然相反的。

二、本章研究政策建议

第一,加快中西部地区的产业结构完善与升级。中西部地区虽然没有沿海优越的海路交通,但仍然可以发展陆路的国际贸易。尤其是最近西方国家的右翼势力抬头,反全球化的势头已经萌生。从特朗普的"美国第一"到英国脱欧等等现象我们可以看清,与西方国家之间的对外贸易不再是有保障的了。只有向西部发展,建立与内陆国家的联系才是中国经济的新出路。中西部地区不应该只沦为落后产业的转移地带,而应该主动寻求发展,优化自身产业结构。一是可以通过发展边境贸易,建立保税区,以保税区来辐射带动地区经济发展。二是可以大力发展附加值较高的服务产业,利用中西部保存较为良好的自然风光,结合地域特色,发展特色旅游业。对于西部边境地区省份,还可以发展国际旅游业,与国外的旅游公司合作,吸引国外游客入境。

第二,加大人力资本的投入。上文中提到,资源丰富地区由于资源财富的易得性使人产生惰性,这种惰性影响了人们进行教育和学习技术的积极性,从而影响人力资本的质量,对经济的可持续发展不利。如果将资源创造的财富用于发展教育和科技,培养高端科技人才,就会形成一种良性循环,有利于当地产业结构由资源密集型或劳动力密集型向技术密集型转型。另外,加强对人力资源的投入,可以提高人员素质,从而加强应对风险的能力。在竞争激烈的当今社会,企业或产业之间的优胜劣汰比比皆是。当劳动者不慎面临失业危机时,良好的个人素质能使劳动者有足够的能力去从事其他行业的工作,从而降低失业风险。同时,此举会大大减少资源采掘业对人力资源的"挤出效应",从而有效地走出资源诅咒的困境,实现经济的可持续发展。

第三,将资源环境因素纳入宏观经济政策的制定过程中。一是建立科学的资源定价体系，充分反映资源市场真实的供需情况。同时，资源相比其他商品具有稀缺性，更应该合理定价，让人们意识到资源的珍贵，从而节约使用，提高利用率。二是合理界定产权。政府应该更多地做好一个"守夜人"的角色，放权给市场去调节资源，这样才会使资源得到最优的配置。三是提高资源税。福利经济学告诉我们，对于产生负外部性的产业应该征税，使得外部效应内部化。由于资源省份要承担环境治理成本，资源税改革必须要把环境治理费用考虑进去，为资源大省适当减轻负担。这是缩小区域发展差异、摆脱"资源诅咒"的重要举措。

第五章

大国产业结构变化与经济增长

从经济发展的阶段性来看,一国在初始发展阶段的自然资源丰裕程度会决定产业布局与产业规模,产业布局产业规模又会进一步影响经济增长、产业的升级与变迁。与此同时,经济增长又会反过来影响一国的产业结构和产业升级。自然资源、产业发展与产业结构变迁以及经济增长之间存在着复杂的关系。本章主要研究大国的产业结构变化与经济增长之间的关系。

第一节 引 言

配第—克拉克定理表明:随着经济的发展,人均国民收入水平的提高,第一产业国民收入和劳动力的相对比重逐渐下降;第二产业国民收入和劳动力的相对比重上升,经济得到进一步发展;第三产业国民收入和劳动力的相对比重也开始上升。20世纪70年代以来,工业化问题没有成为主流经济学研究的重点,原因在于:第一,老牌的发达国家已经完成了工业化,他们所关心的问题已经不再是工业化,而是后工业化时代的社会问题;第二,发展经济学的理论遇到危机,一些国家在工业化理论的指导下,并没有取得预期的效果,反而形成了畸形的三次产业结构,并由此引发了社会问题。

发达国家的历史经验让人认识到,实现工业化是国家强大、人民富裕、经济社会现代化的必由之路。然而,类似于中国、印度、俄罗斯和巴西这样的发展中大国家尚未完成工业化,对于具有综合优势的大国而言,实现工业化是这些国家现代化进程中不可逾越的阶段和艰巨的历史性任务。本章以中国和美国为例进行比较分析，试图从产业的角度来研究经济增长，分析产业结构升级、技术进步对经济增长的影响，为中国、印度、巴西和俄罗斯等发展中大国，乃至其他一些具有区域性优势的发展中国家的工业化、经济发展提供一些建设性的意见。

产业结构是生产要素在不同部门、不同区域配置的比例关系，它既是以往经济增长的结果，又是未来经济增长的基础和新起点，产业结构深刻地影响着一国经济的发展。发展经济学家如 Kuznets、Chenery、Taylor 很早就注意到产业结构变动对发展中国家宏观经济的影响，Cooper、Krugman 和 Taylor、Branson、Katseli 等人更是研究了发展中国家产业结构与投资和经济增长之间的相关性。导致产业结构变动的原因可能来自于多方面。① 但从产业结构的变化过程中，容易观察到两个明显的事实：第一，产业结构的变化是产业发展不平衡的结果，这种不平衡可能是由于产业间技术进步速度差异或者技术吸收能力差异导致，也有可能取决于市场对该产业产品的需求和其自身的供给能力；第二，不同的产业结构导致不同的经济增长绩效，并且深远地影响着一国经济社会的方方面面。② 一般认为，技术进步引致的产业结构变迁，会使得资源由低效率的生产部门向高效率的生产部门转移，这种流动促进了整个社会生产效率的提高。这也是产业结构变迁可促进经济增长的核心原理，学界称之为"结构红利"。1960 年，Salter 通过研究表明，英国制造业结构变化对生产率增长具有显著作用；1987 年，乔根森针对美国的研究同样表明，资本、劳动等生产要素在不同的部门间的配置将影响经济增长的绩效。2011 年，McMillan 和 Rodrik 基于东亚、非洲和拉美国家的经验研究表明，生产效率在传统生产部门与现代生产部门之间存在着巨大的差异，劳动力由低效率的生产部门向高效率的生产部门转移是经济发展的关键所在。

改革开放以来，中国一直实施以比较优势、后发优势以及竞争优势为基

---

① 经济学家对此看法不一，代表性的观点主要有剑桥学派观点、荷兰病观点以及长期趋势观点等。

② 工业革命以来的一百多年里，世界经济发展不均衡，各国经济增长速度不一，各地区产业兴衰交替更迭。库兹涅茨认为，"在现代经济增长过程中，人口和产值的高速增长总是伴随着多种产业比重在总产出和所使用的生产性资源方面的明显变动"。

础的赶超战略，并取得举世瞩目的成绩，随之而来也出现了一些增长中的问题，如经济增长的质量不高、经济结构不合理、环境质量恶化、资源过度开采等，经济发展的可持续性受到质疑。20世纪90年代以来，经济学家们开始重视中国产业结构对经济增长的影响。从近20年的文献研究来看，这些研究可以归纳为四大类型：第一，检验"结构红利"假说在中国的情况（干春晖、郑若谷，2009；张军、陈诗一，2009），主要检验产业结构的变化是否改变经济运行效率，包括全要素生产率和投入产出率等；第二，运用发展经济学工业化、后工业化理论来检验产业结构与经济增长的关系（徐朝阳，2010）；第三，研究新兴产业和战略性产业兴起对经济增长的影响；第四，从产业结构变化对经济发展方式影响的角度进行分析。

尽管已经有一些经济学家对这一问题进行了深入的研究，但就中国现有的研究来看，对以下问题的回答仍然不够让人满意，如大国产业发展有什么特点？大国之间是否具有相似性？它对经济绩效影响如何，这种影响是不是遵循固定的机理？能否为发展中国家提供经验借鉴？本书力求在现有的研究思路和方法上有所突破，并在以下方面作出努力：第一，合理解释产业结构变化，将其分解为合理化和高级化两个维度，以便用于测度产业结构的不同变化以及变化的各个部分对经济增长的影响；第二，深入细致地对比中国和美国产业结构的变迁过程，从产业生产要素结构、产业内轻重工业情况以及产业结构分类标准之下的行业结构方面进行分析，归纳大国之间产业发展的异同。

第二节 产业结构升级的度量

一国产业结构的调整、优化与升级既要解决资源配置的平衡问题，更要解决资源配置的效率问题，既要实现结构合理化，又要不断高级化，因此要度量一国的产业结构变迁，必须从产业结构的合理化和高级化两个维度来进行。

一、产业结构合理化指标

产业结构合理化是指产业与产业之间协调能力的加强和关联水平的提高，

主要是建立再生产过程比例关系,促进国民经济各产业间的协调发展,使各产业发展与整个国民经济发展相适应。目前已有不少研究者从结构协调、结构动态均衡以及资源配置等角度来研究产业结构合理化的问题,针对产业结构合理化的标准也有不同的看法,如单一标准说、三标准说、四标准说、六标准说、七标准说等。然而,从经验研究的可操作性以及数据的可获得性角度来看,研究者度量产业结构合理化的方法和指标主要有结构偏离度和泰尔指数。结构偏离度计算公式为:

$$E = \sum_{i=1}^{n} \left| \frac{Y_i/L_i}{Y/L} - 1 \right| = \sum_{i=1}^{n} \left| \frac{Y_i/Y}{L_i/L} - 1 \right| \tag{5.1}$$

上式中,E 代表结构偏离度,Y、L、i、n 分别代表产值、就业、产业和部门数,Y_i/Y、L_i/L 分别表示产出结构和就业结构。按照古典经济学一般均衡理论,经济最终将实现均衡,届时各个产业、各个部门之间的生产效率应该相同,于是有 $Y_i/L_i = Y/L$,从而有 $E = 0$。然而,现实经济一般很难真正实现均衡发展,因此 $E \neq 0$,而且 E 值越大,说明经济偏离均衡越严重。

近年来,有学者引入泰尔指数用于研究产业结构问题(干春晖等,2011)。泰尔指数又称泰尔熵,由 Theil 和 Henri 于 1967 年提出,目前主要用于度量收入差距。干春晖等对泰尔指数进行了改造,构建了新的计算方法,他们将其计算公式表达为如下形式:

$$TL = \sum_{i=1}^{n} \left(\frac{Y_i}{Y} \right) \ln \left(\frac{Y_i/L_i}{Y/L} \right) \tag{5.2}$$

式中,Y 和 L 分别代表产值和就业。同理,当经济处于均衡时,$TL = 0$,若泰尔指数不为 0,则表明产业结构不合理,已经偏离了均衡状态。经过干春晖等的改造所构造出来的泰尔指数保留了指标本身的理论基础,考虑了产业的相对重要性和结构偏离度的经济学含义,同时又避免了计算绝对值的麻烦。结构偏离度指标的一个缺陷在于忽略了不同产业在经济体中的重要程度,而用泰尔指数来衡量不平等的最大的优点是,它可以衡量组内差距和组间差距对总差距的贡献。因此,干春晖等修改后的泰尔指数可以作为度量产业结构合理化的指标,本书同样使用该指标。

二、产业结构高级化指标

产业结构高级化以产业结构合理化为基础,伴随产业结构的合理化,产业结构效益将不断提高,进而会推动产业结构向高级化发展。技术推进型的产业结构高级化,将使产业结构整体素质和效率向更高层次不断演进。伴随产业结构的高级化,非农产业比重逐步上升是各国都经历的一个普遍规律,从观察到的结果来看,表现为一国产业结构重心由第一产业向第二产业和第三产业逐次转移的过程,在这一过程中产业部门之间的产值、就业人员、国民收入比例会发生变动,这些变动基本符合配第—克拉克定理所描述的状况。目前,研究者经常使用的度量产业结构高级化的指标有两个,一是采用非农产业所占的比重作为产业结构高级化的指标,将这一指标简记为 TN;二是根据三大产业变动关系,运用第三产业产值与第二产业产值作为度量产业高级化的指标,将这一指标简记为 TS。两个指标都具有合理性,也都在广泛的使用中。

考虑到本书比较对象特殊,美国是发达国家,其工业革命早已完成,中国是发展中国,正进入工业化后期,且美国的农业生产效率远远高于中国。若以非农产业比重为指标进行研究,目前美国的情况并不完全符合"结构红利"一说的条件。此外,考虑到信息革命对经济和工业结构的影响,经济出现服务化倾向。正如吴敬琏指出,在信息化推动下经济结构服务化是产业结构升级的一个重要特征,这一特征下的典型事实是第三产业增长率快于第二产业增长率。故选用第三产业与第二产业的比值作为一个重要指标更具有可比性和可信度,同时还能反映出经济结构的服务化倾向。

第三节 中美两国产业结构升级的特征

产业结构变化是理解发展中国家与发达国家经济发展区别的一个关键变量,也是发展中国家加快经济发展的本质要求。本节选取中美两个世界性大国为对象,根据两国近 20 年来的产业结构及其变迁的过程窥探发达国家与发展中国家的本质差异,或可为发展中国家提供一些发展思路。

一、中美产业结构基本情况

现有的发展经济学产业变迁理论认为,伴随经济发展,农业所占比重将下降,工业、服务业等所占比重将上升;当经济发展到比较发达的程度时,即进入"后工业化"阶段,工业部门比重反而会下降,服务业会成为经济的主体部门。

图5.1记录了中美两国1990—2010年间产业结构的变动情况。① 美国三次产业中第三产业服务业比重比较高,自20世纪80年代以来一直在70%—80%之间,且呈现出上升的趋势,第二产业工业占比一直维持20%—30%之间,且呈现出下降趋势,农业所占比重最小,一直在3%以下,占比最低的年份约为1%。同期,中国的产业结构变化情况如下,第一产业农业比重持续下降,由最初的27.1下降到10.1;工业则先上升后下降,1990年为41.3,2006年为47.9,之后持续下降;服务业则波动性向上,最低年份1990年为31.5,2009年达到最高,为43.4。

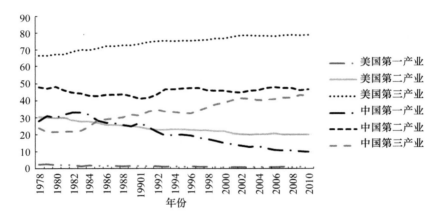

图 5.1　1990—2010 年中美产业结构变动情况

数据来源:中国产业结构数据根据《中国统计年鉴》各年数据计算得到,美国产业结构数据根据世界银行数据库数据计算得到。

图5.2和图5.3描述了美国和中国三大产业1990—2010年间劳动力就业情况,美国服务业就业人数呈现出上升的趋势,工业就业人数则变化不大,农业就业人数则呈现出先上升后下降的趋势;中国三大产业就业表现情况为,农业就业人口总体呈现出明显下降的趋势,工业和服务业则表现为就业人数

---

① 产业结构划分按照国际标准行业分类(ISIC)进行,书中所采用的产业结构数据全部直接来自世界银行数据库网站。

上升，其中服务业就业人数上升得更快。受次贷危机和欧洲债务危机的影响，2010年中国服务业和工业就业人数均有所下降。

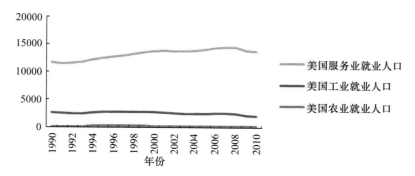

图5.2 美国三大产业就业人数(单位：万人)
数据来源：美国商务部经济分析局网站。

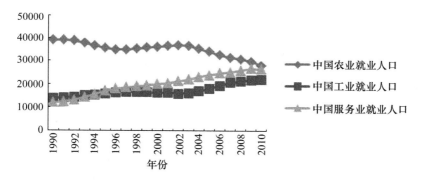

图5.3 中国三大产业就业人数(单位：万人)
数据来源：各年《中国统计年鉴》。

二、产业内结构变化情况

1990—2010年间，两国三大产业内的结构也在发生变化，这种变化在中国表现得尤为突出。以第二产业为例，这一期间中国工业结构重型化趋势明显，2006年以来中国重工业比重一直维持在70%以上，与此同时，重工业增长速度也领先于轻工业。① 这种变动符合主要发达国家发展经验,美国工业重型化趋势主要发生在 1900—1950 年间,日本发生在 1950—1980 年间,其他 OECD 发达国家也有类似的过程。中国工业内部结构变化具体表现在如下方面:第一,从轻重工业比来看,近 10 年来,工业内部轻纺工业比重逐步下降,金属加工业比重上升,装备制造业比重变动不大;第二,从工业发展速度来看,中、西部地区发展速度加快,地区差距有缩小的趋势;第三,从工业内部要素投入结构来看,最近 5 年来,资本密集型行业比重下降,劳动密集型行业比重有所上升。

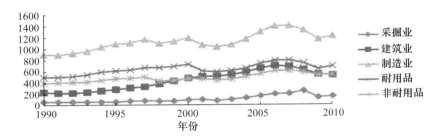

图 5.4　美国第二产业内产值情况(单位:十亿美元)
数据来源:美国商务部经济分析局网站。

近 20 年来,美国工业内部行业也发生了一系列的变动。这些变动具有如下几个特点:第一,图 5.4 描述了美国产业内产值情况,总体来看都呈现出一定的增长趋势,增长速度大致相似,因此,第二产业内部结构相对稳定,但存在周期性波动,这种波动在产业内部具有相对一致性。第二,从产业内部具体的从业人数情况来看,采掘业和制造业就业人数下降,美国采掘业雇佣人数在过去的 20 年中由 70 万下降到 64 万;制造业就业人数由 1865 万下降到 1124 万(其中,耐用品生产行业就业人数下降了 403 万,非耐用品生产行业就业人数下降了 338 万),整体呈现出下降趋势;建筑业就业人数由 493 万上升到 549 万,略微有所上升。第三,从轻重产业关系来看,美国重工业产

---

① 轻重工业划分详见国家统计局颁布的《轻重工业划分办法》。此外,联合国工业发展组织对轻重制造业划分提出了自己的标准,其中,轻制造业包括:食品、饮料、烟草、纺织、服装、皮革、木材和木材制品;重制造业包括:纸张和纸制品、工业化学品、其他化学产品、石油炼制品、各种石油产品和煤制品、非金属矿制成品、贱金属、金属制品、机器和设备等。

值高于轻工业,且重工业就业人数多于轻工业。①

三、产业结构高级化和合理化情况说明

从图 5.5 和 5.6 来看,中国的泰尔指数较美国而言变动得更加剧烈,两国的泰尔指数都呈现出一定的波动性特征。反映产业发展高级化的 TS 指标在美国变动比较剧烈,在中国变动不太明显。

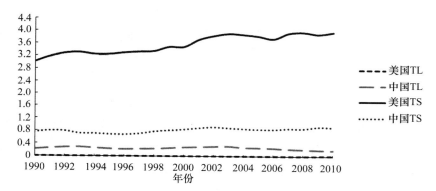

图 5.5 中国和美国 TL 指标和 TS 指标变化

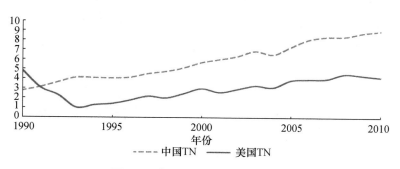

图 5.6 中国和美国 TN 指标变化

选定的泰尔指数、非农产业与农业产值比以及第三产业与第二产业产值比等指标能够反映两国产业结构合理化和高级化情况。图 5.6 描绘了中美两

---

① 美国商务部经济分析局提供的数据中,并无轻重工业的说法,也没提供相关的直接数据。上述结论是笔者根据中国国家统计局颁布的《轻重工业划分办法》以及美国产业内部就业与收入数据加总后得到的基本情况。

国产业结构合理化和高级化指标值的变动态势。美国的泰尔指数较小，因此美国产业间发展水平差距也比较小，美国 2008 年以前都处于 0.1 以下，2009 年以后超过 0.1，计算期内呈现出逐步上升的趋势；中国的泰尔指数处于 0.2 到 0.3 之间，相对于美国而言，产业间发展水平差距比较大，且泰尔指数呈现出波动性特点。衡量产业发展高级化水平的 TS 指标，在计算期内中国和美国的变动具有一定的相似性，总体来看都呈现出上升的趋势，美国上升的速度略快。若进一步使用 TN 指标来分析产业结构的高级化，则表明中国和美国两国高级化指标都呈现出上升的趋势，但是从数值来看，美国的波动比中国大，但是中国上升的速度要更快。总体来看，中国的 TL 指标与 TS 指标在 2008 年之前呈现出大体相似的变动规律，都经历了先上升，后下降，再上升，再下降的过程；2008 年后，中国的 TL 指标下降而 TS 指标上升；美国的 TL 指标和 TS 指标变动表现出一定的差异性，其中美国的 TL 指标逐年上升，而 TS 指标则为波动性上升。综合两组指标来看，其中有两个时间段值得关注，一是 1993—1994 年间，二是 2008—2010 年间。1993—1994 年间国际经济形势非常严峻，美国、英国、加拿大经济处于低谷，正转向复苏，其余一些发达国家大都处于经济停滞或萎缩状态，经济大国德国和日本经济增长率分别为 -2% 和 -1%。2008—2010 年间，国际经济形势也相当严峻，2008 年先在美国出现了次贷危机，后来进一步演化为世界性的金融危机，随后欧洲还出现了大量的债务危机。

第四节 基本模型、主要方法和数据来源

一、计量模型构建

为了比较中美经济结构变动对经济增长的影响，这里使用中美 1990—2010 年间的数据，将模型设定为如下形式：

$$y_t = \beta_1 + \beta_2 Ln\text{TL}_t + \beta_3 Ln\text{TS}_t + u_t \tag{5.3}$$

其中，t 代表时间，y 代表经济增长，LnTL 表示产业结构合理化衡量指标的对数值，LnTS 代表产业结构高级化衡量指标的对数值，u 为独立同分布的随机误差项，β_1 为计量模型的截距项，对模型中的部分指标取对数处理的目

的在于方便后续的计量分析工作,尽量避免异方差出现。

考虑到经济增长受到多方面的影响,若仅从产业结构角度设定上述模型分析经济结构对增长的影响可能会导致模型设定错误,从而得到错误的结论。为避免产生上述情况,笔者引入控制变量,同时为了避免控制变量的随意性,笔者借鉴 Frank(2005)以及干春辉等(2011)的做法,在具体分析区域经济差异、经济结构对经济增长的影响时,直接利用解释变量与被解释变量的交互项作为控制变量引入,同时还将经济增长的滞后项也加入模型中,因而计量模型进一步转变为如下形式:

$$y_t = \beta_1 + \beta_2 Ln\text{TL}_t + \beta_3 Ln\text{TS}_t + \beta_4(y_t * Ln\text{TL}_t) + \beta_5(y_t * Ln\text{TS}_t) + y_{t-1} + u_t \tag{5.4}$$

二、数据来源及其处理说明

由于美国为发达市场经济国家,而中国自 1978 年改革开放以后才由计划经济转向市场经济,目前这一转型仍在继续。为了能够进行中美两国的一系列比较,使两国经济运行的前提一致,笔者选定研究期限为 1990—2010 年。[①]

有关经济增长指标,笔者选用的是中国和美国的经济增长率,该指标直接来自世界银行数据库,由世界银行根据市场价格以当地货币计算得到,计算过程中将 GDP 总量换算为以 2000 年为基期的美元。产业结构指标采用的是泰尔指数和 TS 指数,这两个指数均通过计算得到。泰尔指数的计算使用的是三次产业相关数据,其中关于中国产业结构、各个产业就业人数等的数据来自中国各年统计年鉴;美国数据来自美国商务部经济分析局,其中各产业就业人数是通过加总得到,并根据中国 1985 年三大产业的划分方式进行加总。计算产业结构高级化 TS 指标的数据,来自于世界银行数据库,并进行了简单的整理和计算。

---

① 由于真正的市场经济改革始于 20 世纪 80 年代中后期,时至今日市场化的改革仍在继续,因而研究时间段的选择就成为一个关键问题,将严重影响研究质量和研究结论的正确性。笔者在实证研究中将时间段选定为 1990—2010 年,出于以下几个原因:第一,市场的转换、放开和完善需要一定的时间;第二,这样的划分与一些经济学家对中国经济改革进行分段保持相对一致性,如干春晖等(2011)。

第五节 产业结构升级的实证分析

从前文关于中美产业结构的特征情况分析,容易得知两国产业结构在过去的 20 年间都发生了明显的变动。从一些指标观测值来看,这种产业结构变化还存在着波动性特点,且与一些特定的事实密切相关,如中国产业结构的变化与中国的改革进程密切相关,而美国产业结构波动与特定时间内的国际经济形势密切相关。考虑到以上情况,本研究在综合分析产业结构影响的基础上,又进一步将实证研究分成两阶段,即 1990—2000 年和 2000—2010 年,研究结果如表 5.1 所示。

表 5.1 中国和美国产业结构变迁对经济增长的影响估计

解释变量	中国			美国		
	1990—2010 年	1990—2000 年	2000—2010 年	1990—2010 年	1990—2000 年	2000—2010 年
常数项 C	0.098*** (31.80)	0.104** (3.65)	0.094*** (23.62)	0.0190 (1.07)	0.001 (0.08)	0.102*** (10.74)
LOG(TL)	0.066*** (15.87)	0.079* (2.38)	0.053*** (6.55)	0.102** (2.37)	0.208** (2.41)	0.308*** (7.79)
LOG(TS)	0.047** (2.50)	-0.002 (-0.02)	0.158 (1.63)	0.021 (0.36)	-0.181* (-2.34)	0.189 (1.61)
$Y*$LOG(TL)	-0.675*** (-24.66)	-0.770*** (-6.25)	-0.552*** (-6.98)	-2.184*** (-4.47)	-5.483** (3.13)	-3.000** (6.37)
$Y*$LOG(TS)	-0.491*** (2.80)	0.032 (0.040)	-1.688 (-1.89)	-1.80*** (-4.59)	-1.142 (-1.44)	-1.519** (2.988)
$Y(-1)$	-0.011 (-0.76)	0.001 (0.03)	0.006 (0.20)	0.38** (2.94)	1.057** (2.99)	0.077 (0.81)
拟合优度	0.998	0.998	0.999	0.887	0.975	0.996
$D-W$ 值	1.56	1.58	1.16	1.708	2.13	2.10

注:本书估计结果由 Eviews 6.0 给出,*、**、*** 分别代表在显著性水平为 10%、5% 和 1% 之下显著,括号中的对应值为该解释变量估计值的 t 统计量。

从表 5.1 提供的数据结果来看，总体上对于中国和美国而言，产业结构的合理化和高级化演变对经济增长都有正面的影响，但影响力有所不同，而且同一国家不同时期产业结构的合理化和高级化影响强度也不相同。产业结构合理化指标参数估计在所有的估计中都表现出较高的显著性，这进一步说明产业结构合理化对经济增长具有持续效应，其作用机理也具有稳定性，但从分阶段的回归分析中可以看出，不同时段这种机理的作用强度并不相同，这意味着产业结构的合理化对经济增长的作用可能取决于产业结构本身，还可能与经济发展的速度密切相关，以中国情况为例进行说明，这一点可以从两个方面看出：第一，经济增长与产业结构的交互项参数估计值比较大，而且显著性水平相当高；第二，就1990—2000年和2000—2010年两个阶段产业结构合理化指标参数估计值而言，第一阶段作用明显大于第二阶段作用，高出幅度约为50%。[①] 因此，一般可以认为，在经济比较落后、增长率比较低的时候，一定程度的产业不合理还可以支撑经济增长，而经济发展到一定程度或经济增长速度比较快的时候，产业结构的不合理则会对经济增长产生一定的抑制作用。从我国现实情况来看，第二阶段实际平均经济增长速度明显高于第一阶段，这也印证了上述说法。美国产业结构合理化指标参数估计值大于中国，这说明美国产业结构合理化对经济增长的作用力更强，在两个不同阶段这种作用力也不相同，第二阶段的估计系数大一些，显然这与中国估计情形有点不同，究其原因主要来自两个方面：第一，美国作为一个老牌的发达国家，市场比较完善，产业结构合理程度明显要高于中国；第二，从美国具体的经济增长率来看，第一阶段即1990—2000年要高于第二阶段即2000—2010年。

从影响力度来看，无论是中国还是美国产业结构合理化的作用强度和明显程度都高于产业结构高级化，这一结论在1990—2000年和2000—2010年两个阶段也是成立的，可以从估计参数的系数直接看出。另外，产业结构高级化指标参数估算结果表明，尽管对中美两国而言在整个观测期内具有正的影响，但这种影响只在中国表现得显著，而在美国则不明显；在分阶段的估计

---

① 这里具体计算过程为：(0.079 − 0.053)/0.053 = 0.49。

中，一些时期还出现了负的影响，这表明产业结构高级化对经济增长的影响比较复杂，且两者之间的关系并不稳定。① 因此，我们必须理性看待产业结构的高级化，需要在产业结构的升级速度和经济发展速度中作出一个合理的选择。

从估算得到的系数来看，产业结构的合理化和高级化对经济增长的作用并不大，以中国 1990—2010 年的估算为例，这两个系数分别为 0.066 和 0.047，这说明中国这一期间的经济约有 11% 是由于产业结构合理化和产业结构高级化所引致的。换句话说，中国经济每增长 1%，产业结构合理化和产业结构高级化的贡献率就约为 11%。② 这一方面说明促进经济增长的因素不仅包含产业结构方面的因素，还包含其他因素；另一方面也表明在经济增长和人均收入水平提高的过程中，产业结构合理化、高级化进程将相当漫长，并不能够一蹴而就。

第六节 结论与政策建议

本章比较了中美两国近 20 年来产业结构变迁的基本情况，将产业结构变迁分解为产业结构合理化和产业结构高级化两个方面，并以此为基础考察了中美两国产业结构变迁对经济增长的具体影响。通过对这个问题进行深入细致的分析，我们得到如下主要结论：

从产业结构变迁角度来看，总体上中美两国具有一定的相似性，同时两国又表现出自身的一些特点。第一，从两国产业结构变迁的趋势来看，具有相似性，在过去的 20 多年间，中美两国农业产值占 GDP 的比重都呈现出下降趋势，服务业产值占 GDP 比重都在上升，工业产值占 GDP 比重方面，美国有所下降，而中国在上升。从就业人口数量来看，也表现出与 GDP 变动类似的结果，农业就业人数都在下降，服务业就业人数都在上升，美国工业就业人

---

① 实际上，对这种产业结构高级化对经济增长影响的不稳定性还可以进一步分析，只需要对本书计量模型设定的公式 5.4 求取偏导数即可。

② 由于笔者的模型设定为不完全的对数模型，这样估算出的解释变量参数与弹性有点相似，但不能等同于弹性，在进行解释时笔者使用了一个约等于的关系：$e^g \approx 1 + g$。

数下降,而中国工业就业人数上升。第二,两国产业结构变迁都表现出一定的波动性,这种波动性既可以由 GDP 总量变动得到,同样还可以通过其他指标度量,如本书将产业结构变迁分为合理化和高级化两个维度,通过计算得到的泰尔指数、农业与非农产业产值比以及服务业与工业产值比等指标都表现出明显的波动性,但波动的周期、起因并不相同。第三,两国产业结构内部的变动存在差异。中国工业结构重型化趋势明显,美国产业内部结构则具有相对的稳定性。以工业为例,美国工业各个行业产值总体来看都呈现出一定的增长趋势,增长速度大致相似,但存在周期性波动,这种波动在各个行业间仍然具有相对一致性。中国则出现了明显的行业和地区的差异,主要表现为重工业发展快于轻工业、中西部地区工业发展快于东部地区、产业内部生产要素流动倾向明显等特点。

从产业结构变迁对经济增长的影响来看,仍然有很强的相似性。这种相似性表现在如下方面:第一,对于中国和美国而言,从长远来看,产业结构的合理化和高级化演变对于经济增长都有正面的影响,它们对经济增长的影响力度,美国要高于中国;第二,从产业结构合理化和产业结构高级化对经济增长影响程度来看,无论是中国还是美国产业结构合理化的作用强度和明显程度都高于产业结构高级化;第三,在不同阶段,中美两国产业结构合理化对经济增长具有持续效应,其作用机理也具有相对的稳定性,而产业结构高级化对经济增长的影响比较复杂,且两者之间的关系并不稳定。通过计量分析结论和事实依据,可以认可在经济比较落后、增长率比较低的时候,一定程度的产业结构不合理可以支撑经济增长,而经济发展到一定程度或经济增长速度比较快的时候,产业结构不合理则对经济增长会产生一定的抑制作用的说法。

因此,上述两方面的结论为我们提供了较强的政策启示。产业结构变迁是一个漫长的过程,中美两国情况都符合库兹涅茨假说,也与一些发达国家的经历具有相似性,因此一些发达国家产业结构演进过程中采取的一些产业政策和产业发展建议可以为我们提供借鉴。于是,本书第一个强有力的政策建议就是,中国的产业发展需要大量借鉴发达国家工业化过程中的经验,而这些发达国家所经历的教训更应该被重视,如工业化中的环境问题、收入差距问题等。根据产业结构变迁对经济增长的影响得到的结论,赋予本书第二个重要的政策启示,即必须高度重视产业结构的合理化,产业政策的重点也必须是产业结构的合理化而非产业结构的高级化。为此,笔者提出两条建议:第一,借鉴发达国家发展的经验和教训,大国的发展往往有相似性;第二,以产业结构合理化为出发点制定和完善相应的产业政策,这些政策旨在更好地满足产业间的要素投入与产出的耦合度,这些政策的关键又在于如何协调人力资本与产业发展的关系的耦合政策。

第六章

大国自然资源与工业化质量

第一节 引 言

工业化是大国经济发展不可逾越的阶段。工业化的进程既受制于工业化的初始条件,即最初的自然资源禀赋、产业选择与产业规模以及产业布局,又取决于产业发展过程中的技术进步、产业升级以及产业变迁。工业化的质量决定了一国综合实力的提升以及社会与经济的可持续发展,也会影响一国的经济发展速度和前景。一直以来,工业化的度量问题就存在争议,怎样建立一套科学合理的工业化质量评价指标体系,使之既能够反映当前我国新型工业化的基本内容,又能够反映新兴工业化与传统工业化的显著区别,还能够对全国及各个地区的工业化水平进行全面而准确的监测,又能够进行国际比较,是一项复杂而艰巨的工作。本节力图构建一套度量工业化质量的指标体系,希望能够达到三个目的:一是对新型工业化实现的程度和质量作出准确的评价;二是对不同国家和地区的工业化质量进行横向比较;三是对工业化的着力点和改进方向起到导向作用,即体现可操作性、可比性和导向性。[①]

---

① 本节将大国中的美国剔除,没有研究其工业化质量问题,因为美国是老牌的资本主义国家,在几十年前就已经完成了工业化,而剩下的超级大国中,中国、印度、巴西和俄罗斯则尚在工业化进程中,因此,这两类国家之间在工业化进程和质量上不具备可比性。由于上述超级大国中的中国、印度、巴西和俄罗斯都是发展中国家,故在论述时为简单起见,笔者直接称其为发展中大国。

第二节　工业化质量的指标及计算方法

一、工业化质量指标体系构建原则

（1）科学性和实用性相统一原则。工业化质量研究的具体指标的选取应建立在充分认识、系统研究的科学基础上，指标体系应能够全面涵盖工业经济发展战略目标的内涵和目标的实现程度。同时，指标的设置要简单明了，容易理解，要考虑数据取得的难易程度和可靠性，最好是利用现有统计资料，尽可能选择那些有代表性的综合指标。

（2）系统性与层次性相统一原则。指标体系应该能够全面反映工业发展的各个方面，既能够较客观地反映经济社会发展水平，又要避免指标之间的重叠性。同时，应根据系统和结构，对指标进行分类，使得指标结构清楚，便于应用。

（3）质与量辩证统一原则。工业化的内涵决定了其在推进过程中不仅要注重发展的水平和速度，同时也要注重发展的质量和效益，要力争在工业化发展的过程中实现质与量的协调统一。这就意味着工业化质量的指标体系不仅要度量完成工业化的历史任务情况，而且还要在实现工业化的方式、手段等方面有所体现。因此，在指标体系的构建与应用时，必须实现质与量的有机结合，既要反映工业化的发展水平，又要突出体现新型工业化的质量与资源、环境的利用和社会发展的协调性以及可持续性。

（4）可比性和可靠性相统一原则。评价指标体系应具有动态可比和横向可比的功能。动态可比是指工业化质量在时间序列上的动态比较；横向可比是指不同的国家和地区在同一时间上对综合评价指标数值的排序比较，说明各个国家和地区的工业化差异。在可比性原则要求下，统计指标的选择应含义明确，口径一致，与国际惯例接轨，符合国际规范和国内现行统计制度要求，以保证统计数据的可靠性。

（5）动态调整原则。伴随社会进步，工业化质量的度量应该是一个不断调整、改进的动态过程。这就要求指标体系的设计应充分考虑体系的动态变化，以发展的眼光和态度来确立评价指标体系，使之能随着经济形势和客观条件的变化加以调整完善，准确反映工业化的现状和发展趋势。

二、工业化质量指标体系构建及其说明

鉴于构建过程的复杂性，应通过两方面工作的结合来实现对评价指标体系的构建：一是定性分析，即从评价的目的和原则出发，考虑评价指标的充分性、可行性、稳定性、必要性等因素；二是定量分析，即进行一系列的检验，使指标体系更加科学和合理。

这里采用层次分析方法（AHP），它是一种分析决策法，是对非定量事件作定量分析的简便方法。本质是把复杂的系统分解成各个组成因素，再将这些因素按支配关系组成梯阶层次结构，通过每一层次各元素的两两比较判断相对重要性，构造判断矩阵。通过计算，确定决策方案相对重要性总的排序。

遵循发展中大国工业化本身具有的特点以及工业化质量度量指标体系的构建原则，本书建立如下工业化质量评价的概念模型：

目标函数：s.t
$$L = F(I, J, X, G, S, E) \to opt$$
$$I \leqslant I_{max}$$
$$J \leqslant J_{max}$$
$$X \leqslant C_{max}$$
$$G \leqslant G_{max}$$
$$S \leqslant S_{max}$$
$$E \leqslant E_{max}$$

其中，L——工业化质量水平；

I——工业化水平；

J——集约化水平；

X——信息化水平；

G——全球化水平；

S——科技教育水平；

E——资源、环境、社会协调水平。

I_{max}、J_{max}、X_{max}、G_{max}、S_{max}、E_{max} 分别为层次发展的边界条件，该边界条件主要以美国完成工业化时的具体情况作为标准。这样一来，工业化质量指标体系分为工业化水平，集约化水平，信息化水平，全球化水平，

科技教育水平，资源、环境、社会的协调水平6个关键层次。

即使在确定了关键层次后，构建具体指标仍是一个系统工程，主要采用综合法与分析法相结合的方式，先运用综合法将已经存在的一些指标按一定的标准进行聚类，使之体系化；再用分析法，将度量对象和度量目标划分为若干个层次，并逐步细分直到每个子系统都可以用具体的统计指标来描述；最后将综合法和分析法得出的统计指标相综合，去掉其中重复的部分，得出一个初步的综合指标体系，如表6.1所示：

表6.1 发展中大国工业化质量体系

目标层	准则层	基础层	指标内涵解读
工业化质量评价指标体系	工业化水平	工业门类数量(个)	工业发育完备性
		人均GDP(美元)	经济发展水平
		城市化率(%)	城市化水平
		GDP增长速度	经济活力
		工业增加值比重(%)	产业结构
		工业增加值增长速度(%)	工业化势头
		工业就业人口比重(%)	就业结构
	集约化水平	更新改造投资占固定资产投资比重(%)	投资结构
		万元GDP综合能耗(吨标准煤)	能源消耗强度
		万元GDP水资源消耗(立方米)	水资源消耗强度
		总资产贡献率(%)	资本收益
		工业平均利润率(%)	工业生存能力
	信息化水平	百户城镇居民家用电脑拥有量(台)	信息化设备普及率
		百户农村居民电话机拥有量(部)	电话普及率
		万人互联网用户数(户)	互联网发展水平
		人均邮电业务量(元)	通信设施使用水平
	全球化水平	出口依存度(%)	经济外向度
		外商直接投资额占GDP比重(%)	利用外资水平
		高技术产品出口额占商品出口额比重(%)	出口结构
	科技教育水平	R&D经费支出额占GDP比重(%)	科技经费投入水平
		财政科技拨款占财政支出比重(%)	政府科技投入水平
		劳动力中R&D活动的人力比重(%)	科技人力投入水平
		万人专利授权量(项/万人)	科技产出水平
		公共教育经费占GDP比重(%)	教育投入水平
		人口平均受教育年限(年)	教育综合发展水平

(续表)

目标层	准则层	基础层	指标内涵解读
工业化质量评价指标体系	资源、环境、社会的协调水平	工业固体废物综合利用率(%)	物质循环利用水平
		万元GDP二氧化硫排放量(kg)	污染物排放强度
		工业废水排放达标率(%)	环保水平
		工业污染治理投资占工业增加值比重	环保投资强度
		基尼系数	社会公平
		失业率	社会稳定

工业化质量评价指标体系具体由6大类31项指标构成，具体包括：（1）工业化水平，包含工业门类数量、人均GDP、城市化率、GDP增长速度、工业增加值比重、工业增加值增长速度、工业就业人口比重7项具体指标，重点在于测度一国或地区的经济发展水平、工业发展完备性、产业结构特点和工业发展势头、潜力等方面内容；（2）集约化水平，包括更新改造投资占固定资产投资比重、万元GDP综合能耗、万元GDP水资源消耗、总资产贡献率、工业平均利润率5项具体指标，主要用于测度一国或地区工业竞争实力、工业企业的生存能力；（3）信息化水平，主要包括信息化设备普及率、电话普及率、互联网发展水平、通信设施使用水平4项具体指标，重点测度工业化进程中的企业和社会的信息化程度；（4）全球化水平，包括出口依存度、外商直接投资额占GDP比重、高技术产品出口额占商品出口额比重3项具体指标，主要测度一国或地区与国际联系的紧密程度；（5）科技教育水平，主要包括R&D经费支出额占GDP比重、财政科技拨款占财政支出比重、劳动力中R&D活动的人力比重、万人专利授权量、公共教育经费占GDP比重、人口平均受教育年限6项具体指标，主要考察一国工业化过程中的科技投入和科技实力，重点在于测度工业化的科技实力；（6）资源、环境、社会的协调水平，主要包括工业固体废物综合利用率、万元GDP二氧化硫排放量、工业废水排放达标率、工业污染治理投资占工业增加值比重、基尼系数、失业率6项指标，用于测度工业化的可持续发展能力。

三、层次分析法下指标权重的确定

初步确立指标体系后，最为关键的问题就是如何进行评判，如何对指标进行赋值。这是一个多因素的决策过程,即对评价对象的全体,根据所给的条件,采用一定的方法,对每个评价对象赋予一个评价值,再据此择优或排序。现阶段,从已有的综合评价方法来看主要有四大类:(1)专家评价方法,又称为 Delphi 法(专家打分综合法);(2)运筹学与其他数学方法(层次分析法、数据包络分析法、模糊综合评判法);(3)新型评价方法(神经网络法、灰色评判法);(4)混合方法。

上表已经建立目标层(G)、准则层(A)和基础指标层(C),为了将基础指标层量纲化为可以直接比较的数值,我们采用以下方法:

(一)评价指标的标准化

为了把有量纲的实际评价指标值(f_{ij})化为无量纲的标准指标值(y_{ij}),需要进行评价指标的标准化。指标标准化的方法有很多种,由于各项评价指标通常为定量化的数据,因此采用直线法插值是比较合理和容易做到的。

令一国或地区第 j 项指标的最大值为 f_{ija},设定其标准值 Y 为 100;最小值为 f_{ijb},其标准值 Y 为 1,f_{ij} 表示 i 国第 j 项指标的取值,$f_{ijb} \leqslant f_{ij} \leqslant f_{ija}$。利用线性插值原理将实际值 f_{ij} 转化为无名值 y_{ij},计算方法如下:

$$y_{ij} = 1 + \frac{f_{ij} - f_{ijb}}{f_{ija} - f_{ijb}} \times 99$$

(二)层次排序以及各个指标权重的确定

(1)层次单排序。求某一层次上不同元素对相邻上一层次各元素所产生的影响效能,并进行一致性检验。为了简单起见,将上文准则层中的工业化水平(I)、集约化水平(J)、信息化水平(X)、全球化水平(G)、科技教育化水平(S)、资源、环境、社会协调水平(E)分别用字母 B_1、B_2、B_3、B_4、B_5、B_6 来表示,具体的指标项目用 b_{ij} 表示。

首先,相对于总目标,准则层 6 个因素之间两两进行比较,得其相对重要程度判断矩阵 $A - B$,见表 6.2(b_{ij} 采用德尔菲法,具体由专家组打分):

表 6.2　相对重要程度判断矩阵

A	B_1	B_2	B_3	B_4	B_5	B_6	W'
B_1	b_{11}	b_{12}	b_{13}	b_{14}	b_{15}	b_{16}	W'_1
B_2	b_{21}	b_{22}	b_{23}	b_{24}	b_{25}	b_{26}	W'_1
B_3	b_{31}	b_{32}	b_{33}	b_{34}	b_{35}	b_{36}	W'_1
B_4	b_{41}	b_{42}	b_{43}	b_{44}	b_{45}	b_{46}	W'_1
B_5	b_{51}	b_{52}	b_{53}	b_{54}	b_{55}	b_{56}	W'_1
B_6	b_{61}	b_{62}	b_{63}	b_{64}	b_{65}	b_{66}	W'_1

准则层 6 个因素的权重 W′的计算方法很多，我们选用一个比较精准的方法即方根法。具体的计算公式如下：

$$W'_i = \frac{\bar{b}_i}{\sum_{i=1}^{6} \bar{b}_i} (i = 1,2,3,4,5,6)$$

其中，

$$\bar{b}_i = \sqrt[6]{\prod_{j=1}^{6} b_{ij}} (i = 1,2,3,4,5,6)$$

接着，对矩阵的一致性进行必要的检验和判断，再运用相同的方法对各自的准则层分别构造各评价指标相对重要程度判断矩阵，如 $B_1 - C$、$B_2 - C$、$B_3 - C$、$B_4 - C$、$B_5 - C$、$B_6 - C$，并求出各个指标相对重要性权重 W''_k，具体的算法与 W' 相同，同时检验矩阵的一致性。

表 6.3　各评价指标相对于总目标的综合权重

	B_1	B_2	B_3	B_4	B_5	B_6	各指标综合权重 W
	W'_1	W'_2	W'_3	W'_4	W'_5	W'_6	
C_{11}	W''_{11}						W_1
C_{11}	W''_{12}						W_2
…	…	…	…	…	…	…	…
C_{11}	W''_{1i}						W_i
C_{21}		W''_{2i}					W_{i+1}
C_{22}		W''_{22}					W_{i+2}
…	…	…	…	…	…	…	…
C_{2j}		W''_{2j}					W_{i+j}
…	…	…	…	…	…	…	…
…	…	…	…	…	…	…	…

(续表)

| | B_1 | B_2 | B_3 | B_4 | B_5 | B_6 | 各指标综合权重 W |
	W'_1	W'_2	W'_3	W'_4	W'_5	W'_6	
C_{61}						W''_{61}	$W_{i+j+p+m+n+1}$
C_{62}						W''_{62}	$W_{i+j+p+m+n+2}$
…	…	…	…	…	…	…	…
C_{6k}						W''_{6k}	W_r

（2）层次总排序。即计算最低层上的不同元素对总目标的影响强度，并进行一致性检验。各评价指标相对于总目标的综合权重 W 如表 6.3 所示。对基础层指标可以在上文中进行必要的筛选，择适宜的用之。为了能够看明白，我们将基础层指标的下标用两个字符来表示，以 C_{11}，C_{12}，…，C_{1i} 为例，第 1 个字符 "1" 表示为准则层 1，第 2 个字符 "1, 2, …, i" 表示具体的指标数，我们假设在 6 个准则层中分别选择基础指标 i、j、p、m、n、k 个，并令：$r = i + j + p + m + n + k$，于是可以得到表 6.3 中的数据。

由上述指标体系可以计算出不同国家或地区的工业化质量，具体公式为：$L_i = \sum y_{ir} \times W_r$，其中 i 表示第 i 个国家或地区，y_{ir} 表示具体选定指标的无量纲，与前面的 y_{ij} 含义一样，W_r 表示每一个指标具体所分配的权重。计算结果 L_i 表示第 i 个国家的工业化质量，这时已经考虑上述 6 个准则层的 31 项指标。L_i 值越大，说明工业化质量越高，反之则工业化质量越低。

第三节　发展中大国工业化质量度量

建立起工业化质量的评价指标体系，目的在于对发展中大国的工业化问题进行比较分析，为新型工业化建设提供参照，为相关部门制定工业化政策措施提供参考。通过国家间的对比研究及时发现问题、分析问题和解决问题，避免在工业化进程中走偏路和错路，从而更加顺利地推进中国的新型工业化进程。由于数据的缺陷，无法将发展中大国具体 31 个指标值都计算出来，因此本节发展中大国工业化质量比较分析主要从 6 个准则层面进行，并加入一些可以找到数据的其他指标进行一般性的比较分析，同时对发展中大国工业化质量作出简单的排序。

一、发展中大国工业化水平比较

发展中大国工业化水平和工业化速度是衡量一国工业化的重要内容。从工业门类齐全程度来看，中国、巴西、印度和俄罗斯都建立了完整的工业体系，但是各国工业门类发育完整程度不一。中国拥有 39 个工业大类，191 个中类，525 个小类，是全世界唯一拥有联合国产业分类中全部工业门类的国家，而且近年来，中国主要工业产品的世界市场份额进一步提升，2010 年，发电量、能源消费双双超越美国，制造业的总产值已经追上美国。以 2011 年数据为例，在基础工业品方面，粗钢、水泥、电解铝、精炼铜、煤炭、原油、乙烯、化肥、塑料、化纤、玻璃等在全世界总产量中占有较大的比重（均大于 20%）；一些重要的工业品如汽车、船舶、工程机械、计算机、彩电、冰箱、空调、手机、洗衣机、微波炉、数码相机、数字电视机顶盒等产量稳居世界第一；轻工业产品如纱产量、布产量稳居世界第一；此外，黄金产量达到 341 吨，居世界第一。其他发展中大国工业门类完整性方面，印度略高于巴西，而巴西又高于俄罗斯，这可以从世界银行公布的各国进出口产品种类中看出来。然而，工业门类数量并非衡量一国工业化程度的唯一因素，下面我们对一些其他指标在发展中大国间进行简单的比较，具体见表 6.4：

表 6.4 2011 年发展中大国的工业化水平指标情况

指标	中国	印度	巴西	俄罗斯
当前价格计算 GNI（亿美元）	5.67	1.54	1.86	1.4
当前价格计算人均 GNI（美元）	4240	1260	9540	9880
购买力平价 GNI（亿美元）	10.1	4.1	2.14	2.72
购买力平价人均 GNI（美元）	7530	3340	11000	19190
GDP 增长速度（%）	10.4	9.6	7.5	4.3
工业增加值占比（%）	46.7	27.1	28.1	36.7
服务业增加值占比（%）	43.2	55.1	66.6	59.3
资本形成占 GDP 比重（%）	48.2	35.1	20.2	22.7
工业就业人口占比（%）*	17.7	32.4	21.4	29.2

注：* 为联合国数据库公布的 2015 年数据。
数据来源：世界银行数据库。

由表 6.4 可知，从总量上看，中国按照当前价和购买力平价计算的国民收入都远大于印度、巴西和俄罗斯,但就人均量来看,无论是当前价格还是购买力平价计算出来的数据都显示,俄罗斯人均收入第一、巴西第二、中国第三、印度第四。从 2010 年经济增长速度来看,排序分别为中国 10.4%、印度 9.6%、巴西 7.5%。从 GDP 增加值占比来看,中国新增 GDP 占比主要为工业增加值,而巴西、俄罗斯和印度新增 GDP 占比主要为服务业增加值。

对这些国家部分指标运用时间序列数据进一步分析,可以得到经济发展势头图,如图 6.1 所示,该图记录了上述四国 1991—2010 年 20 年间经济增长情况。可见,中国经济增长最为迅速,而且相对平稳,俄罗斯经济增长波动最为剧烈。

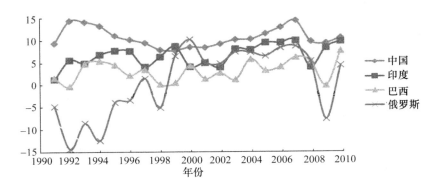

图 6.1　发展中大国 1991—2010 年经济增长
数据来源:世界银行数据库。

图 6.2 描述了 1991—2010 年中国、印度、巴西和俄罗斯工业增加值占 GDP 比重情况,总体来看,中国工业增长稳定且工业增加值占比较高,印度工业增加值占比较低且稳定,而巴西和俄罗斯在 20 世纪 90 年代初波动比较大。① 综上,中国的工业生产能力在上述四国中排名第一。

二、发展中大国集约化水平比较

集约化水平,一般可以从更新改造投资占固定资产投资比重、万元 GDP 综合能耗、万元 GDP 水资源消耗、单位产值碳排放、总资产贡献率、工业平

---

① 从对中国和印度经济增长的比较来看,一些研究者认为,印度的增长更多是由于第三产业发展推动,因此经济增长更具有持续性,这一增长模式更符合新兴工业化要求。

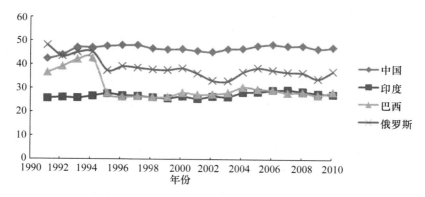

图 6.2　发展中大国 1991—2010 年工业增加值占 GDP 比重
数据来源：世界银行数据库。

均利润率等方面进行考察。工业化的集约化水平主要分析一国或地区工业生产的效率，能够反映该国或地区的工业竞争实力和企业生存能力。从世界范围来看，2008 年以来的经济危机使得中国世界工厂地位进一步巩固和加强，主要工业产品的世界市场份额进一步提升，如粗钢产量达到 6.27 亿吨，同比增长 9.3%，占世界总产量的 44.3%，超过第 2 名到第 20 名的总和；水泥产量 18.68 亿吨，同比增长 15.53%，占世界总产量的 60%；电解铝产量为 1565 万吨，同比增长 21.4%，占世界总产量的 65%。这表明中国工业品具有一定的竞争力，然而这种竞争力并不一定是基于资源利用效率，有可能是其他原因，诸如劳动力成本低廉，资源、环境破坏严重等未计入的成本因素所致。

总体来看，发展中国家工业化的集约化水平远低于发达国家。有关中国工业能源效应的研究表明，中国 8 个主要耗能工业，单位能耗平均比世界先进水平高出 40% 以上，此 8 个主要工业部门占工业 GDP 能耗的 73%；工业用水重复利用率要比发达国家低 15%—25%；矿产资源的回收率大约为 30%，比国外先进水平低 20%。1980—2000 年 20 年间，中国每万元 GDP 能耗显著下降，累计下降约 64%，世界同期的平均水平是下降 19%，OECD 国家下降 20%；从 2002 年开始，单位 GDP 能耗上升，"十一五"期间单位 GDP 能耗下降 19.1%，按照国家统计局公布的数据，中国 2011 年消耗能源 34.8 亿吨标准煤，单位 GDP 能耗 0.814 吨/万元。实际上，印度、巴西和俄罗斯在这一方面和中国一样与先进发达国家之间存在巨大的差距。

表 6.5 记录了反映发展中大国生产和生活集约化的部分指标,主要有人均石油消耗、人均二氧化碳排放、人均电力消费、注册一家公司的程序以及上市公司总值占 GDP 的比重。2009 年,俄罗斯人均消费石油 4.6 吨,人均排放二氧化碳 12 吨,人均用电 6133 千瓦时,在这四国中资源消耗强度排名第一;其次是中国,分别为 1.7 吨、5.3 吨和 2631 千瓦时;再次是巴西;最后为印度。笔者进一步将四国上述资源近 20 年使用的强度制作成图 6.3 和图 6.4。根据图 6.3 我们发现,此四国石油和电力消费具有高度的相关性,具有相同的变化趋势。人均二氧化碳排放方面,俄罗斯呈现出下降趋势,而其他三国则存在明显的上升趋势。

表 6.5 发展中大国 2010 年集约化水平部分指标值

指标	中国	印度	巴西	俄罗斯
石油消耗(吨/人)	1.7*	5.6*	1.2*	4.6*
二氧化碳排放(吨/人)	5.3*	1.5*	2.1*	12*
电力消耗(千瓦时/人)	2631*	571*	2206*	6133*
注册一家公司的程序	14	12	13	8
上市公司总值占 GDP 比重	80.3	95.9	72.1	67.5

注:*表示选用的是 2009 年数据。
数据来源:世界银行数据库。

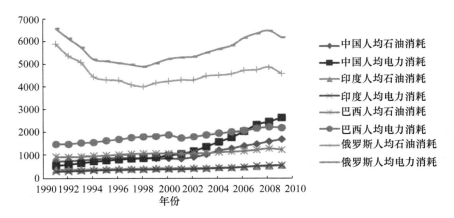

图 6.3 发展中大国 1990—2010 年人均能源使用情况
数据来源:世界银行数据库。

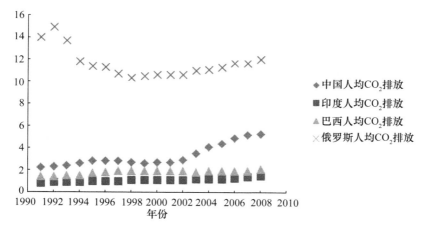

图 6.4 发展中大国 1990—2008 年人均二氧化碳（CO_2）排放情况

此外，从表 6.3 还可以看出，在俄罗斯注册一家公司所经历的程序最少只需要 8 个步骤，而在中国需要 14 个步骤，最为烦琐。一般来说，上市公司生产效率要大于非上市公司。世界银行公布的数据表明，上述四国中，2010 年，印度上市公司总值占 GDP 比重最高，俄罗斯占比最低。

三、发展中大国信息化水平比较

信息化是新型工业化建设的重要内容，同时也是衡量工业化质量的重要标准。20 世纪以来，信息技术革命促使全球产业组织方式发生剧烈变革，使其从传统的纵向分工发展为水平分工，全球产业链的形成使全球性的资源配置成为现实。因此，信息化就成为企业与全球产业链对接的重要途径和必有手段。当前，产业竞争日趋激烈，在产品成本、市场响应时间等多层面展开，信息技术在这些方面都大有作为，信息化发展状况不仅关系到现有产业竞争能力的提升，更关系到产业未来的竞争力。信息化程度一般可以通过城镇居民家用电脑拥有量、农村居民电话机拥有量、互联网用户数、人均邮电业务量等指标反映出来，上述指标反映了信息化设备普及情况、互联网发展水平和通信设施使用水平。2010 年，中国每 100 人中移动电话用户为 64 人，印度每 100 人中移动电话用户为 61.4 人，巴西每 100 人中移动电话用户为 104.1 人，俄罗斯每 100 人中移动电话用户为 166.3 人；中国每 100 人中互联网用户为 34.4 人，印度每 100 人中互联网用户为 7.5 人，巴西每 100 人中互联网用户为 40.7 人，俄罗斯每 100 人中互联网用户为 43.3 人。

由此可见，总体来看，俄罗斯信息设备普及率以及互联网发展水平要高于巴西、中国和印度。由此可见，虽然印度软件产业发展世界著名，但是这一产业并未辐射到其他产业。进一步对四国的移动电话用户以及互联网用户进行时间序列分析，并制作成图 6.5。我们发现，以互联网和移动电话普及为代表的信息化革命发生在 2000 年以后，而且由图 6.5 可知，俄罗斯的信息化速度远高于其他国家。从目前来看，俄罗斯人均电话费用和互联网费用要低于其他发展中大国。

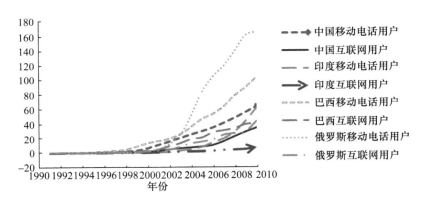

图 6.5　发展中国大国电话和互联网用户（每百人）

注：移动电话用户可以超过 100，原因在于有的用户拥有多个移动电话。
数据来源：世界银行数据库。

四、发展中大国全球化水平比较

全球化是指全球联系不断增强，国与国之间在政治、经济贸易上互相依存。全球化主要是由通信技术的飞速进步引起，自 19 世纪后半期到 20 世纪初，以轮船、铁路、汽车和飞机为代表的交通技术出现了质的飞跃，人员和物资的国际交流呈几何级数增长。度量发展中大国的全球化水平，可以从该国与国际上其他国家的经济联系入手，因此应对该国的出口商品和劳务占 GDP 比重、进口商品和劳务占 GDP 比重、高技术出口占制造业出口比重、商品货物贸易占 GDP 比重、FDI 净流入等指标进行比较分析。表 6.6 记录了中国、印度、巴西和俄罗斯 2010 年上述指标情况。

表 6.6 2010 年发展中大国全球化水平指标情况

指标	中国	印度	巴西	俄罗斯
出口商品和劳务占 GDP 比重	29.5	22.8	10.9	29.9
进口商品和劳务占 GDP 比重	25.6	26.9	11.9	21.6
高技术出口占制造业出口比重	27.5	7.2	11.2	8.8
商品货物贸易占 GDP 比重	50.1	33.8	18.4	43.6
FDI 净流入（亿美元）	185	275	48.5	43.3

数据来源：世界银行数据库。

由表 6.6 可知，2010 年，中国、印度、巴西和俄罗斯四国中，中国的外贸依存度最高，约为 55.1%，其次为俄罗斯 51.5%，再次为印度 49.7%，最后是巴西 22.8%。[①] 从现实情况来看，中国已经成为世界的加工厂，以 2011 年的主要工业品为例，中国生产了 1826.47 万辆汽车，占全世界总产量的 25%；造船完工量 6560 万载重吨，占世界总产量的 41.9%；工程机械产值 590 亿美元，占世界总产量的 43%；生产了 2.46 亿台计算机，占世界总产量的 68%；生产了 1.18 亿台彩电，占世界总产量的 50%；生产了 7300 万台冰箱，占世界总产量的 65%；生产了 1.09 亿台空调，占世界总产量的 80%；生产了 9.98 亿部手机，超过世界总产量的 70%；生产了 6100 万台洗衣机，占世界总产量的 44%；生产了 6800 万台微波炉，占世界总产量的 70%；生产了 8200 万台数码相机，占世界总产量的 65%；生产了 1.5 亿台数字电视机顶盒，占世界总产量的 73%。

图 6.6 记录了 1990—2010 年发展中大国的进口情况。90 年代前期，俄罗斯进口和出口波动比较大，原因在于这一期间苏联解体，政治发生了剧烈变化，其他国家总体来看进出口所占比重稳定增长，在 2000 年以后增长较为明显，2008 年受到国际金融危机的影响，各国进出口所占比重都有一定的下降。由此可见，发展中大国全球化水平比较高，而且与信息化水平的指标和数据

---

① 外贸依存度，可由表 6.6 直接计算出来，即出口商品和劳务占 GDP 比重 + 进口商品和劳务占 GDP 比重。

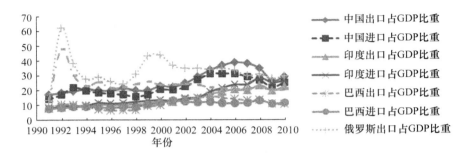

图 6.6　发展中大国对外贸易情况

数据来源：世界银行数据库。

吻合，信息化水平同样在 2000 年以后有一个较大的提升，由此可见全球化和信息化往往是同步发生。

五、发展中大国科技教育水平比较

科技和教育水平是度量工业化质量的关键因素，科技含量的高低直接决定着一国工业在竞争中的生存与否，教育水平则是科技实力的后盾。在过去的十多年里，我国一直实施科教兴国、人才强国战略来发展经济。科技和教育水平可以从一国 R&D 经费支出额、财政科技拨款、劳动力中 R&D 活动的人力资源数量、专利授权量、公共教育经费、人口平均受教育年限等方面进行分析。由于一些指标数据难以获取，于是我们选择了一些替代变量进行分析，主要有中学注册率、中小学教育中的男女比例、出生人员中由保健人员接生的情况以及高技术产业的出口情况。从中学的注册情况来看，巴西最高，达到 105.8%，印度最低，仅为 63.2%，俄罗斯为 88.6%，中国为 81.2%；从预期寿命来看，中国最高，达到 73.3，印度最低，仅为 65.1，巴西为 73.1，俄罗斯为 68.8。从出生条件来看，俄罗斯、中国、巴西比较高，印度较低，仅有 52.7%，这意味着大约只有一半的小孩在出生时能由专业的保健人员接生。

表 6.7　发展中大国科技教育水平指标情况

指标	中国	印度	巴西	俄罗斯
中学的注册率(%)*	81.2	63.2	105.8	88.6
预期寿命(年)	73.3	65.1	73.1	68.8
中小学教育中女孩和男孩比例(%)	103.4	94.9	102.9	98.5*
每百人中由保健人员接生数量	99.3	52.7	97	99.7
高技术出口占制造业出口比重	27.5	7.2	11.2	8.8

注：*表示选用的是 2009 年数据。
数据来源：世界银行数据库。

2010 年，中国出口的商品中高技术产品比重约为 27.5%，远高于印度、巴西、俄罗斯和印度。从图 6.7 可知，中国、印度、巴西和俄罗斯高技术产品出口都存在显著的波动，其中，俄罗斯和巴西这一比重一直在下降，中国和印度高新技术产品出口比重在上升，但中国上升得更快。由此可见，中国的全球化水平要远高于印度、俄罗斯和巴西。因此，总体来看，中国在科教文卫方面要高于其他三国。

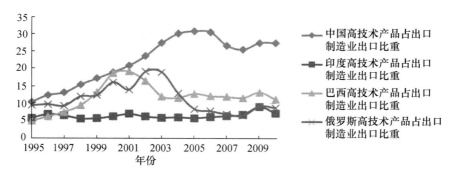

图 6.7　发展中大国高技术产品出口占制造业出口比重
数据来源：世界银行数据库。

六、发展中大国资源、环境、社会协调水平比较

资源、环境、社会协调水平关系到经济发展的可持续性，这是工业化所要追求的理想目标。因此，资源、环境、社会协调水平就构成了评价一国工业化质量的重要因素，一般可以从一国的工业废弃物排放情况、资源的循环利用情况、工业污染治理强度、环境保护情况、涉及社会稳定的通货膨胀率、

失业率和收入分配,以及该国的基础设施情况等方面来进行分析。

表6.8记录了发展中大国的资源、环境、社会协调水平指标情况,从社会贫困人口的占比来看,中国的贫困人口数量占比仅为2.8%,为最低,其次是俄罗斯,为11.1%,再次是巴西,为21.4%,印度最高,为29.8%。从收入分配的公平性来看,印度相对公平,20%最低收入人群收入占比约为8.6,俄罗斯次之,为6.5%,然后是中国,为5%,最不公平的是巴西,为2.9%。从水资源和医疗条件来看,四国饮用水的安全程度都比较高,但是医疗资源分配不均,在印度仅有34%的人可以使用改进的医疗设施,在中国这一水平则是64%,俄罗斯为70%,巴西为79%。从基础设施的完备情况来看,以水泥道路比重为例,俄罗斯最高,达到80.1%,中国次之,为53.5%,印度为49.5%,巴西最低,仅为5.5%。从经济学家们提出的痛苦指数来看,俄罗斯最高,达到17.9,巴西次之,为16.4,印度为12.8,中国为10.9。① 从上述指标和数据来看,发展中大国在资源、环境、社会协调方面还任重而道远。

表6.8 发展中大国资源、环境、社会协调水平指标情况

指标	中国	印度	巴西	俄罗斯
20%最低收入人群收入占比	5	8.6	2.9	6.5*
贫困人数占总人口比重(%)	2.8	29.8	21.4	11.1
改进的水源(%的人口获得)	91	92	98	97
改进的医疗设施(%的人口获得)	64	34	79	70
水泥道路(占总道路数量比)	53.5	49.5	5.5	80.1*
通货膨胀(GDP折算指数计算)	6.7	8.5	8.2	11.6
失业率**	4.2	4.3	8.2	6.3

注:*表示选用的是2009年数据;**表示选用的是联合国数据库公布的2009年数据。
数据来源:世界银行数据库。

第四节 结论与政策建议

工业化质量及由此选择的工业发展道路是关乎未来经济社会发展的重大

---

① 痛苦指数可通过通货膨胀率加上失业率计算得到。

战略。党的十六大报告提出，坚持以信息化带动工业化，以工业化促进信息化，走出一条科技含量高、经济效益好、资源消耗低、环境污染少、人力资源优势得到充分发挥的新型工业化路子。

本章通过构建指标体系对发展中大国的工业化质量进行详细的分析，笔者发现中国、印度、巴西和俄罗斯工业化质量各不相同，通过比较分析，笔者认为上述四国中中国的工业化质量最高，巴西第二，俄罗斯第三，印度最差，从研究结果来看，一国工业化程度与自然资源丰裕度关系并不明显。若进一步与发达国家相比较，则上述四国与发达国家存在巨大差距，且难以在短期内追赶上。结合第一、二节关于发展中大国工业化质量的提升及其新型工业化道路的选择，我们提出如下建议：

第一，在工业化基础方面，大国具有完备的产业体系，但是大国的长远发展必须依托重点产业群来支撑，而不能像小国那样可以依托少数重点产业来支撑国民经济发展。因此必须从整体上促进重点产业群的优化升级，从而实现大国产业振兴，走新型工业化道路。具体来说，首先通过重点产业调整和振兴规划，推动产业结构调整和优化升级，如果能够解决重点产业群存在的技术水平低、组织程度低、经济效益低的问题，优化技术结构、组织结构和价值结构，就可以实现大国产业体系的优化和升级。应通过战略性新兴产业的规划来谋划那些具有全局性、长远性和导向性作用的新兴产业，它代表着新技术发展的方向，是产业创新的重要内容，以便于在未来经济发展中占领制高点。

第二，在工业化质量方面，应该多角度完善工业化水平、优化道路问题。简单来说，应该从集约化、信息化、科技水平、全球化、可持续发展能力等方面来改善。这些方面的改进主要依靠完善市场和产业运行机制。市场机制、产业机制和企业内部机制能够反映经济运行过程中的内部构造、运行方式及秩序，它具有导向、激励、约束和协调的功能。因此，发展中大国需要将国内市场和国际市场相结合，建立起市场培育机制，将高新技术和适用技术相结合，建立起适合国情的技术创新机制，将大型企业和中小企业相结合，培养符合经济发展规律的企业组织机制。

第七章

大国自然资源需求波动与均衡价格决定①

第一节 引　言

前文分析已经表明，自然资源对于一国的产业发展意义重大，它对产业选择、产业布局和产业发展战略都将产生深远的影响。然而，现实中存在的一个典型事实就是，自然资源市场价格波动剧烈，而且难以预测。那么是什么原因导致这种情形出现呢？

价格理论是微观经济学的核心理论，一种商品的均衡价格的形成取决于市场上该商品的需求曲线和供给曲线的形状和位置。商品的需求曲线由理性的消费者在特定的偏好下实现效用最大化时的条件所决定，商品的供给曲线由理性的生产者在既定的条件下实现利润最大化时的条件所决定。② 无论是要获得需求曲线还是供给曲线，都有一系列的严格条件，至少得满足"理性人"假设和"完全信息"假设，二者是经济学中最常规的两大假设。

然而，这终究只是一种理想的状况，现实的市场要提供"完全信息"，经济活动中的个体要实现完全理性仍然是一个遥不可及的梦想。新制度经济学以西蒙提出的"有限理性"假设为基础，提出了"契约人"假设，认为现实

---

① 本章写作过程中，湖南商学院经济学专业2013级贺金渡同学付出了辛勤的工作。
② 需求曲线可以由单个消费者的需求进行加总得到。在完全竞争市场上，在不考虑生产要素价格变动的情况下，供给曲线可以由单个生产者加总得到，在非完全竞争的市场上有规律的供给曲线无法得到。

生活中的人都是契约人，他们一直处于一种交易关系中，而且这种交易的背后总有某种契约支持。契约人在两个方面不同于经济人，即有限理性和机会主义。"契约人"假设认为，人在认知能力方面是有限理性的，人在行为动因方面是抱有机会主义的，交易双方是存在信息压缩现象的。首先，人的认知能力是在不断提升的，没有人天生就什么都会、什么都懂，这是我们人类所不可能实现的。其次，人们追求利益不一定是在保证对方利益不受损害的前提下进行的。很多情况下，人们会做出一些损人利己的事。最后，由有限理性、机会主义和未来不确定性推导出信息压缩的假设条件。[①] 本章试图从市场需求的波动以及市场主体的行为角度来分析市场上的自然资源价格波动问题。[②] 笔者通过上述三层面的剖析，发现市场主体是有限理性的，西蒙提出的"契约人"假设运用于现实市场确实比"经济人"假设更有解释力和说服力。笔者以能源市场为例，从需求方面进行具体分析，得出的检验结果符合预期，能够更好地解释市场上资源价格的波动问题。

第二节 文献综述

长期以来，在农产品以及大宗商品市场上，用于分析价格波动的典型工具是蛛网模型（cobweb model），这是一个加入时间因素考察价格和产量波动的动态分析的经典模型。蛛网模型是20世纪30年代弗里希（Frisch）和丁伯根（Tinbergen）基于"经济人"假设提出的一种动态均衡分析方法。1934年，英国经济学家尼古拉斯·卡尔多将这一模型命名为蛛网理论。经典蛛网模型的假设条件过于理想化，近年来，国内外许多学者对经典蛛网模型进行了深入的研究和改进，建立了一些更符合经济现状的蛛网模型。

董景荣（1996）从经济系统是非线性的这个实际出发，建立了非线性动态蛛网模型。该模型的建立有助于对经济的周期性波动和经济发展史的演变规

[①] 所谓信息压缩，是指交易双方信息不对称，即交易活动中一方掌握了与交易有关的更多信息，而另一方无法掌握或想要掌握这一信息通常要花费较大代价。

[②] 中国改革开放以来，经常可以发现一个现象：凡是中国生产并出口的产品在国际市场上价格就低，凡是中国需要在国际市场上进口的产品价格就高。在国际市场上大宗资源产品的价格往往取决于少数国家（特别是资源消费和生产大国）的需求和供给，故本章标题使用的是"大国自然资源需求波动与均衡价格决定"，这样也能够保证全书标题的一致性。

律作定量分析；利用现代系统科学理论，通过对该模型作数理分析，可进一步对经济系统的运行机制和演变特征作更深入的研究，以便将数理经济的研究与非线性系统理论相结合。丁占文、刘光中(1999)在考虑到市场效率和经济现实的基础上，提出了一个非线性、非瓦尔拉斯均衡的蛛网模型，并对其随机模型作初步分析。丁占文等认为，现实市场中(扣除通货膨胀因素)，价格变量总是在某种价格附近波动，而且不能否认，这种波动不完全是因为供需关系的改变而造成的，其中还包含许多不确定因素。所以，可以认为价格的收敛更接近概率意义下的收敛，并得到了现实经济中可能存在的四种市场均衡特征。

龚德恩、雷勇(1999)通过对四种基本蛛网模型(包括传统预期非均衡模型、参照正常价格预期非均衡模型、适应性预期非均衡模型和心理预期下非均衡模型)稳定条件的研究认为：第一，在一定的条件下，非均衡分析能进一步提高均衡分析下系统的稳定性。这对于我们深刻认识微观经济市场下价格调节的潜在作用具有重大意义。第二，均衡价格仅依赖于供求方程的有关参数，而与价格调节方程的参数无关，这符合经济现实。随后，龚德恩和雷勇对四种基本模型进行了改进，对改进后模型的研究表明：实现"供求平衡、物价稳定"是必要的，而且是可能的。

王宇星借鉴 Arifovic 的思想，提供了一个基于 GA 的蛛网模型。研究表明，通过遗传算法构建的蛛网模型很好地捕捉到人类主体试验的数据特征，遗传算法可以精确刻画均衡的形成和迁移过程。黄赜琳(2004)从非线性非均衡的角度研究了一般化蛛网模型的动态行为与稳定性问题，证明了由一般化蛛网模型所生成的价格序列的运动类型完全由供给函数和需求函数的具体形式所确定，因此若供给函数和需求函数的形式确定，则通过对模型进行动态分析可判断出模型的周期行为，从而可以进一步探讨有关各周期均衡价格的存在性问题以及模型关于周期均衡价格的稳定性问题。边欣(2005)认为，以非均衡理论为依据的蛛网模型能描述更广泛的动态行为类型与经济现象；在价格调节参数选取适当的条件下，能保证模型过渡到均衡状态，还可以有较高的收敛速度。因此，不完全有效的价格调节方式不仅更符合实际，而且从理论上看，也可以比完全有效的价格调节方式更有利于经济的稳定发展。

田小燕、贺青(2006)通过对经典蛛网模型的深入研究,认为经典蛛网模型中供给者当期的供给完全由前期的价格决定这一假设条件与现实生活有出入,从而建立了供给者对当期的价格有一个自己的心理预期,并按照此价格预期来供给商品的改进的蛛网模型,同时两人还对改进后的蛛网模型的收敛条件进行了深入探讨。

张亚莉(2008)认为,在实际的经济系统中,由于市场信息的不完全性,不同的生产者在进行市场价格和供给的预测时,会考虑前几年甚至更长一段时期的产品价格综合趋势,考虑到第 t 期商品的供给函数受前 n 期价格的影响,用非均衡经济学理论与高阶定常线性差分方程的知识对改进的蛛网模型进行了稳定性分析,得到了均衡价格存在的稳定性条件。

张亚莉、杨志春(2010)建立了具有时滞效应的多商品市场的非均衡蛛网模型。张亚莉和杨志春所考虑的蛛网模型是建立在一个多商品的市场中的,因此生产者在考虑某个商品的预期价格时不仅要考虑价格会受前几期自身的供给和需求影响,还要考虑价格会受其他同类商品的价格、供给和需求影响。

Francis Declerck、L. Martin Cloutier 建立了动力系统蛛网模型,并运用动力学理论模拟仿真了葡萄和葡萄酒的价格走势,认为葡萄酒行业受保护的地方,产品的供给受厂商当前规模的限制,而世界需求却在继续增长。

传统的加权蛛网模型取近几期价格的平均值来预测下一周期商品的价格,从而确定生产数量。然而,孙婷婷、李宝毅、张静(2010)在模型中引入权值,由于近期价格的权值较大,从数学的角度得到均衡点稳定的充分条件,保持经济稳定的条件放松了,即参数 $\alpha\beta$ 的范围放宽了,比传统的加权蛛网模型更加稳定。它告诉我们,生产决策者只要参考近几期的价格,合理选取权值对下一周期商品的价格作出预测,就可以有效地减少因价格和供给的较大波动而带来的风险,从而对相关经济活动的稳定产生积极影响。

么海涛(2011)通过改变传统蛛网模型的假设条件,认为生产者应考虑前两期的价格水平,从而决定本期产量,进而建立了改进的蛛网模型。改进的蛛网模型要求企业在生产经营活动中,既不要因产品的价格高而盲目扩大生产规模,也不要因产品的价格低而过分压缩生产规模,要认真调查研究,冷静观察，分析市场走向，正确把握产品的产量和价格的内在规律，最终使产品供求趋于平衡，实现生产者自身利润最大化，社会资源配置最优。

上述文献从不同的角度（非均衡、非线性、价格预期、动力学等角度）对经典蛛网模型进行了改进，建立了在一定程度上更接近现实的蛛网模型。但是，目前这些改进的蛛网模型的核心假设都是"经济人"假设，这个假设本身就存在严重的缺陷，从而使得这些改进的蛛网模型不可能完美。为了使蛛网模型更加完美，笔者将在"契约人"假设下对蛛网模型进行深入研究。"契约人"假设是 Williamson 在综合了西蒙等人思想的基础上提出的，认为人们获取和处理信息的能力有限，即人类的理性是有限的，而且契约人始终欺诈性地寻求自身的利益，甚至不惜损人利己，即具有机会主义倾向。威廉姆森认为，人类行为的有限理性和机会主义大大增加了经济活动的不确定性。

本章在总结国内研究时发现传统的蛛网模型已经偏离了现实经济运行状况。笔者在传统蛛网模型的基础上，以"契约人"假设为核心开创了一种新的蛛网模型理论。本章的研究思路如图 7.1 所示。首先，对新理论所涉及的契约进行分类。其次，根据不同的契约类型进行理论模型的创建。再次，运用图解法、极限原理和蒙特卡洛模拟法从理论上论证了"契约人"假设下蛛网模型的收敛性。最后，运用世界能源市场数据从实证的角度对蛛网模型的收敛性进行实证检验。本书使用的研究方法主要包括：图解法、数学极限原理、蒙特卡洛模拟、数据包络分析法（DEA）、普通最小二乘法（OLS）。

在主流经济学中，西方经济学者根据均衡状态的稳定与否，将均衡区分为稳定均衡和不稳定均衡。在均衡状态类型划分的基础上，西方学者又将蛛网模型（下文称新古典经济学中的蛛网模型为经典蛛网模型）区分为收敛型蛛网、发散型蛛网和封闭型蛛网三种模型。其中，发散型蛛网模型是指市场在受到干扰而偏离均衡状态后经济系统将不能自动回复到均衡状态，也就是说会使市场实际价格的波动幅度越来越大，甚至趋向于无穷大。但是，现实经济体系中不可能存在商品价格波动幅度越来越大，以至于不能回归到均衡价格水平的情况。

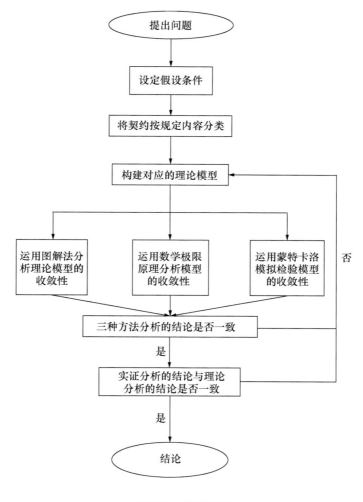

图 7.1 研究思路

经典蛛网模型在"经济人"假设下是成立的。然而,"经济人"假设与现实经济社会中的经济活动参与者相差甚远,这导致新古典经济理论与现实存在很大的差距,也就是说经典蛛网模型并不能很好地指导现实经济的运行。因此,很有必要寻找一种新的理论来代替经典蛛网模型指导现实经济更好地运行。

第三节 "契约人"假设下虚拟供求曲线的推导

一、"契约人"假设下虚拟需求曲线的推导

假设以 I 表示消费者的既定收入,以 P_1 和 P_2 分别表示商品 1 和商品 2 的价格,以 X_1 和 X_2 分别表示商品 1 和商品 2 的数量,那么相应的预算等式为:

$$P_1X_1 + P_2X_2 = I \quad (7.1)$$

显然,这和"经济人"假设下的预算约束等式是一样的,并且它们的性质也是一样的。

消费者是有限理性的,所以他们不具有完备的偏好,导致等效用曲线可能相交,但等效用曲线的其他特征与"经济人"假设下等效用曲线的特征是相同的。因为等效用曲线可以相交,所以预算约束线上的每一点都会存在一条等效用曲线与约束线相切,即预算约束线上的每一点都是可能的效用最大化的点。如图 7.2 所示,商品 2 的价格不变,当商品 1 的价格分别为 P_1、P_2

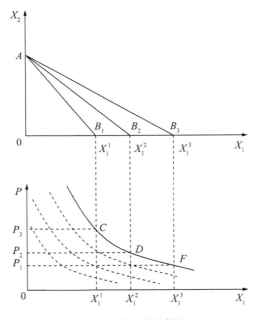

图 7.2 需求曲线推导

和 P_3 时,对应的预算约束性分别为 AB_1、AB_2 和 AB_3。当商品 1 的价格为 P_1 时,商品 1 的需求量为区间 $[0, X_1^1]$ 中的任何一个元素值。同理,当商品 1 的价格为 P_1 和 P_2 时,需求量对应的区间分别为 $[0, X_1^2]$ 和 $[0, X_1^3]$。在直角坐标系 POX_1 中描出点 $(X_1^1, P_1)(X_1^2, P_2)$ 和 (X_1^3, P_3),并过三点画一条光滑的曲线 CDF。曲线 CDF 就是真实需求曲线(也称"需求边界"),曲线 CDF 与两坐标轴所围成的区域就是需求域。为了便于问题的分析,我们就用一簇区域内平行于曲线 CDF 的虚拟需求曲线来表示需求域。

二、"契约人"假设下虚拟供给曲线的推导

西方经济学在利润最大化的条件下得出,商品的供给曲线是一条向右上方倾斜的曲线,如图 7.3 中的曲线 S。"契约人"是机会主义的忠诚者,正因为这种机会主义的普遍存在,导致生产者在一定的产量 Q_0 下,可能以不同的价格 P_0、P_1、P_2、P_3 等出售,以诈取更大的利润。因此,曲线 S 和价格轴所围成的区域就是商品的供给域。为了便于问题的分析,我们就用一簇区域内平行于曲线 S 的虚拟供给曲线来表示供给域,其中曲线 S 为真实供给曲线(也称"供给边界")。

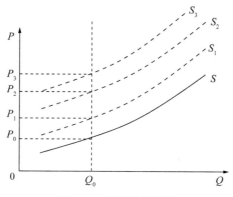

图 7.3 供给曲线推导

第四节 "契约人"假设下的蛛网模型图解分析

在"契约人"假设下，消费者有自己的真实需求曲线和虚拟需求曲线。在信息不对称的情况下，消费者会尽可能地隐藏自己的真实需求曲线，用虚拟需求曲线来代替以增加己方的议价能力。虚拟需求曲线是平行于真实需求曲线且在真实需求曲线下方的一条曲线。消费者有无数条虚拟需求曲线，并且存在一条与真实需求曲线重合的虚拟需求曲线。为了便于下文的分析，在此假设虚拟需求曲线均为向右下方倾斜的直线。

在"契约人"假设下，生产者也有自己的真实供给曲线和虚拟供给曲线。在信息不对称的情况下，生产者会尽可能地隐藏自己的真实供给曲线，用虚拟供给曲线来代替，使得消费者误认为供给的价格弹性较大，以增加己方谈判的筹码。虚拟供给曲线是平行于真实供给曲线且在真实需求曲线上方的一条曲线。生产者有无数条虚拟供给曲线，并且存在一条与真实供给曲线重合的虚拟供给曲线。为了便于下文的分析，在此假设虚拟供给曲线均为向右上方倾斜的直线。

虚拟供给曲线与虚拟需求曲线的交点就是虚拟均衡点，此时市场所处的状态就是虚拟均衡状态。在很多时候市场都是处于虚拟均衡状态，并且在一般情况下这是一种不稳定均衡，只有当虚拟供求曲线和真实供求曲线重合时才会出现稳定的虚拟均衡状态。

在"契约人"假设下，生产者一般不会以低于真实供给曲线给出的价格出售相应产量的商品。同样，消费者一般也不会以高于真实需求曲线给定的价格购买相应数量的商品。也就是说，供求双方一般只会在图7.4中的Ⅰ区（包括边界）进行交易，定义为正常市场交易，其他区域的交易均为非正常市场交易。

在实物交割的过程中，如果没有约定交割价格，那么交割量越大，消费者就越强势，交割量越小，生产者就越强势；同样，如果没有约定交易量，那么交割价格越高，消费者就越强势，交割价格越低，生产者就越强势。这就是约定价格型蛛网中交易在边界上进行以及消费者完全暴露真实需求曲线和生产者完全暴露真实供给曲线的根本原因。

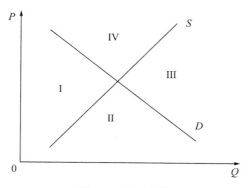

图 7.4 交易边界

假设在交易过程中禁止一切违约行为,也就是说制度总能使违约者的违约总成本大于因违约所带来的总收益。这就要求经济参与者只能在契约签订之前进行博弈,以免遭受巨大的经济损失。

笔者将蛛网模型所涉及的契约划分为约定价格型、约定成交量型和约定价格及成交量型三种类型,并把联系各种不同类型契约的蛛网模型区分为约定价格型蛛网、约定成交量型蛛网和约定价格及成交量型蛛网。

一、约定价格型蛛网

蛛网模型考察的是生产周期较长的商品。蛛网模型的基本假设是:商品的价格 P_t 完全由供求双方根据一定规则(虚拟供求曲线的交点——虚拟均衡)订立的契约决定,商品的本期需求 $Q_t^d = f(P_t)$,商品的本期供给 $Q_t^s = f(P_t)$,实际市场成交量为 Q_t;市场不一定每一期都会出清,即可能存在一定量的商品库存 Kc_t。根据以上假设条件,蛛网模型可以用以下四个联立的方程来表示:

$$Q_t^d = \alpha - \beta \cdot P_t \tag{7.2}$$

$$Q_t^s = -\delta + \gamma \cdot P_t - Kc_t \tag{7.3}$$

$$Kc_{t+1} = -\delta + \gamma \cdot P_t - Q_t^d \tag{7.4}$$

$$P_{t+1} = P_t + \Delta P_t \tag{7.5}$$

式中,α、β、δ 和 γ 均为常数,且均大于零。当 $Q_t^s < 0$ 时,令 $Q_t^s = 0$;当 $Kc_{t+1} = 0$ 时,$\Delta P_t = 0$,$Q_t = Q_t^d$;当 $Kc_{t+1} > 0$ 时,$(Q_t^d + \delta)/\gamma - P_t \leqslant \Delta P_t \leqslant 0$,

$Q_t = Q_t^d$,Q_t^s 为虚值,Q_t^d 为实值;当 $Kc_{t+1} < 0$ 时,$0 \leq \Delta P_t \leq (\alpha + \delta - \gamma \cdot P_t)/\beta - P_t$,$Q_t = -\delta + \gamma \cdot P_t$,$Q_t^s$ 为实值,Q_t^d 为虚值,且令 $Kc_{t+1} = Kc_t + Q_t^s + \delta - \gamma \cdot P_t$。

当市场由于受到干扰偏离原有的均衡状态后,实际价格会围绕均衡水平上下波动,但波动的幅度越来越小,而且市场成交量不断增加,逐步逼近均衡水平,最后会回复到原来的均衡点,如图7.5 所示:

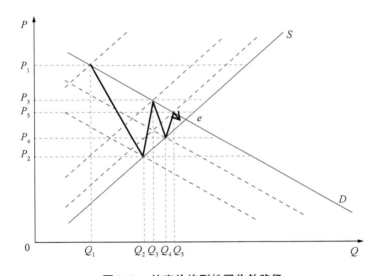

图7.5　约定价格型蛛网收敛路径

注:粗实线为收敛路径。

假定,初始库存 Kc_1 为零,在第一期由于某种外在原因的干扰,实际价格由均衡价格 P_e 上涨为 P_1。根据需求曲线,实际交易量减少为 Q_1,实现了一次虚拟均衡。在本期价格水平 P_1 下,按照供给曲线,生产者本期生产了更多的产品,于是就产生了库存 Kc_2,$Kc_2 > 0$。

在第二期,生产者为了出售全部库存产品 Kc_2 或更多的产品,与消费者谈判决定价格下跌为 P_2,且价格在区间 $(P_1, (Q_1 + \delta)/\gamma)$ 内。根据供给曲线,生产者只愿意提供总供给量为 Q_2 的产品,由生产者的投机行为导致成交量仅为 Q_2,实现了第二次虚拟均衡。然而,根据需求曲线,消费者愿意消费更多的产品,因此就产生了一个负的供需差额 Kc_3。

在第三期,消费者为了实现效用最大化,与生产者谈判决定价格上涨为

P_3。按照需求曲线，消费者的需求量为 Q_3，即市场成交量增加为 Q_3，又一次实现了虚拟均衡。然而，按照供给曲线，生产者本期生产了更多的产品，于是就产生了库存 Kc_4。

如此循环下去，如图 7.5 所示，实际价格的波动幅度越来越小，而且市场成交量不断增加，逐步逼近均衡水平，最后会回复到均衡点 e 所代表的水平（P_e 和 Q_e）。由此可见，图中的均衡点 e 所代表的均衡状态是稳定的。也就是说，由于外在的原因，当价格偏离均衡数值 P_e 后（此时市场成交量也会偏离均衡数值 Q_e），经济体系中存在着自发的因素，能使价格和市场成交量通过某种方式（谈判手段等）自动地回复到均衡状态。

这种商品的价格完全由供求双方根据一定规则订立的契约决定的蛛网模型就是所谓的约定价格型蛛网。它是一种无条件收敛蛛网模型。

二、约定成交量型蛛网

此类蛛网模型的基本假定是：商品的成交量 Q_t 完全由供求双方根据一定规则（虚拟均衡）订立的契约决定，商品的本期实际价格为 $P_t = f^{-1}(Q_t)$，商品的本期实际供给为 Q_t^s；市场必定出清，因为契约决定的产量必须全部转化为成交量。根据以上假设条件，蛛网模型可以用以下五个联立的方程来表示：

$$Q_t^d = \alpha - \beta \cdot P_t \tag{7.6}$$

$$Q_t^s = -\delta + \gamma \cdot P_t \tag{7.7}$$

$$Kc_t = Q_t^s - Q_t^d \tag{7.8}$$

$$Q_{t+1} = Q_t + \Delta Q_t \tag{7.9}$$

$$P_{t+1} \in [pp_{\min}, (\alpha - Q_{t+1})/\beta] \tag{7.10}$$

式中，α、β、δ 和 γ 均为常数，且均大于零；Q_t^s 为虚拟供给量；当 $Kc_t = 0$ 时，$\Delta Q_t = 0$，$pp_{\min} = P_t$（$pp_{\min}$ 为 p_{t+1} 的下限）；当 $Kc_t > 0$ 时，$0 \leq \Delta Q_t \leq \min\{Q_t^s - Q_t, \alpha - \beta \cdot (Q_t + \delta)/\gamma - Q_t\}$，$pp_{\min} = \max\{(Q_t + \delta)/\gamma, (\alpha - Q_t^s)/\beta\}$；当 $Kc_t < 0$，$Q_t > \min\{Q_t^s, \alpha - \beta \cdot P_t\}$ 且 $(\alpha - Q_t)/\beta < (\delta + Q_t)/\gamma$ 时，$\max\{Q_t^s - Q_t, \alpha - \beta \cdot (Q_t^d + \delta)/\gamma - Q_t\} \leq \Delta Q_t \leq 0$，$pp_{\min} = \min\{P_t, (\alpha + \delta - \beta(\alpha + \delta - \beta \cdot p_t)/\gamma)/\gamma\}$；其他情况下，$0 \leq \Delta Q_t \leq \min\{Q_t^d - Q_t, -\delta + \gamma \cdot (\alpha - Q_t)/\beta - Q_t\}$，$pp_{\min} = \min\{P_t, (\alpha + \delta - \gamma(\alpha - Q_t)/\beta)/\beta\}$。

当市场由于受到干扰偏离原有的均衡状态后，实际价格和实际产量会围绕均衡水平上下波动，但波动的幅度越来越小，最后会回复到原来的均衡点，如图 7.6 所示：

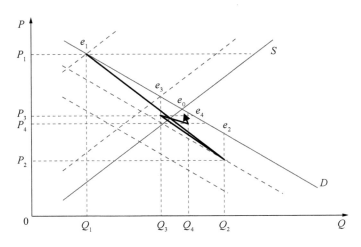

图 7.6　约定成交量型蛛网收敛路径

注：粗实线是收敛路径，即 $e_1 \rightarrow e_2 \rightarrow e_3 \rightarrow e_4 \cdots\cdots \rightarrow e_0$。

假定，在第一期，由于某种外在原因的干扰，实际产量由均衡产量 Q_e 减少到 Q_1。根据需求曲线，本期实际价格上涨为 P_1，实现了首次虚拟均衡。在本期价格水平 P_1 下，按照供给曲线，生产者本期愿意生产更多的产品，于是就产生了虚拟库存 Kc_1。

在第二期，生产者为了获取更多的利润，需要出售更多的产品，与消费者谈判决定将产量增加到 Q_2，且产量在区间 $(Q_1, \min\{Q_1^s, \alpha - \beta \cdot (Q_1 + \delta)/\gamma\})$ 内。根据虚拟需求曲线，消费者愿意支付最高价格 P_2 购买所有产品 Q_2。由于消费者的投机行为，市场偏离了虚拟均衡状态。更重要的是，根据供给边界，生产者只愿意提供更少的产品，因此就产生了一个负的虚拟供需差额 Kc_2。

在第三期，生产者为了实现利润最大化，与消费者谈判决定将产量下降为 Q_3。按照虚拟需求曲线，消费者愿意支付的最高价格为 P_3，即市场实际价格上涨为 P_3，再次实现不稳定的虚拟均衡。然而，按照供给曲线，生产者本期愿意生产更多的产品，于是就产生了虚拟库存 Kc_3。

如此循环下去,如图 7.6 所示,实际产量和实际价格的波动幅度越来越小,最后会回复到均衡点 e_0 所代表的水平。由此可见,图中的均衡点 e_0 所代表的均衡状态是稳定的。也就是说,由于外在的原因,当产量偏离均衡数值 Q_e 后(此时实际价格也会偏离均衡数值 P_e),经济体系中存在着自发的因素,能使价格和市场成交量通过某种方式(谈判手段等)自动地回复到均衡状态。

这种商品的成交量完全由供求双方根据一定规则(虚拟均衡)订立的契约决定的蛛网模型就是所谓的约定成交量型蛛网。

三、约定价格及成交量型蛛网

此类蛛网模型的基本假定是:商品的成交量 Q_t 和实际价格 P_t 均由供求双方根据一定规则(虚拟均衡)订立的契约决定,即商品的本期价格为 P_t,商品的本期供给为 Q_t;市场必定出清。根据以上假设条件,蛛网模型可以用以下五个联立的方程来表示:

$$Q_t^d = \alpha - \beta \cdot P_t \tag{7.11}$$

$$Q_t^s = -\delta + \gamma \cdot P_t \tag{7.12}$$

$$Kc_t = Q_t^s - Q_t^d \tag{7.13}$$

$$P_{t+1} = P_t + \Delta P_t \tag{7.14}$$

$$Q_{t+1} = Q_t + \Delta Q_t \tag{7.15}$$

式中,α、β、δ 和 γ 均为常数,且均大于零;Q_t^s 为虚拟供给量;Q_t^d 为虚拟需求量;7.11 式是真实需求曲线方程,7.12 式是真实供给曲线方程;$0 \leqslant \Delta Q_t \leqslant \min\{Q_t^s - Q_t, Q_t^d - Q_t\}$;当 $Kc_{t+1} = 0$ 时,$\Delta P_t = 0$;当 $Kc_{t+1} > 0$ 时,$(Q_t^d + \delta)/\gamma - P_t \leqslant \Delta P_t < 0$;当 $Kc_{t+1} < 0$ 时,$0 < \Delta P_t \leqslant (\alpha - Q_t^s)/\beta - P_t$。

当市场由于受到干扰偏离原有的均衡状态后,实际价格会围绕均衡水平上下波动,但波动的幅度越来越小,最后会回复到原来的均衡点,实际产量会不断扩大,并逐步逼近均衡点,如图 7.7 所示。

假定,在第一期,由于某种外在原因的干扰,实际产量由均衡产量 Q_e 减少到 Q_1,实际价格由均衡价格 P_e 上涨为 P_1。在实际价格 P_1 水平下,根据真实需求曲线和真实供给曲线,可以得到不相等的虚拟需求量和虚拟供给量(均大于实际产量),而且产生了虚拟库存 Kc_1,$Kc_1 > 0$。

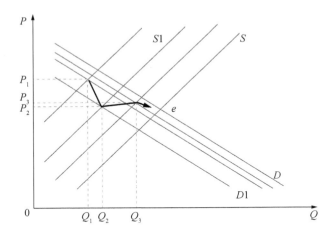

图 7.7　约定价格和成交量型蛛网收敛路径

注：粗实线是收敛路径，$S1$ 是一簇虚拟供给曲线，$D1$ 是一簇虚拟需求曲线。

在第二期，因为虚拟需求量和虚拟供给量均大于实际产量，所以扩大产量后生产者可以获取更多的利润，消费者可以实现更大的效用。供求双方谈判决定将产量增加到 Q_2，且产量在区间$(Q_1, \min\{Q_1^s, Q_1^d\})$内；实际价格由 P_1 下跌为 P_2，且价格在区间$((Q_1^d+\delta)/\gamma, P_1)$内。在实际价格 P_2 水平下，根据真实需求曲线和真实供给曲线，可以得到不相等的虚拟需求量和供给量（均大于实际产量），并且产生了一个负的虚拟供需差额 Kc_2，$Kc_2<0$。

在第三期，由于虚拟需求量和供给量依然均大于实际产量，供求双方有动力谈判，并决定将产量增加为 Q_3，且产量在区间$(Q_2, \min\{Q_2^s, Q_2^d\})$内；实际价格由 P_2 上涨为 P_3，且价格在区间$(P_2, (Q_2^d+\delta)/\gamma)$内。在实际价格 P_3 水平下，同样可以得到虚拟需求量和供给量（均大于或等于实际产量），同时获得了虚拟库存 Kc_3。

如此循环下去，如图 7.7 所示，实际价格的波动空间越来越小，最后会回复到均衡点 e 所代表的均衡价格水平 P_e；实际产量会不断增加，逐步逼近均衡点，最后会回复到均衡点 e 所代表的均衡产量 Q_e。由此可见，图中的均衡点 e 所代表的均衡状态是稳定的。也就是说，由于外在的原因，当价格和产量偏离均衡数值（Q_e 和 P_e）后，经济体系中存在着自发的因素，能使价格和市场成交量通过某种方式（谈判手段等）自动地回复到均衡状态。

这种商品的成交量和实际价格均由供求双方根据一定规则(虚拟均衡)订立的契约决定的蛛网模型是一种收敛型蛛网,称为约定价格及成交量型蛛网,简称"双约型蛛网"。

第五节　极限存在原理对三种蛛网的收敛性证明

一、约定价格型蛛网

由公式7.2、7.3、7.4和7.5及其附属条件可知：
Q_t是逐渐增大的，且

$$\frac{\delta + Q_t}{\gamma} \leqslant P_t \leqslant \frac{\alpha - Q_t}{\beta} \quad (7.16)$$

$$\lim_{t \to \infty} \left| \frac{\alpha - Q_t}{\beta} - \frac{\delta + Q_t}{\gamma} \right| = 0 \quad (7.17)$$

由公式7.17可得：

$$\lim_{t \to \infty} \left| \frac{(\alpha\gamma - \beta\delta) - (\beta + \gamma)Q_t}{\beta\gamma} \right| = 0$$

$$\Rightarrow \lim_{t \to \infty} \left| (\alpha\gamma - \beta\delta) - (\beta + \gamma)Q_t \right| = 0$$

$$\Rightarrow \lim_{t \to \infty} Q_t = \frac{\alpha\gamma - \beta\delta}{\beta + \gamma} = 常数$$

根据夹逼准则，可将 $\lim_{t \to \infty} Q_t = \frac{\alpha\gamma - \beta\delta}{\beta + \gamma}$ 代入公式7.16得：

$$\lim_{t \to \infty} P_t = \frac{\alpha + \delta}{\beta + \gamma} = 常数$$

所以，约定价格型蛛网是收敛的。

二、约定成交量型蛛网

当$\beta \geqslant \gamma$时，由公式7.6、7.7、7.8、7.9和7.10及其附属条件可知：

$$\lim_{t \to \infty} \left| \frac{\gamma(\alpha - Q_{t-1})}{\beta} - \delta - Q_{t-1} \right| = 0 \quad (7.18)$$

由公式7.18整理得：

$$\lim_{t\to\infty}Q_t = \lim_{t\to\infty}Q_{t-1} = \frac{\alpha\gamma - \beta\delta}{\beta + \gamma} = 常数 \qquad (7.19)$$

将公式 7.19 代入公式 7.6 得：

$$\lim_{t\to\infty}P_t = \frac{\alpha + \delta}{\beta + \gamma} = 常数$$

当 $\beta < \gamma$ 时，由公式 7.6、7.7、7.8、7.9 和 7.10 及其附属条件可知：

$$\lim_{t\to\infty}\left|\alpha - \frac{\beta(\delta + Q_{t-1})}{\gamma} - Q_{t-1}\right| = 0$$

$$\Rightarrow \lim_{t\to\infty}\left|\alpha - \frac{\beta\delta}{\gamma} - \frac{\beta + \gamma}{\gamma}Q_{t-1}\right| = 0$$

$$\Rightarrow \lim_{t\to\infty}Q_t = \lim_{t\to\infty}Q_{t-1} = \frac{\alpha\gamma - \beta\delta}{\beta + \gamma} = 常数$$

将 $\lim_{t\to\infty}Q_t = \frac{\alpha\gamma - \beta\delta}{\beta + \gamma}$ 代入公式 7.5 得：

$$\lim_{t\to\infty}P_t = \frac{\alpha + \delta}{\beta + \gamma} = 常数$$

综上所述，约定成交量型蛛网是收敛的，并且其收敛性与 β 和 γ 无关。

三、约定价格及成交量型蛛网

由公式 7.11、7.12、7.13、7.14 和 7.15 式及其附属条件可知：
Q_t 是逐渐增大的，且

$$\frac{\delta + Q_t}{\gamma} \leqslant P_t \leqslant \frac{\alpha - Q_t}{\beta} \qquad (7.20)$$

$$\lim_{t\to\infty}\left|\frac{\alpha - Q_t}{\beta} - \frac{\delta + Q_t}{\gamma}\right| = 0$$

$$\Rightarrow \lim_{t\to\infty}\left|\frac{(\alpha\gamma - \beta\delta) - (\beta + \gamma)Q_t}{\beta\gamma}\right| = 0$$

$$\Rightarrow \lim_{t\to\infty}Q_t = \frac{\alpha\gamma - \beta\delta}{\beta + \gamma} = 常数 \qquad (7.21)$$

根据夹逼准则，可将 $\lim_{t\to\infty}Q_t = \frac{\alpha\gamma - \beta\delta}{\beta + \gamma}$ 代入公式 7.19 得：

$$\lim_{t\to\infty}P_t = \frac{\alpha + \delta}{\beta + \gamma} = 常数$$

所以,约定价格及成交量型蛛网也是收敛的。

第六节 蒙特卡洛模拟验证三种蛛网的收敛性

这里运用 MATLAB 软件进行蒙特卡洛模拟。在不同允许误差和不同迭代步数的条件下,蒙特卡洛模拟(程序代码见附录1—附录4)结果统计如表7.1所示:

表 7.1 蒙特卡洛模拟结果统计

蛛网类型 \ 迭代次数		收敛次数				收敛比率(%)			
		eps = 10^{-2}	eps = 10^{-4}	eps = 10^{-8}	eps = 10^{-13}	eps = 10^{-2}	eps = 10^{-4}	eps = 10^{-8}	eps = 10^{-13}
约定价格型蛛网	$h=20$	10000	9977	5718	164	100.00	99.77	57.18	1.64
	$h=50$	10000	10000	10000	9995	100.00	100.00	100.00	99.95
	$h=100$	10000	10000	10000	10000	100.00	100.00	100.00	100.00
约定成交量型蛛网	$h=20$	10000	9663	1013	2	100.00	96.63	10.13	0.02
	$h=50$	10000	10000	10000	8295	100.00	100.00	100.00	82.95
	$h=100$	10000	10000	10000	10000	100.00	100.00	100.00	100.00
双约型蛛网	$h=20$	10000	9985	6346	233	100.00	99.85	63.46	2.33
	$h=50$	10000	10000	10000	9996	100.00	100.00	100.00	99.96
	$h=100$	10000	10000	10000	10000	100.00	100.00	100.00	100.00

注:每种情况均模拟10000次。h 为迭代次数,eps 为最大允许误差。

从表7.1来看,三种蛛网模型的收敛比率在迭代次数相同的情况下,精确度越低,收敛比率就越高;在精确度相同的情况下,迭代次数越多,收敛比率就越高。这说明三种蛛网模型都是无条件收敛的,即这三种蛛网模型的收敛性与供求曲线的斜率大小无关。

通过表7.1进行比较,容易发现三种蛛网模型的收敛速度均非常快。其中,双约型蛛网收敛速度最快,约定价格型蛛网次之,约定成交量型蛛网的收敛速度最慢。

图7.8是约定价格型蛛网的某次蒙特卡洛模拟结果,图7.9是约定成交量型蛛网的某次蒙特卡洛模拟结果,图7.10是约定价格及成交量型蛛网的某次蒙特卡洛模拟结果。

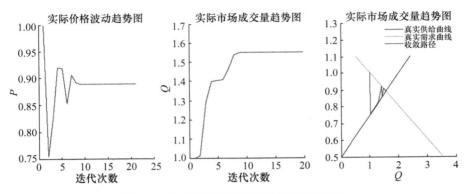

图 7.8　约定价格型蛛网蒙特卡洛模拟结果

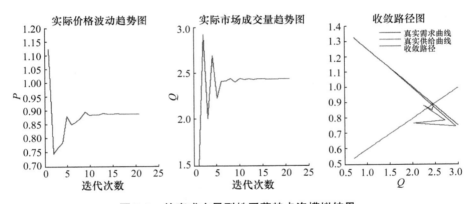

图 7.9　约定成交量型蛛网蒙特卡洛模拟结果

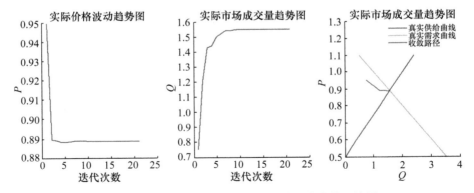

图 7.10　约定价格及成交量型蛛网蒙特卡洛模拟结果

第七节 基于"契约人"假设的蛛网模型收敛性实证检验

一、蛛网模型的建立

全球一次能源消费的净增长全部来自新兴经济体,仅中国一国就贡献了全球能源消费增量的71%(数据来自《BP世界能源统计年鉴(2012)》)。其中,石油号称是工业的"血液",不可或缺。石油的当期供给量和价格是由人们根据前一期能源市场行情对当期石油价格预期所决定的,即我们可以认为当期的石油价格和供给量由人们在前期签订的契约所决定。由此可见,世界石油市场的实际情况非常符合约定价格及成交量型蛛网的前提假设。本书假设石油需求边界和供给边界均是线性的,建立如下蛛网模型:

$$Q_t^d = \alpha - \beta \cdot P_t \tag{7.22}$$

$$Q_t^s = -\delta + \gamma \cdot P_t \tag{7.23}$$

$$Kc_t = Q_t^s - Q_t^d \tag{7.24}$$

$$P_{t+1} = P_t + \Delta P_t \tag{7.25}$$

$$Q_{t+1} = Q_t + \Delta Q_t \tag{7.26}$$

式中,α、β、δ 和 γ 均为常数,且均大于零;Q_t^s 为虚拟供给量;Q_t^d 为虚拟需求量;公式7.22是真实需求曲线方程,公式7.23是真实供给曲线方程;Δp_t 为从第 t 期到第 $t+1$ 期的价格增量,由契约决定;ΔQ_t 为从第 t 期到第 $t+1$ 期的供给增量,也由契约决定。

二、数据来源及指标选取

(一)指标的选取

以世界石油年总产量表示石油供给量 Q_t^s,以世界石油年总消费量表示石油需求量 Q_t^d,世界石油年总成交量为 Q_t,布伦特原油现货价格为 P_t。

(二)数据来源及处理

本书使用的是1980年至2007年的年度数据。1980年,一次异常严重的经济危机爆发了,标志着一个新的经济周期的开始,因此本书选择从1980年开始的年度数据。1993年爆发了较轻微的经济危机,对世界石油市场造成了一定的影响(但还不足以完全打破原有经济秩序而开启新的经济周期),因此将该年的石油供给量和成交量用1992年与1994年的平均量代替。由于2008年全球又爆发了影响极大的金融危机,打破了原有的经济秩序,所以本书所用的数据终止于2007年年底。

石油供给量 Q_t^s 包括原油、页岩油、油砂与天然气液体产品(从天然气中单独萃取的液体产品)及其他来源(例如,生物质和煤的衍生物)的液化燃料。石油消费量 Q_t^d 是指国内需求加上国际航空、海运以及炼厂燃料及损耗,还包括燃料乙醇和生物柴油的消费。世界石油年总成交量 Q_t 基本与石油消费量一致,但对于1993年的成交量需要从数据层面上加以平滑,即取其前后一年的平均值。以上所有数据均来源于《BP世界能源统计年鉴(2012)》及笔者计算所得。

三、模型的估计及结果分析

(一) 对长期需求边界的估计

本书采用结合非参数估计的 OLS 估计方法对需求边界进行估计。首先运用数据包络分析法(DEA)估计有效需求前沿,结果如图 7.11 所示:

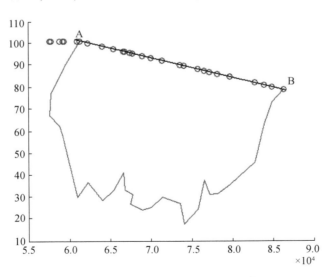

图 7.11 需求边界估计

由于本书假设长期需求边界是线性的，因此，应选取 AB 段作为需求边界并对其进行 OLS 估计（程序代码见附录 5），估计结果为：

$$\hat{Q}_t^d = 175570 - 1136.5 P_t \tag{7.27}$$
$$(1.15 \times 10^8) \quad (-8.98 \times 10^7)$$
$$R^2 = 1.0000, \quad F = 8.1065 \times 10^{15}$$

$R^2 = 1$，说明模型的拟合程度极高。模型的其他统计量均通过了显著性检验。$\hat{\beta}_1 = -1136.5 < 0$，说明世界石油市场的长期需求边界是向左下方倾斜的，这与传统的经济学理论中正常商品的需求曲线向右下方倾斜的观点是一致的。

（二）对长期供给边界的估计

本书同样采用结合非参数估计的 OLS 估计方法对供给边界进行估计。首先运用数据包络分析法（DEA）估计有效供给前沿，结果如图 7.12 所示。由于本书假设长期供给边界也是线性的，因此，选取 AB 段作为需求边界并对其进行 OLS 估计（程序代码见附录 5），估计结果为：

$$\hat{Q}_t^s = -920.6860 + 1.6265 P_t \tag{7.28}$$
$$(1767.1) \quad (250.8823)$$
$$R^2 = 0.9997, \quad F = 62942.0$$

$R^2 = 0.9997$，说明模型的拟合程度极高。模型的其他统计量均通过了显著性检验。$\hat{\gamma} = 309.6376 > 0$，说明世界石油市场的长期供给边界是向右上方倾斜的，这与传统的经济学理论中正常商品的供给曲线向右上方倾斜的观点是一致的。

（三）蛛网模型估计结果分析

将估计结果放在同一张图上，效果如图 7.13 所示。图 7.13 中的收敛路径由大豆消费量与成交价格共同组成。经测算，该蛛网模型的估计结果与理论分析中的约定价格及成交量型蛛网的吻合度（成交量数值发展趋势完全按照理论预期走势发展的样本个数与总样本数之比）为 89.29%，因为 1981 年、1982 年和 1983 年发生了背离现象，即路径向背离长期均衡点的方向延伸。1980 年至 1982 年在全球范围内发生了表现为经济滞胀的严重经济危机，这次危机对全球各个行业都产生了极其深远的影响，打破了原有的世界经济秩序，

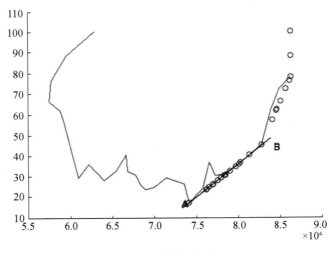

图 7.12 供给边际估计

因此可认为这就是导致收敛路径背离的主要原因。

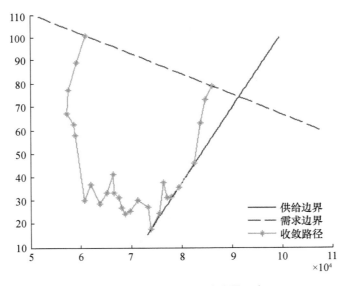

图 7.13 需求边界和供给边界组合

四、实证检验的结论

从整体上看,实证检验的结果是支持上文中约定价格型以及约定成交量型蛛网收敛理论的,因此这两种蛛网收敛理论是成立的。由于很难获得完整的商品供需时间序列数据,因此不再对其他两种蛛网模型的收敛性进行实证检验。但是运用实证分析手段对其他两种蛛网模型的收敛性理论进行检验将是今后研究蛛网模型的首要任务。

纵观商品经济历史,没有哪一种商品的价格在一个周期之内可以无限上涨或下跌,最多也就是退出市场(一般情况下,商品的价格冲破某个极限门槛时就会自动退出市场,正因为这种力量的存在,导致商品价格必然会在某个特有的区间波动)。同样,政治经济学认为商品的价格会围绕商品的价值上下波动。然而,本书所研究的"契约人"假设下的蛛网模型理论认为,在一个周期之内商品的价格会收敛于某一具体的价格水平。综上,本书中的蛛网理论并不违背政治经济学的价值规律。至于"契约人"假设下的蛛网模型收敛的具体价格水平是否就是商品的价值水平还有待进一步研究。

第八节 小　　结

根据本章前七节的理论和实证研究得出如下结论:第一,"契约人"假设下的三种蛛网模型在正常市场交易情况下均是无条件收敛的,即它们的收敛性与供求曲线的斜率无关。第二,"契约人"假设下的第二种蛛网模型在正常市场交易和非正常市场交易共存的情况下也是无条件收敛的,即它的收敛性与供求曲线的斜率无关。第三,"契约人"假设下的三种蛛网模型收敛速度均非常快。如果经济系统仅受到一次冲击,那么蛛网模型一般在20步以内就可以收敛到精确度为10^{-4}的水平。第四,"契约人"假设下的蛛网模型优于经典蛛网模型,即可以用"契约人"假设下的蛛网模型代替经典蛛网模型指导现实经济的运行。原因是"契约人"假设比"经济人"假设更加接近于现实经济社会中的经济参与者,而且能解释为什么几乎所有的商品价格在偏离均衡价格后,经济系统都会存在某种因素迫使它回到均衡价格附近波动。然而,"契约人"假设下的蛛网模型仍然存在着不足,进一步放宽假设条件是今后研究蛛网模型的重要任务。

第八章

大国自然资源与对外贸易政策[①]

第一节 引　言

从世界经济发展的历史经验来看，自然资源丰富的国家往往会向自然资源欠缺的国家输出自然资源，如欧佩克组织向石油进口国输出石油，又如中国对外出口稀土资源。毫无疑问，自然资源出口，对于一个国家的产业发展、经济总量增长有明显的促进作用。然而，自然资源作为一种普通的初级资源的出口，又饱受争议。一方面，自然资源直接出口是一种低附加值出口经济，竞争相对激烈，出口的资源价格往往会受到资源需求方的压制；另一方面，纯自然资源出口，对于资源出口国而言，往往还会饱受环境问题诟病，因此贸易过程中还会受到贸易政策、环境政策的影响。

在过去的几十年间，由于自然资源价格不断上涨，资源日益紧缺，国际市场上的自然资源竞争日益激烈。然而，无论是自然资源进口国，还是自然资源出口国，都面临着贸易政策制定上的难题。资源的需求方或资源的供给方都试图在贸易中获得更大的利益，在进行资源贸易时都试图采取策略性行为和政策。

[①] 本章初稿由华中科技大学经济学院邢斐副教授撰写。

第二节 文 献 综 述

长期以来,贸易自由化被认为因能促进经济资源的有效配置和提高各国的社会福利而成为国际贸易领域的一个重要主张,也正是出于对这一主张的认同,许多国家在面临 WTO 内推行的多边贸易谈判难以取得进展的困境下,纷纷寻求签订双边或多边自由贸易协议。当前,已经达成或正在运作的自由贸易协议包括 NAFTA、AFTA、ECFA 以及 CEPA 等,这些自由贸易协议的一个共同特征是,均以降低相互间的非关税贸易成本作为最主要的经济整合手段。① 然而,贸易自由化盛行后,各国会利用环境政策来替代执行战略性贸易政策的功能,因而环境保护主义者担心贸易自由化会造成所谓 "生态倾销"(ecological dumping)的后果(Copeland and Taylor, 2004)。由于环境污染带来的损害和资源配置改善所提高的收益均是导致一国社会福利变动的重要内容,因此,在考虑各国政府可能采取环境倾销的条件下,贸易自由化能否促进各国社会福利,就自然成为理论上的一个重要问题。

在相关议题的研究中,Walz and Wellisch(1997)在传统的两国出口至第三国贸易模型(下文简称 "三国两厂" 模型)中引入环境因素,研究发现,贸易自由化不仅会促使各国执行环境倾销政策,还能提高本国社会福利。"三国两厂" 模型的特点是可以不考虑消费者剩余的影响,然而,在钢铁、化工等行业的国际贸易中,不同国家生产相同产品的企业,为了占领更多的市场,有可能在竞争对手的市场上倾销自己的产品(Brander, 1981;Brander and Krugman, 1983),这就有必要在模型设定上考虑出口国之间的相互倾销以及分析各国国内消费者剩余。

Burguet and Sempere(2003)在不完全竞争的两国相互倾销模型中,分析了贸易自由化过程如何影响一国的环境政策及社会福利。他们发现,如果政府环境政策采取的是环境税这一政策工具,双边关税壁垒的下降便可提高各国的社会福利。Fujiwara(2010)引入跨界污染情况,不仅沿着 Burguet and

---

① 降低非关税的贸易壁垒包括改善基础设施、消除路障、放松官僚控制以及减少各自的规则和繁杂手续等。

Sempere(2003)的做法分析了采取双边关税壁垒下降形式的贸易自由化和双边贸易成本减少形式的贸易自由化对各国社会福利的影响。Fujiwara(2010)发现，无论采取哪种形式的贸易自由化，其对社会福利的影响均不确定。Burguet and Sempere(2003)与Fujiwara(2010)的研究均将双边关税视作外生变量处理，并没有考虑该贸易政策的内生性问题，而关税和环境税均是各国可以自由选择的政策工具。Tanguay(2001)比较了政府同时使用进口关税和环境税两个政策工具以及只采用环境税单个政策工具两种情况下的均衡结果，发现贸易自由化降低了环境税，并且恶化了社会福利。尽管Tanguay(2001)同时研究了关税和环境税的内生决定机制，但他考察的是关税壁垒下降这一种形式的贸易自由化，而相关的实证研究发现，贸易自由化的一个重要形式为贸易成本的下降(Baier and Bergstrand, 2001)。Fujiwara(2011)在两国相互倾销模型中同时考虑了关税和环境税的内生决定机制，并将两国外生贸易成本的下降视为贸易自由化过程，研究贸易自由化对各国均衡环境税、进口关税以及社会福利的影响。他发现，贸易成本的下降会导致更低的环境税和更高的进口关税，此外，还发现贸易自由化对社会福利水平的影响取决于环境损害系数的大小。

上述研究在模型设定上，均隐含假设中间产品市场不存在或中间产品市场为完全竞争的市场结构。然而在实践中，一国最终产品的生产通常需要从国外进口上游投入品，且上游中间产品市场常常具有垄断性。例如，世界绝大多数国家的钢铁行业均需从国外进口上游产品——铁矿石，而世界铁矿石的生产供应主要被必和必拓、淡水河谷以及力拓三大矿商所控制。基于这一现实观察，本书将在Fujiwara(2011)的基础上引入一个上游中间产品出口国，分别考察上游垄断出口厂商采取统一定价与歧视性定价模式下，贸易自由化（非关税贸易成本下降）对下游出口国的贸易与环境政策以及社会福利的影响。在模型中，两下游出口国国内均存在一个垄断厂商，下游厂商专业化生产最终产品且生产过程中排放污染，而上游出口国国内存在一专业化生产中间产品的垄断厂商，其中间产品则分别出口至两下游出口国，两下游出口国相互倾销最终产品并且可以同时选择进口关税与环境税两种政策工具。

本章的模型设定与Fujiwara(2011)相较而言主要作出了两方面的拓展：一方面，本书在Fujiwara(2011)模型中的两相互倾销国之外假设存在一上游出口国，且该国国内存在一个垄断厂商，这种考虑使得下游出口国在政策制定上，不仅需要考虑传统模型所考虑的两下游出口国厂商之间的策略性互动，还要关注上、下游厂商之间的纵向策略性影响。另一方面，本书还将讨论上游垄断厂商采取不同定价模式，即统一定价模式与歧视性定价模式，对下游出口国的贸易与环境政策以及社会福利的影响。从实务上看，上游垄断厂商不仅可以选择采取统一定价模式，而且还常常使用歧视性定价模式。仍以铁矿石贸易为例，根据传统的铁矿石长协机制，国际铁矿石市场分为亚洲市场和欧洲市场，每个财政年度在亚洲以日本铁矿石用户为代表，在欧洲以德国用户为代表，与世界三大矿商垄断联盟分别确定亚洲市场和欧洲市场的铁矿石价格。从理论上看，上游垄断厂商采取不同的定价模式，势必会在很大程度上改变上游厂商对下游厂商的租金抽取方式，这一影响可能会导致下游国家之间的政策竞争和贸易自由化意愿产生变动，然而战略性环境政策的相关文献对此议题似乎未加以探讨，本书试图对战略性贸易与环境政策文献进行相应的延伸，以弥补这一缺憾。① 尽管 Bernhofen（1997）首先在纵向关联的市场框架下研究了上游定价模式对下游出口国均衡贸易政策的影响，但是该文由于未能考虑生产排污因素，因而没有研究两下游出口国执行环境政策的情况，并且也没有考虑下游出口国国内的消费问题，而是假定两下游出口国将最终产品出口至世界其他市场。

  此外，本章设定的模型在中间产品生产厂商的引入方式上，与现有基于纵向关联市场框架的战略性环境政策研究存在差异。Hamilton and Requate（2004）在一个纵向关联市场框架中，研究各国国内最终产品出口厂商可与污染性中间产品厂商签订纵向合同条件下的战略性环境政策。马捷、段颂（2009）则在 Barrett（1994）基础上，引入工会，考虑一国政府的单边环境政策，这种做法事实上是把劳动力市场视为国内的上游中间产品市场。在中间产品市场的设定上，Hamilton and Requate（2004）与马捷、段颂（2009）均假设上游

---

  ① 早期关于价格歧视理论的传统文献将注意力放在最终产品市场（Varian，1989）上，同时关于中间产品市场价格歧视的文献也逐渐增多（DeGraba，1990；Yoshida，2000）；另外，还有一些理论文献关注统一定价与歧视性定价模式在产出和社会福利水平上的比较（Varian，1985；Schmalensee，1981；Schwartz，1990）。由于关注重点不同，这些文献并没有考虑国际贸易与环境问题，也没有考虑相应的政策影响。

中间产品市场仅仅将投入品销售给国内下游最终产品厂商，而本书假定上游厂商同时将上游投入品销售给两下游出口国厂商。邢斐、何欢浪（2011）在一个两国出口至第三国的连续双寡模型中研究了双边关税壁垒下降对环境政策与社会福利的影响，他们假定两出口国国内均存在上、下游厂商，且各国上游厂商将中间产品分别销售给两国下游厂商，而本书假定两下游出口国国内没有上游厂商，中间产品依赖于从其他上游国进口。

我们将利用所构建之模型探讨如下问题：首先，引入上游出口国后，上、下游国家的策略性互动如何影响下游国家在贸易与环境政策制定上的考量？其次，由于上游厂商不同的定价模式，将会改变对下游厂商的租金抽取方式，进而影响最终产品市场的总产量，因此，在上游厂商的不同定价模式下，贸易自由化对下游国社会福利的影响是否存在着显著差异？最后，既然非关税贸易成本的下降可以影响相关国家的社会福利水平，那么，下游国家之间是否有动机就减少相互之间的非关税壁垒问题达成贸易协议？

本章后面内容主要包括：一是模型的基本假设；二是给出上游垄断厂商进行统一和歧视性定价模式下，两下游生产国的均衡贸易和环境政策；三是研究上游垄断厂商进行统一和歧视性定价模式下，贸易自由化对下游出口国的贸易政策、环境政策和社会福利的影响；四是提出结论。

第三节　模型的设定

在传统的两国相互倾销的贸易模型中，增加考虑一个专业化生产上游中间产品的国家（M 国），该上游出口国国内存在一个垄断厂商。假定下游存在两个最终产品生产国，H 国与 F 国，两国国内均存在一个垄断的最终产品生产厂商。两国竞争厂商生产替代产品，并将产品在两下游国之间进行相互倾销，产品的生产过程产生环境污染，政府可同时对最终产品征收进口关税以及对国内生产排污征收环境税。两下游国之间的最终产品在相互倾销时需要支付非关税贸易成本，因此，各国下游厂商在将本国产品卖至国外时，不仅需要支付国内环境税，还需支付进口关税和非关税贸易成本。两国下游生产厂商需通过购买上游的中间产品作为投入品，以专业化生产下游最终产品。上游出口国垄断厂商可以采取统一定价模式或歧视性定价模式出口中间产品。

基本模型为一个三阶段动态博弈。在第一阶段，两下游出口国政府制定本国的进口关税 t_i，以及污染税 τ_i，其中 $i=h$（H 国）、f（F 国）。在第二阶段，上游垄断出口商制定投入品出口价格 w_i。在第三阶段，两国下游厂商就最终产品进行相互倾销，并在两国国内进行古诺产量竞争。

具体而言，两下游出口国厂商生产的最终产品产量分别为 Y_h、Y_f，由于两国之间存在产业内贸易，用 y_h、y_h^* 分别表示 H 国厂商生产并销售给 H 国和 F 国下游厂商的产量，且 $Y_h = y_h^* + y_h$。同理，y_f、y_f^* 分别表示由 F 国厂商生产并销售给 F 国与 H 国下游厂商的产量，$Y_f = y_f^* + y_f$。

对于下游出口国而言，假定各国对最终产品的线性市场需求为 $p_i = a - Q_i$，其中 p_i 为 i 国国内的最终产品价格，Q_i 为 i 国市场需求，满足关系 $Q_i = y_i + y_j^*$，i，$j = h$、f 且 $i \neq j$，市场需求 a 足够大，以保证相应变量有意义。两国在最终产品的生产过程中存在生产排污，生产排污量 e_i 满足关系 $e_i = \theta Y_i$。进一步地，给定 $\theta = 1$，这表明每生产一单位最终产品会产生一单位的污染排放。为了分析简便，假定每单位最终产品的生产成本为 0。对于上游出口国厂商而言，用 x_h、x_f 分别表示 M 国上游厂商生产并销售给 H 国和 F 国下游厂商的中间产品产量，且生产中间产品的边际成本为 c。

对于下游出口国政府而言，其设定政策的目标为最大化本国社会福利。社会福利既包括本国消费者福利、垄断厂商的利润、进口关税收入、环境税收入，还包括环境损害。与 Tanguay（2001）、Fujiwara（2010，2011）相同，假定环境损害成本为线性函数，设具体形式为 de_i，其中 d 为环境损害系数。另外，与 Fujiwara（2010，2011）一致，假定单位最终产品的出口需要支付非关税贸易成本 T，这些成本包括运输成本、盖章成本以及各种繁杂的贸易手续等，非关税贸易成本 T 的下降则代表贸易自由化过程。

下面，将采取逆向归纳法对模型进行求解。

第四节　上游不同定价模式下的贸易与环境政策

一、上游中间产品歧视性定价与均衡贸易和环境政策

在博弈的第三阶段，两下游厂商分别在两国的最终产品市场上进行产量

(古诺)竞争。给定两国贸易与环境政策,以及上游中间产品的价格 w_i,两下游厂商分别向 H、F 两国市场提供最终产品,并在分割的两国市场上展开产量竞争。两下游出口国厂商的利润函数为:

$$\pi_h = (a - y_h - y_f^* - w_h - \tau_h)y_h + (a - y_h^* - y_f - w_h - \tau_h - t_f - T)y_h^* \tag{8.1}$$

$$\pi_f = (a - y_f - y_h^* - w_f - \tau_f)y_f + (a - y_f^* - y_h - w_f - \tau_f - t_h - T)y_f^* \tag{8.2}$$

对公式 8.1、8.2 取一阶条件,联立求解可得均衡最终产品产量,分别为:

$$y_h = \frac{a - 2(w_h + \tau_h) + (w_f + \tau_f + t_h + T)}{3} \tag{8.3}$$

$$y_h^* = \frac{a + w_f + \tau_f - 2(w_h + \tau_h + t_f + T)}{3} \tag{8.4}$$

$$y_f = \frac{a - 2(w_f + \tau_f) + (w_h + \tau_h + t_f + T)}{3} \tag{8.5}$$

$$y_f^* = \frac{a + w_h + \tau_h - 2(w_f + \tau_f + t_h + T)}{3} \tag{8.6}$$

若上游垄断厂商采取歧视性定价模式,则在博弈的第二阶段,上游垄断厂商将对两下游出口国国内中间产品市场分别定价。给定下游出口国进口关税水平与环境税收水平,上游厂商的利润为中间产品销售收入与生产成本之差:

$$\pi^M = (w_h - c)x_h + (w_f - c)x_f \tag{8.7}$$

注意一单位最终产品生产需要投入一单位中间产品,由上式并结合公式 8.3、8.4、8.5、8.6,可得引致性中间产品需求为:

$$x_h = y_h + y_h^* = \frac{2a - 4w_h + 2w_f - 4\tau_h + 2\tau_f + t_h - 2t_f - T}{3} \tag{8.8}$$

$$x_f = y_f + y_f^* = \frac{2a - 4w_f + 2w_h - 4\tau_f + 2\tau_h + t_f - 2t_h - T}{3} \tag{8.9}$$

将公式 8.8、8.9 的结果代入公式 8.7 中,由一阶条件可得歧视性定价模式下的上游产品销售价格分别为:

$$w_h = \frac{a+c}{2} - \frac{2\tau_h + t_f + T}{4} \qquad (8.10)$$

$$w_f = \frac{a+c}{2} - \frac{2\tau_f + t_h + T}{4} \qquad (8.11)$$

将公式 8.10、8.11 代入公式 8.3、8.4、8.5、8.6 中,可得最终产品产量为:

$$y_h = \frac{2a - 2c - 4\tau_h + 2\tau_f + 3t_h + 2t_f + 5T}{12} \qquad (8.12)$$

$$y_h^* = \frac{2a - 2c - 4\tau_h + 2\tau_f - t_h - 6t_f - 7T}{12} \qquad (8.13)$$

$$y_f = \frac{2a - 2c - 4\tau_f + 2\tau_h + 3t_f + 2t_h + 5T}{12} \qquad (8.14)$$

$$y_f^* = \frac{2a - 2c - 4\tau_f + 2\tau_h - t_f - 6t_h - 7T}{12} \qquad (8.15)$$

由最终产品的市场需求函数,可知消费者剩余 $CS_i = Q_i^2/2 = (y_i + y_j^*)^2/2$,下游出口国厂商的利润 $\pi_i = y_i^2 + y_i^{*2}$,本国政府征收环境税为 $\tau_i(y_i + y_i^*)$,征收进口关税为 $t_i y_j^*$,环境损害为 $d(y_i + y_i^*)$,则下游国社会福利函数为:

$$\begin{aligned}
W_i &= CS + \pi_i + \tau_i Y_i + t_i y_j^* - dY_i \\
&= \frac{(y_i + y_j^*)^2}{2} + y_i^2 + y_i^{*2} + \tau_i(y_i + y_i^*) + t_i y_j^* - d(y_i + y_i^*) \\
&= \frac{1}{2}\left[\frac{4a - 4c - 2\tau_i - 2\tau_j - 3t_i + t_j - 2T}{12}\right]^2 \\
&\quad + \left[\frac{2a - 2c + 2\tau_j - 4\tau_i + 2t_j + 3t_i + 5T}{12}\right]^2 \\
&\quad + \left[\frac{2a - 2c + 2\tau_j - 4\tau_i - 6t_j - t_i - 7T}{12}\right]^2 \\
&\quad + \tau_i\left[\frac{4a - 4c - 8\tau_i + 4\tau_j + 2t_i - 4t_j - 2T}{12}\right] \\
&\quad + t_i \frac{2a - 2c - 4\tau_j + 2\tau_i - t_j - 6t_i - 7T}{12} \\
&\quad - d\frac{4a - 4c - 8\tau_i + 4\tau_j + 2t_i - 4t_j - 2T}{12}
\end{aligned}$$

其中，$i, j = h, f$ 且 $i \neq j$。由于各国寻求制定最优的贸易和环境政策以获得本国社会福利的最大化，由一阶条件可得各国均衡环境税和关税分别为：

$$\tau_i^D = \tau_j^D = \frac{26a - 26c + 202d - 23T}{228} \tag{8.16}$$

$$t_i^D = t_j^D = \frac{22a - 22c - 22d - 37T}{114} \tag{8.17}$$

其中，τ_i^D、t_i^D 分别表示歧视性定价模式下的均衡环境税与进口关税。

二、上游中间产品统一定价与均衡贸易和环境政策

在博弈的第三阶段，两下游厂商分别在两国的最终产品市场上进行产量（古诺）竞争。与歧视性定价模式不同，此时上游中间产品的价格均为 w，容易得到均衡最终产品产量为：

$$y_h = \frac{a - w - 2\tau_h + (\tau_f + t_h + T)}{3} \tag{8.18}$$

$$y_h^* = \frac{a - w + \tau_f - 2(\tau_h + t_f + T)}{3} \tag{8.19}$$

$$y_f = \frac{a - w - 2\tau_f + (\tau_h + t_f + T)}{3} \tag{8.20}$$

$$y_f^* = \frac{a - w + \tau_h - 2(\tau_f + t_h + T)}{3} \tag{8.21}$$

若上游垄断厂商采取统一定价模式，则在博弈的第二阶段，上游垄断厂商的利润函数为：

$$\pi^M = (w - c)x_h + (w - c)x_f \tag{8.22}$$

将公式 8.18、8.19、8.20、8.21 带入上式中，由一阶条件可得上游产品销售价格为：

$$w = \frac{4(a + c) - 2(\tau_f + \tau_h + T) - (t_f + t_h)}{8} \tag{8.23}$$

同样地，将公式 8.23 代入公式 8.18、8.19、8.20、8.21 中，可以得到最终产品产量为：

$$y_h = \frac{4a - 4c - 18\tau_h + 6\tau_f + 7t_h - t_f + 6T}{24} \tag{8.24}$$

$$y_h^* = \frac{4a - 4c - 18\tau_h + 6\tau_f - t_h - 17t_f - 18T}{24} \quad (8.25)$$

$$y_f = \frac{4a - 4c + 6\tau_h - 18\tau_f - t_h + 7t_f + 6T}{24} \quad (8.26)$$

$$y_f^* = \frac{4a - 4c + 6\tau_h - 18\tau_f - 17t_h - t_f - 18T}{24} \quad (8.27)$$

与歧视性定价类似，可知消费者剩余 $CS_i = Q_i^2/2 = (y_i + y_j^*)^2/2$，本国政府征收环境税为 $\tau_i(y_i + y_i^*)$，征收进口关税为 $t_i y_j^*$，环境损害为 $d(y_i + y_i^*)$，但与歧视性定价模式不同，此时下游出口国厂商的利润 $\pi_i \neq y_i^2 + y_i^{*2}$，其具体表达式为：

$$\pi_i = \frac{4a - 4c - 6\tau_i + 18\tau_j + 13t_i + 5t_j + 18T}{24}$$

$$\cdot \frac{4a - 4c - 18\tau_i + 6\tau_j + 7t_i - t_j + 6T}{24}$$

$$+ \frac{4a - 4c - 6\tau_i + 18\tau_j + 5t_i - 11t_j - 6T}{24}$$

$$\cdot \frac{4a - 4c - 18\tau_i + 6\tau_j - t_i - 17t_j - 18T}{24} \quad (8.28)$$

则下游国社会福利函数为：

$$W_i = CS + \pi_i + \tau_i Y_i + t_i y_j^* - dY_i$$

$$= \frac{(y_i + y_j^*)^2}{2} + \pi_i + \tau_i(y_i + y_i^*) + t_i y_j^* - d(y_i + y_i^*)$$

$$= \frac{1}{2}\left[\frac{4a - 4c - 6\tau_i - 6\tau_j - 5t_i - t_j - 6T}{12}\right]^2$$

$$+ \frac{4a - 4c - 6\tau_i + 18\tau_j + 13t_i + 5t_j + 18T}{24}$$

$$\cdot \frac{4a - 4c - 18\tau_i + 6\tau_j + 7t_i - t_j + 6T}{24}$$

$$+ \frac{4a - 4c - 6\tau_i + 18\tau_j + 5t_i - 11t_j - 6T}{24}$$

$$\cdot \frac{4a - 4c - 18\tau_i + 6\tau_j - t_i - 17t_j - 18T}{24}$$

$$+ \tau_i \frac{4a - 4c - 18\tau_i + 6\tau_j + 3t_i - 9t_j - 6T}{12}$$

$$+ t_i \frac{4a - 4c + 6\tau_i - 18\tau_j - 17t_i - t_j - 18T}{24}$$

$$- d \frac{4a - 4c - 18\tau_i + 6\tau_j + 3t_i - 9t_j - 6T}{12}$$

由一阶条件可得各国均衡环境税和关税分别为：

$$\tau_i^U = \tau_j^U = \frac{-32a + 32c + 234d - 63T}{372} \quad (8.29)$$

$$t_i^U = t_j^U = \frac{12a - 12c - 18d - 19T}{62} \quad (8.30)$$

其中，τ_i^U、t_i^U 分别表示统一定价模式下的均衡环境税与进口关税。

第五节 贸易自由化对贸易和环境政策以及社会福利的影响

一、上游进行歧视性定价模式的情况

（1）贸易自由化对两下游国均衡贸易和环境政策的影响

分别将通过公式 8.16、8.17 得到的均衡贸易和环境政策对贸易成本 T 求导，得到：

$$\frac{\partial \tau_i^D}{\partial T} = -\frac{23}{228} < 0, \quad \frac{\partial t_i^D}{\partial T} = -\frac{37}{114} < 0$$

由上述结果，可以得到如下命题：

命题 1：在上游国进行歧视性定价模式情况下，贸易自由化（非关税贸易成本的降低）会同时提高两下游国的均衡环境税与进口关税。

为了进一步理解命题 1 所蕴含的经济含义，这里采取与 Straume(2006)、Fujiwara(2011) 类似的做法，对两下游国的社会福利函数作出如下分解：

$$W_i = CS + \pi_i + \tau_i Y_i + t_i y_j^* - dY_i$$

$$= a(y_i + y_j^*) - \frac{(y_i + y_j^*)^2}{2} - p_i(y_i + y_j^*) + (p_i - w_i - \tau_i)y_i$$

$$+ (p_j - w_i - \tau_i - t_j - T)y_j^* + \tau_i(y_i + y_i^*) + t_i y_j^* - d(y_i + y_i^*)$$

$$= \underbrace{\frac{(y_i + y_j^*)(2a - y_i - y_j^*)}{2}}_{U(消费者效用)} + \underbrace{(p_j - t_j - T)y_i^* - (p_i - t_i)y_j^*}_{\text{HS}(水平净贸易剩余)}$$

$$\underbrace{- w_i(y_i + y_i^*)}_{\text{VS}(纵向净贸易剩余)} - \underbrace{d(y_i + y_i^*)}_{D(环境损害)}$$

其中，U 表示消费者效用，HS 表示两下游国之间的净贸易剩余，VS 表示下游国与上游国之间的净贸易剩余，D 表示环境损害。将上文相应各式代入可得：

$$U_i = \frac{(4a - 4c - 2\tau_i - 2\tau_j - 3t_i + t_j - 2T)(20a + 4c + 2\tau_i + 2\tau_j + 3t_i - t_j + 2T)}{288}$$

(8.31)

$$\text{HS}_i = \frac{8a + 4c + 2\tau_i + 2\tau_j - 9t_j - t_i - 10T}{12} \cdot \frac{2a - 2c - 4\tau_i + 2\tau_j - t_i - 6t_j - 7T}{12}$$

$$- \frac{8a + 4c + 2\tau_i + 2\tau_j - 9t_i - t_j + 2T}{12} \cdot \frac{2a - 2c - 4\tau_j + 2\tau_i - t_j - 6t_i - 7T}{12}$$

(8.32)

$$\text{VS}_i = -\left(\frac{a+c}{2} - \frac{2\tau_i + t_j + T}{4}\right)\frac{4a - 4c - 8\tau_i + 4\tau_j + 2t_i - 4t_j - 2T}{12}$$

(8.33)

$$D_i = d\frac{4a - 4c - 8\tau_i + 4\tau_j + 2t_i - 4t_j - 2T}{12}$$

(8.34)

将公式 8.31、8.32、8.33、8.34 分别对环境税与进口关税求偏导，可得：

$$\frac{\partial U_i}{\partial \tau_i} = -\frac{16a + 8c + 4\tau_i + 4\tau_j + 6t_i - 2t_j + 4T}{144} < 0,$$

$$\frac{\partial U_i}{\partial t_i} = -\frac{(16a + 8c + 4\tau_i + 4\tau_j + 6t_i - 2t_j + 4T)}{96} < 0$$

(8.35)

$$\frac{\partial \text{HS}_i}{\partial \tau_i} = -\frac{24a + 12c + 12\tau_j - 16t_i - 14t_j - 18T}{72} < 0,$$

$$\frac{\partial \text{HS}_i}{\partial t_i} = \frac{56a + 4c + 32\tau_i - 28\tau_j - 106t_i - 34T}{144} > 0$$

(8.36)

$$\frac{\partial \mathrm{VS}_i}{\partial \tau_i} = \frac{6a + 2c - 8\tau_i + 2\tau_j + t_i - 4t_j - 3T}{12} > 0, \tag{8.37}$$

$$\frac{\partial \mathrm{VS}_i}{\partial t_i} = -\frac{1}{6}\left(\frac{a+c}{2} - \frac{2\tau_i + t_j + T}{4}\right) < 0$$

$$\frac{\partial D_i}{\partial \tau_i} = -\frac{2}{3}d < 0, \quad \frac{\partial D_i}{\partial t_i} = \frac{1}{6}d > 0 \tag{8.38}$$

由公式 8.35 可知，寡占市场结构导致下游国国内产品市场供给不足，而降低本国环境税或进口关税均可通过增加国内市场产品供给实现，从而增加消费者效用。

由公式 8.36 可知，对于下游国而言，降低下游国国内的环境税可以扩大本国产出并增加水平净贸易剩余，即可以从下游竞争国手中转移更多的租金；提高下游国国内进口关税，可以减少下游竞争国对本国的出口量，从而增加本国的水平净贸易剩余。

由公式 8.37 可知，对于下游国而言，本国环境税越低，引致性中间产品需求就越高，上游厂商可以通过提高加价程度攫取更多利润，使得下游国的纵向净贸易剩余更小；下游国进口关税越高，将导致本国最终产品产量越高，引致性中间产品需求就越大，从而产生更小的纵向净贸易剩余。

由公式 8.38 可知，下游国环境税越低，本国产量越高，环境损害越大；下游国进口关税越高，本国产量越高，环境损害越大。

基于以上结果，可以进一步分析贸易成本下降的相应影响，将以上各式对 T 求偏导得：

$$\frac{\partial^2 U_i}{\partial \tau_i \partial T} = -\frac{1}{36} < 0, \quad \frac{\partial^2 U_i}{\partial t_i \partial T} = -\frac{1}{24} < 0 \tag{8.39}$$

$$\frac{\partial^2 \mathrm{HS}_i}{\partial \tau_i \partial T} = \frac{1}{4} > 0, \quad \frac{\partial^2 \mathrm{HS}_i}{\partial t_i \partial T} = -\frac{17}{72} < 0 \tag{8.40}$$

$$\frac{\partial^2 \mathrm{VS}_i}{\partial \tau_i \partial T} = -\frac{1}{4} < 0, \quad \frac{\partial^2 \mathrm{VS}_i}{\partial t_i \partial T} = \frac{1}{24} > 0, \tag{8.41}$$

$$\frac{\partial^2 D_i}{\partial \tau_i \partial T} = \frac{\partial^2 D_i}{\partial t_i \partial T} = 0 \tag{8.42}$$

由公式 8.39 可知，贸易成本越低，两下游国之间的产品竞争越激烈，寡占市场结构造成的扭曲越小，此时，降低环境税或进口关税对提高消费者效用的作用也越小。

由公式 8.40 可知，贸易成本越低，两下游国越容易通过扩大出口量以转移竞争国的租金，因此，下游国更愿意降低本国环境税或提高进口关税。

由公式 8.41 可知，贸易成本越低，两下游国之间的市场整合程度越高，下游国通过提高国内环境税或减少进口关税以攫取上游厂商租金、提高纵向净贸易剩余的动机增加。

由公式 8.42 可知，贸易成本的变动，对下游国征收环境税或进口关税以转移环境污染的动机无影响。

由公式 8.39、8.40、8.41、8.42 可知，由于 $\frac{\partial^2 \mathrm{HS}_i}{\partial \tau_i \partial T} = \frac{1}{4}$ 与 $\frac{\partial^2 \mathrm{VS}_i}{\partial \tau_i \partial T} = -\frac{1}{4}$ 相互抵消，即贸易成本的下降对下游国通过降低环境税以提高水平净贸易剩余的动机，与通过提高环境税增加纵向租金获取动机的影响大小相同且相互抵消，因此贸易自由化对均衡环境政策的影响由 $\frac{\partial^2 U_i}{\partial \tau_i \partial T} = -\frac{1}{36} < 0$ 决定。也就是说，随着贸易成本 T 的下降，下游国将提高均衡环境税。这是因为贸易成本的下降促进了下游厂商之间的竞争，下游国国内产品供给不足问题不严重，政府降低环境税的必要性下降。

由公式 8.39、8.40、8.41、8.42 可知，由于 $\frac{\partial^2 U_i}{\partial t_i \partial T} = -\frac{1}{24} < 0$ 与 $\frac{\partial^2 \mathrm{VS}_i}{\partial t_i \partial T} = \frac{1}{24} > 0$ 相互抵消，即贸易成本的下降对下游国通过降低环境税提高消费者福利的动机，与通过提高环境税增加纵向租金获取动机的影响大小相同且相互抵消，因此贸易自由化对均衡进口关税的影响由 $\frac{\partial^2 \mathrm{HS}_i}{\partial t_i \partial T} = -\frac{17}{72} < 0$ 决定。也就是说，随着贸易成本 T 的下降，下游国将提高均衡进口关税。随着贸易成本的下降，下游国厂商通过扩大出口量以转移竞争国租金变得更加容易，这时，下游国提高进口关税以抑制对手产品大量涌入国内，从而提高水平净贸易剩余的动机增强。

与命题 1 的结论相反，Walz and Wellisch(1997)、Tanguay(2001)与 Fujiwara(2011)均发现贸易自由化会导致产生更低的环境税。其中，Walz and Wellisch(1997)、Tanguay(2001)认为，更低的环境税成为限制贸易政策后(对

使用出口退税或进口关税政策的限制或禁止)转移外国租金的替代性选择。Fujiwara(2011)的模型设定与本书最为接近,他研究了贸易成本下降对环境税和进口关税的影响,发现随着贸易成本的下降,出口国通过降低环境税以转移竞争国租金的动机占优。通过命题1发现,由于上游国厂商对两下游国采取歧视性定价,下游国一方面通过降低环境税以将租金从其他下游国转移过来,另一方面却被上游国抽取租金,使得贸易成本下降对两相反效应的影响正好抵消,最终,贸易成本变动对下游国环境政策的影响只取决于消费者效用动机,且随着贸易成本的下降,均衡环境税增加。

此外,本书还发现在上游进行歧视性定价模式下,下游国的环境税与进口关税调整在贸易自由化进程中所执行的作用也有区别。根据分析,随着两下游国市场整合程度的提高(贸易成本下降),市场不完美问题会得到缓解,降低环境税以提高消费者效用的动机会减弱,均衡环境税会提高;同时,下游国市场的进一步整合也加强了下游国提高进口关税以增加水平净贸易剩余的动机,均衡进口关税提高。而在 Fujiwara(2011)一文中,由于无需担忧鼓励本国厂商的生产和出口会造成本国所赚得的大量利润被上游厂商通过歧视性定价所抽取,这就使得环境税与进口关税均在租金转移动机上占优于提高消费者效用动机,因而得到贸易成本的减少会带来更低环境税和更高进口关税的结论。

(2)贸易自由化对下游出口国社会福利水平的影响

为了探讨贸易自由化对下游国社会福利水平的影响,需要先求得使最终产品贸易量为零的最大贸易成本值。将公式8.16、8.17所得之均衡贸易与环境政策代入公式8.13或8.15得:

$$y_h^* = y_f^* = \frac{2}{19}(4a - 4c - 4d - 43T)$$

当出口 y_i^* 为零时,最大的贸易成本为:

$$\bar{T} = \frac{4}{43}(a - c - d) \qquad (8.43)$$

类似地,将公式8.16、8.17所得之均衡贸易与环境政策代入下游国社会福利函数中,可得:

$$\bar{W}(T) = \frac{14182}{1083}(a^2 + c^2 + d^2 - 2ac - 2ad + 2cd)$$

$$-\frac{2377}{2166}(a-c-d)T + \frac{13879T^2}{3249} \quad (8.44)$$

为了得到贸易成本为零以及为最大值 $\bar{T}$ 时的社会福利值，将 $T=0$ 以及 $T=\bar{T}$ 代入公式 8.44，可得：

$$W(T=0) = \frac{14182}{1083}(a^2+c^2+d^2-2ac-2ad+2cd)$$

$$W(T=\bar{T}) = \frac{14182}{1083}(a^2+c^2+d^2-2ac-2ad+2cd) - \frac{195601}{279414}(a-c-d)^2$$

因此，总有以下关系式：$W(T=0) > W(T=\bar{T})$。

为了得到更加一般的结论，对公式 8.44 取一阶导、二阶导可得：

$$\bar{W}''(T) = \frac{13879}{3249} > 0, \quad \bar{W}'(T) = -\frac{2377}{2166}(a-c-d) + \frac{27758T}{3249} \quad (8.45)$$

命题 2：在上游国采取歧视性定价模式下，尽管下游国社会福利函数为贸易成本 T 的凸函数（$\bar{W}''(T) > 0$），但贸易自由化（贸易成本的下降）会提高两下游国社会福利水平，即 $\bar{W}'(T) > 0$。

以上命题的结论容易得到证明。由公式 8.45 可知，当 $T > \frac{2574291}{20041276}(a-c-d)$ 时，$\bar{W}'(T) > 0$；当 $T < \frac{2574291}{20041276}(a-c-d)$ 时，$\bar{W}'(T) < 0$。而由公式 8.43 可知，$T < \frac{4}{43}(a-c-d)$，而 $\frac{4}{43}(a-c-d) < \frac{2574291}{20041276}(a-c-d)$，因此，在上游国进行歧视性定价下，总有以下关系式：$\bar{W}'(T) < 0$。

与 Fujiwara（2010，2011）的分析类似，这里贸易成本造成的福利损失（或资源浪费）Ty_i^* 为贸易成本 T 的倒 U 形函数。在不考虑贸易成本 T 的上限 $\bar{T}$ 时，若初始贸易成本较大，则贸易自由化（贸易成本的边际减小）将导致贸易成本造成的福利损失额增加，并且该福利损失程度占优于由市场竞争程度提高带来的福利增加值，因此，下游国社会福利将下降；当初始贸易成本较小时，贸易自由化（贸易成本的下降）通过促进两下游国之间的产品竞争程度所带来的福利增加值占优于污染损害等造成的福利下降程度，从而使得下游国福利增加。

然而，贸易成本的取值并非无限大，为了满足两国相互贸易量不至于出现负值,贸易成本最大不超过 $\bar{T}=\frac{4}{43}(a-c-d)$。在满足 $T \leqslant \bar{T}$ 的条件下,贸易自由化促进下游国竞争带来的福利增加趋势,总是占优于其他福利损失趋势(贸易成本带来的福利损失以及污染损害等),于是,贸易自由化总会提高下游国社会福利水平。

命题 2 所显示的结论,与 Walz and Wellisch(1997)、Burguet and Sempere(2003)的结论相同,与 Tanguay(2001)的结论相反。在 Walz and Wellisch(1997)的"三国两厂"模型中,两出口国在第三国产品市场的过度产量竞争会使竞争双方陷入"囚徒困境",而贸易自由化(出口补贴逐步受到限制)会缓解两出口国厂商的过度竞争,提高各国出口厂商利润,从而增加各国社会福利水平。Burguet and Sempere(2003)在两国相互倾销模型中,发现如果政府环境政策采取的是环境税这一政策工具,则双边关税壁垒的下降总是可以促进竞争,从而提高各国社会福利水平。Walz and Wellisch(1997)并没有考虑出口国国内消费问题,促进竞争的出口补贴政策对出口国而言反而有害,而本书与 Burguet and Sempere(2003)均考虑了出口国国内的消费问题,并且发现促进竞争有利于提高(下游)出口国社会福利水平。

在与 Fujiwara(2011)一文的比较上,尽管本书在考虑上游国歧视性定价模式时发现了与其相同的结论,即下游国福利函数为贸易成本 T 的凸函数(U 形函数),但有趣的是,Fujiwara(2011)同时发现贸易自由化(贸易成本的下降)对社会福利的影响并不确定,其影响方向主要取决于污染损害系数的大小,这与命题 2 发现贸易自由化总能促进下游国社会福利水平的结论存在明显冲突。造成该冲突的原因为,在歧视性定价模式下,面对上游厂商的利润抽取,下游国会利用贸易与环境政策组合减少对本国厂商的补贴(或增加对本国厂商的征税),提高中间产品需求弹性,以便减少上游国对本国的租金攫取,这种做法势必造成最终产品产量过低,最终产品价格大大高于产品的社会成本。于是,贸易成本的降低会促进下游国之间的竞争,以缓解最终产品的市场供给不足问题,从而提高下游国社会福利水平。

二、上游进行统一定价模式的情况

(1) 贸易自由化对贸易和环境政策的影响

分别将通过公式 8.29、8.30 得到的均衡贸易和环境政策对贸易成本 T 求导，得到：

$$\frac{\partial \tau_i^U}{\partial T} = -\frac{63}{372} < 0, \quad \frac{\partial t_i^U}{\partial T} = -\frac{19}{62} < 0 \qquad (8.46)$$

由上述结果，可以得到如下命题：

命题 3：在上游国进行统一定价模式下，贸易自由化（贸易成本的降低）会同时提高两下游国的均衡环境税与进口关税。

结合命题 1 与命题 3 可知，贸易自由化对下游国贸易与环境政策的影响方向，不会由于上游国定价模式的改变而变动。为了进一步理解命题 3 所蕴涵的影响机制，同样地，对两下游国的社会福利函数作出如下分解：

$$U_i = \frac{(4a - 4c - 6\tau_i - 6\tau_j - 5t_i - t_j - 6T)(20a + 4c + 6\tau_i + 6\tau_j + 5t_i + t_j + 6T)}{288} \qquad (8.47)$$

$$\mathrm{HS}_i = \frac{8a + 4c + 6\tau_i + 6\tau_j + t_i - 7t_j - 6T}{12} \cdot \frac{4a - 4c - 18\tau_i + 6\tau_j - t_i - 17t_j - 18T}{24}$$

$$- \frac{8a + 4c + 6\tau_i + 6\tau_j - 7t_i + t_j + 6T}{12}$$

$$\cdot \frac{4a - 4c + 6\tau_i - 18\tau_j - 17t_i - t_j - 18T}{24} \qquad (8.48)$$

$$\mathrm{VS}_i = -\frac{4(a+c) - 2\tau_i - 2\tau_j - t_i - t_j - 2T}{8}$$

$$\cdot \frac{4a - 4c - 18\tau_i + 6\tau_j + 3t_i - 9t_j - 6T}{12} \qquad (8.49)$$

$$D_i = d \frac{4a - 4c - 18\tau_i + 6\tau_j + 3t_i - 9t_j - 6T}{12} \qquad (8.50)$$

将公式 8.47、8.48、8.49、8.50 分别对环境税与进口关税求偏导，可得：

$$\frac{\partial U_i}{\partial \tau_i} = -\frac{16a + 8c + 12\tau_i + 12\tau_j + 10t_i + 2t_j + 12T}{48} < 0$$

$$\frac{\partial U_i}{\partial t_i} = -\frac{5(8a + 4c + 6\tau_i + 6\tau_j + 5t_i + t_j + 6T)}{144} < 0 \qquad (8.51)$$

$$\frac{\partial \mathrm{HS}_i}{\partial \tau_i} = \frac{-8a - 4c - 12\tau_i + 5t_i + t_j + 3T}{12} < 0$$

$$\frac{\partial HS_i}{\partial t_i} = \frac{40a + 8c + 30\tau_i - 60t_i - 9T}{72} > 0 \qquad (8.52)$$

$$\frac{\partial VS_i}{\partial \tau_i} = \frac{20a + 16c - 18\tau_i - 6\tau_j - 3t_i - 9t_j - 12T}{24} > 0 \qquad (8.53)$$

$$\frac{\partial VS_i}{\partial t_i} = \frac{-8a - 16c - 12\tau_i + 12\tau_j + 6t_i - 6t_j}{96} < 0$$

$$\frac{\partial D_i}{\partial \tau_i} = -\frac{3}{2}d < 0, \quad \frac{\partial D_i}{\partial t_i} = \frac{1}{4}d > 0 \qquad (8.54)$$

公式 8.51、8.52、8.53、8.54 所得结论与歧视性定价模式下公式 8.35、8.36、8.37、8.38 所得结论类似，降低环境税或进口关税可增加消费者效用；降低环境税或提高进口关税可增加水平净贸易剩余；提高环境税或降低进口关税可增加纵向净贸易剩余；提高环境税或降低进口关税可减少环境损害。

为了进一步分析贸易成本下降对环境税和进口关税的影响，将以上各式对 T 求偏导得：

$$\frac{\partial^2 U_i}{\partial \tau_i \partial T} = -\frac{1}{4} < 0, \quad \frac{\partial^2 U_i}{\partial t_i \partial T} = -\frac{5}{36} < 0 \qquad (8.55)$$

$$\frac{\partial^2 HS_i}{\partial \tau_i \partial T} = \frac{1}{4} > 0, \quad \frac{\partial^2 HS_i}{\partial t_i \partial T} = -\frac{1}{8} < 0 \qquad (8.56)$$

$$\frac{\partial^2 VS_i}{\partial \tau_i \partial T} = -\frac{1}{2} < 0, \quad \frac{\partial^2 VS_i}{\partial t_i \partial T} = 0 \qquad (8.57)$$

$$\frac{\partial^2 D_i}{\partial \tau_i \partial T} = \frac{\partial^2 D_i}{\partial t_i \partial T} = 0 \qquad (8.58)$$

公式 8.55、8.56、8.58 所得结论与歧视性定价模式下由公式 8.39、8.40、8.42 所得结论类似，贸易成本越低，降低环境税或进口关税以提高消费者效用的动机越小；贸易成本越低，两下游国越容易通过扩大出口量以转移竞争国的租金，下游国越有激励降低本国环境税或提高进口关税；贸易成本的变动，对下游国征收环境税或进口关税以转移环境污染的动机无关。

就公式 8.57 而言，贸易成本越低，下游国通过提高国内环境税以攫取上游厂商租金、提高纵向净贸易剩余的动机越强，这一点与歧视性定价模式下由公式 8.41 得出的结论相同。不同的是，在统一定价模式下，贸易成本的下降对下游国通过降低进口关税以攫取上游厂商租金、提高纵向净贸易剩余的动机无影响。这一不同之处产生的原因在于,统一定价模式下下游国的政策变动相比歧视性定价模式而言具有"溢出效应",本国通过降低进口关税以促进其他下游国增加出口、提高产量的同时,下游竞争国对中间产品需求的增加会提高上游国对中间产品的统一出口价格,这一影响反过来使得本国会被上游国抽取更多租金,其纵向净贸易剩余将减少。因此,由于统一定价模式下下游国之间政策变动"溢出效应"的存在,使得在贸易成本下降的过程中,下游国通过降低进口关税以获取更大的纵向净贸易剩余的动机消失。

在贸易成本下降对环境税的影响方面,由公式 8.55、8.56、8.57、8.58 可知,由于 $\frac{\partial^2 U_i}{\partial \tau_i \partial T} = -\frac{1}{4}$ 与 $\frac{\partial^2 HS_i}{\partial \tau_i \partial T} = \frac{1}{4}$ 相互抵消,即贸易成本的下降对下游国通过降低环境税以提高水平净贸易剩余的动机,与通过提高环境税增加消费者效用的动机的影响大小相同且相互抵消,因此贸易自由化对均衡环境政策的影响由 $\frac{\partial^2 VS_i}{\partial \tau_i \partial T} = -\frac{1}{2}$ 决定。也就是说,随着贸易成本 T 的下降,下游国将提高均衡环境税。这是因为贸易成本的下降促进了下游国厂商之间的竞争,为了降低本国中间产品需求以获取更大的纵向净贸易剩余,政府有必要提高环境税。

在贸易成本下降对进口关税的影响方面,由公式 8.55、8.56、8.57、8.58 可知,由于 $\frac{\partial^2 VS_i}{\partial t_i \partial T} = 0$、$\frac{\partial^2 D_i}{\partial t_i \partial T} = 0$,因此贸易自由化对均衡环境政策的影响由 $\frac{\partial^2 U_i}{\partial t_i \partial T} = -\frac{5}{36}$、$\frac{\partial^2 HS_i}{\partial t_i \partial T} = -\frac{1}{8}$ 的综合影响决定。显然,随着贸易成本的下降,下游国由于市场不完美性的逐渐矫正而需要提高进口关税的程度,占优于下游国为获取更高水平净贸易剩余而需要降低进口关税的程度。也就是说,随着贸易成本 T 的下降,下游国将提高进口关税水平。

由于命题 3 与命题 1 所得结论相同,因此这里不再进行文献比较。尽管命题 3 与命题 1 均发现,无论上游国厂商采取歧视性还是统一定价模式,贸易自由化总会同时提高下游国的环境税和进口关税,但在不同定价模式下,环境税与进口关税在贸易自由化进程中的调整机制存在显著差异。上游歧视性定价模式下,下游国提高环境税主要出于减少对国内市场不完美性的矫正动机,而上游统一定价模式下则主要出于减少上游国厂商的利润抽取,以增加本国纵向净贸易剩余的动机;上游歧视性定价模式下,下游国增加进口关税,出于转移其他下游国租金以增加本国水平净贸易剩余的动机,而在上游统一定价模式下,下游国提高进口关税,则主要出于减少对国内市场不完美性的矫正动机。

(2) 贸易自由化对社会福利水平的影响

与上文类似,在探讨贸易自由化对下游国社会福利水平的影响之前,需要先求得使最终产品贸易量为零的最大贸易成本值。将公式 8.29、8.30 所得之均衡贸易与环境政策代入公式 8.25 或 8.27 得:

$$y_i^* = \frac{12}{31}(4a - 4c - 6d - 27T) \tag{8.59}$$

令出口 y_i^* 为零,则最大的贸易成本为:

$$\overline{T} = \frac{2}{27}(2a - 2c - 3d) \tag{8.60}$$

将公式 8.29、8.30 所得之均衡贸易与环境政策代入下游国社会福利函数中,可得:

$$\overline{W}(T) = \frac{48256}{961}a^2 + \frac{48256}{961}c^2 - \frac{22554}{961}d^2 - \frac{96512ac}{961} - \frac{57348ad}{961} + \frac{57348cd}{961}$$

$$+ \left[\frac{214369d}{1922} + \frac{26673c}{1922} - \frac{26673a}{1922}\right]T - \frac{295835T^2}{92256} \tag{8.61}$$

为了得到贸易成本为零以及为最大值 $\overline{T}$ 时的社会福利值,将 $T=0$ 以及 $T=\overline{T}$ 代入公式 8.61,可得:

$$\overline{W}(T=0) = \frac{48256}{961}a^2 + \frac{48256}{961}c^2 - \frac{22554}{961}d^2 - \frac{96512ac}{961} - \frac{57348ad}{961} + \frac{57348cd}{961}$$

$$\tag{8.62}$$

$$\overline{W}(T=\overline{T}) = \frac{48256}{961}a^2 + \frac{48256}{961}c^2 - \frac{22554}{961}d^2 - \frac{96512ac}{961} - \frac{57348ad}{961}$$

$$+ \frac{57348cd}{961} + \left[\frac{214369d}{1922} + \frac{26673c}{1922} - \frac{26673a}{1922}\right]\frac{2}{27}(2a - 2c - 3d)$$

$$- \frac{295835}{92256}\left[\frac{2}{27}(2a - 2c - 3d)\right]^2 \tag{8.63}$$

比较公式 8.62 与 8.63 可知,当 $d > \frac{17875774}{139798617}(a-c)$ 时,$\overline{W}(T=\overline{T}) >$

$\overline{W}(T=0)$；当 $d < \dfrac{17875774}{139798617}(a-c)$ 时，$\overline{W}(T=0) > \overline{W}(T=\overline{T})$。

为了得到更加一般的结论，对公式 8.61 取一阶导、二阶导可得：

$$\overline{W}'(T) = -\dfrac{26673a}{1922} + \dfrac{26673c}{1922} + \dfrac{214369d}{1922} - \dfrac{295835T}{46128}, \quad \overline{W}''(T) = -\dfrac{295835}{46128} < 0$$
(8.64)

将 $T=0$ 代入公式 8.64 中可得：

$$\overline{W}'(T=0) = -\dfrac{26673a}{1922} + \dfrac{26673c}{1922} + \dfrac{214369d}{1922}$$
(8.65)

由公式 8.65 可知，当 $d > \dfrac{26673}{214369}(a-c)$ 时，$\overline{W}'(0) > 0$；当 $d < \dfrac{26673}{214369}(a-c)$ 时，$\overline{W}'(0) < 0$。

将 $T=\overline{T}$ 代入公式 8.64 中可得：

$$\overline{W}'(T=\overline{T}) = -\dfrac{26673a}{1922} + \dfrac{26673c}{1922} + \dfrac{214369d}{1922} - \dfrac{295835}{622728}(2a-2c-3d)$$
(8.66)

由公式 8.66 可知，当 $d > \dfrac{9233722}{70343061}(a-c)$ 时，$\overline{W}'(\overline{T}) > 0$；当 $d < \dfrac{9233722}{70343061}(a-c)$ 时，$\overline{W}'(\overline{T}) < 0$。

注意存在以下关系式：

$$\dfrac{26673}{214369}(a-c) < \dfrac{17875774}{139798617}(a-c) < \dfrac{9233722}{70343061}(a-c)$$

由此得出如下命题：

命题 4：在上游国采取统一定价模式下，下游国社会福利函数为贸易成本的凹函数，贸易自由化对社会福利水平的影响主要取决于污染损害系数的大小，共分如下四种情况：

情况 1，当 $d < \dfrac{26673}{214369}(a-c)$ 时，$\overline{W}(0) > \overline{W}(\overline{T})$，$\overline{W}'(0) < 0$，$\overline{W}'(\overline{T}) < 0$，该情况下贸易自由化总会增加下游国社会福利水平；

情况 2，当 $\dfrac{26673}{214369}(a-c) < d < \dfrac{17875774}{139798617}(a-c)$ 时，$\overline{W}(0) > \overline{W}(\overline{T})$，

$\overline{W}'(0) > 0$，$\overline{W}'(\overline{T}) < 0$，该情况下贸易自由化对下游国社会福利水平的影响为先递增后递减；

情况 3，当 $\frac{17875774}{139798617}(a-c) < d < \frac{9233722}{70343061}(a-c)$ 时，$\overline{W}(\overline{T}) > \overline{W}(0)$，$\overline{W}'(0) > 0$，$\overline{W}'(\overline{T}) < 0$，该情况下贸易自由化对下游国社会福利水平的影响为先递增后递减；

情况 4，当 $d > \frac{9233722}{70343061}(a-c)$ 时，$\overline{W}(\overline{T}) > \overline{W}(0)$，$\overline{W}'(0) > 0$，$\overline{W}'(\overline{T}) > 0$，该情况下贸易自由化总会降低下游国社会福利水平。

在不考虑贸易成本取值范围的前提下，当初始贸易成本较大时，则贸易自由化通过促进下游市场充分竞争从而改善社会福利水平占优；当贸易成本较小时，则贸易自由化因产量过多而造成环境损害的影响占优，这样，贸易自由化会先提高社会福利水平，然后降低社会福利水平。与上游歧视性定价模式不同，尽管这里也存在因付出贸易成本而造成的资源浪费和福利损失，但该影响并不占优。

在情况 1 下，污染损害系数很小，贸易成本减少带来的促进竞争影响占优于污染损害影响，贸易自由化总会带来下游国社会福利的增加；在情况 2 下，污染损害系数较小，尽管随着贸易成本的下降，产量扩张带来的污染损害影响会逐渐占优，但自由贸易($T=0$)状况下的社会福利水平仍然高于封闭型经济状况下($T=\overline{T}$)的社会福利水平；在情况 3 下，污染损害系数较大，贸易自由化会使得下游国社会福利水平先提高后降低，这一点与情况 2 相同，不同的是，由于产量扩张带来的污染损害加大，封闭型经济状况下的社会福利水平高于自由贸易状况下的社会福利水平；在情况 4 下，污染损害系数很大，产量扩张带来的污染损害影响占优，贸易自由化总会造成社会福利水平的降低，自由贸易状况下的社会福利水平低于封闭经济状况下的社会福利水平。

在上游国进行统一定价模式下，命题 4 发现下游国社会福利函数为贸易成本的凹函数，这一结果与 Fujiwara(2010, 2011)所得结论相反，但命题 4 同时也发现了与 Fujiwara(2010, 2011)类似的结果，即贸易自由化(贸易成本下降)对下游国社会福利水平的影响不确定，需要视污染损害系数的大小而定，而这一共同发现却与命题2得出的贸易自由化对下游国社会福利水平的影响与污染损害系数无关的结论相区别。另外，尽管邢斐、何欢浪（2011）在纵向关联市场框架下同样可以得到贸易自由化对社会福利水平的影响呈现倒U形函数（凹函数）的结果，但他们分析的是进口关税下降的贸易自由化形式，没有考察非关税的贸易成本下降情况。

最后，结合命题2和命题4，可以直接得到如下命题：

命题5：当上游国采取歧视性定价模式下，两下游国总有激励就减少双边贸易成本问题达成贸易协议，而当上游国采取统一定价模式下，两下游国并非总有激励减少双边非关税贸易壁垒。

根据命题2，上游国采取歧视性定价模式下，贸易自由化总能提高下游国的社会福利水平，因此，下游国总有意愿达成贸易协议，减少双边非关税壁垒；根据命题4，上游国采取统一定价模式下，只有当环境损害系数很小时，贸易自由化才总会提高下游国的社会福利水平，否则贸易自由化反而有可能损害下游国的社会福祉，因此，下游国并非总有意愿就减少双边贸易成本展开对话和协商。

第六节 结论与政策建议

通过在Fujiwara（2011）模型基础上引入一个上游中间产品出口国，本书发现：无论上游中间产品厂商采取何种定价模式，贸易自由化（非关税贸易成本下降）均会提高下游国的环境税和进口关税，但不同定价模式下贸易自由化对下游国社会福利水平的影响并不相同。在上游国采取歧视性定价模式下，下游国社会福利函数为贸易成本的凸函数，贸易自由化总能提高下游国的社会福利水平；在上游国采取统一定价模式下，下游国社会福利函数为贸易成本的凹函数，贸易自由化对社会福利水平的影响不确定，其影响趋势取决于污染损害系数的大小。

以上结论也表明，在上游国采用歧视性定价模式下，下游国总有激励参与旨在整合各国市场的贸易对话与协议，而在上游国采用统一定价模式下，虽有助于减少上游厂商的利润抽取额并扩大最终产品产量，但下游各国反而可能会降低参与双边贸易自由化进程的意愿。此外，尽管我们在上游国统一定价模式下发现了与 Fujiwara(2011)类似的结论,即贸易自由化对社会福利水平的影响趋势决定于污染损害系数的大小,但同时也发现在歧视性定价模式下贸易自由化(贸易成本的下降)对社会福利水平的影响趋势是递增的,并不由污染损害系数大小决定,该结果只在考虑除了非关税壁垒下降以外的其他贸易自由化形式(例如,进口关税下降或出口补贴减少)的研究中发现过(Walz and Wellisch,1997;Burguet and Sempere,2003),而在之前考虑非关税壁垒贸易自由化(贸易成本的下降)形式的文献中却无法成立(Fujiwara,2010;Fujiwara,2011)。

就实际意义而言,本研究的理论分析和结论对于指导现实中的贸易和环境政策问题具有一定的参考价值。例如,对于中欧钢铁贸易而言,贸易双方生产的钢铁产品均在两国(或地区)销售,且生产所必需的铁矿石(上游投入品)均需从国际三大厂商垄断联盟处进口,而铁矿石生产厂商对贸易双方的钢铁生产厂商采取歧视性定价,钢铁在生产过程中存在环境污染,[①] 这些典型事实基本符合本书之模型设定。按照命题 2 或命题 5 所揭示的,在上游歧视性定价模式下,减少彼此的贸易壁垒有利于提高两下游国的社会福利水平,因此,中国与欧盟均有意愿积极推动双边钢铁产品的贸易自由化进程。然而现实情况却是,欧盟在 2008 年上半年仅仅 5 个月的时间内,对中国主要钢铁产品就发起了四项反倾销调查,显然,这一现实事件与本书之理论预测之间产生了严重冲突。本书认为,理论与现实出现矛盾的关键是,中国并未按照本书分析的那样利用政策组合影响国内钢铁企业的生产和出口决策,引导其正确应对上游铁矿石垄断联盟的纵向租金抽取和欧盟钢铁厂商的横向产量竞争,而是长期给予钢铁企业出口退税等一系列优惠政策。

其理由为,根据前述理论分析,在上游铁矿石厂商采取歧视性定价模式下,中国与欧盟都应该采取相应政策组合抑制本国或地区的钢铁生产和出口量,减少对铁矿石的引致性进口需求,进而降低上游铁矿石厂商的利润抽取

[①] 2007 年 4 月底国务院召开的钢铁工业关停和淘汰落后产能工作会议和 2010 年 6 月初《节能减排综合性工作方案》的出台,清楚地表明中央政府已经认识到钢铁业对环境破坏所造成的严峻问题。

额。① 然而在现实中,中国给予本国钢铁厂商的优惠政策会造成其对上游国厂商的租金抽取不敏感,从而在客观上鼓励了国内钢铁生产和出口规模的盲目扩大。这一后果不仅可助长上游铁矿石厂商利用歧视性定价政策赚取中国钢铁企业的绝大部分利润,同时也在充分满足欧盟钢铁消费者利益的同时,严重损害欧盟钢铁企业的利益。② 要想解决或缓解这些矛盾,中国应取消钢铁行业的出口优惠政策,③ 转而实施包含征收环境税在内的一系列政策组合,④ 这不仅可以减少国际铁矿石厂商的租金抽取额,维护中国钢铁企业和国家的经济利益,也可以减少与欧盟不必要的贸易摩擦,甚至能够转而推动中欧双方旨在加强双方市场整合的贸易谈判和对话。⑤

需要指出的是,出于模型的复杂性以及为了保证模型的可解性,本书假定最终产品的需求函数以及污染损害函数为线性形式,改变这些假定对本书结论的稳健性带来何种影响值得今后进一步研究,当然本书重点分析的影响机制在今后的研究中也应存在并且将会是重要的。最后,本书只考虑了线性定价策略,而没有考虑非线性定价策略,这些工作也留待后续研究中探讨。

---

① 从理论上讲,在下游国政府的最优政策选择下,下游国厂商的生产和出口相对不足,以至于减少双边贸易壁垒可以扩大最终产品的生产、出口和消费,从而提高下游国双方福利。详情可见命题2的分析。

② 这也解释了为什么近年来中国钢铁行业呼吁国际铁矿石生产厂商改变定价模式,但国际铁矿石厂商却置若罔闻的重要原因。

③ 财政部和国家税务总局已于2010年6月22日联合下发《关于取消部分商品出口退税的通知》,明确从当年7月15日开始取消部分钢材产品的出口退税。当然,从我们的分析中可以发现,面对国际上游国厂商的歧视性定价,仅仅取消出口鼓励政策还不够,还需要通过征收环境税等措施合理地减少出口量。

④ 本书主要讨论了同时征收环境税和进口关税的情况,而在本书的理论模型设定中,对生产排污征收环境税与对最终产品产出征税的政策效果是等价的,因此,在现实中即使采取其他类型的限制性政策,也可以收到近似的政策效果。例如,中国钢铁行业产能严重过剩的背景下,若中国对钢铁生产厂商的产能采取限制性政策,可以在较大程度上替代本书所提及的征收环境税所能发挥的作用。

⑤ 中国钢铁厂商与欧盟钢铁厂商的生产技术有差别,导致生产成本会有差异。但这一差异不会改变贸易自由化对社会福利水平影响的大致趋势。因此,这里有关上游歧视性定价模式下中欧钢铁贸易的讨论是具有稳健性的。

第九章

大国自然资源节约与综合利用

第一节 引 言

绝大多数自然资源作为不可再生能源，具有可耗竭性的特点，过去几十年，人类一直延续着资源大量开采，产品大量生产、大量消费和大量浪费的经济发展模式，这一模式已经被证明是不具备可持续发展能力的。① 迟早，自然资源将成为经济发展中的一个硬约束，因此自然资源的节约和综合利用就变得日益迫切。

关于资源节约与综合利用，西方发达国家走在了前面，特别是美国、日本和德国，本书通过对以美国、日本和德国为代表的发达国家在资源节约与综合利用方面的政策的研究，为中国的资源节约与综合利用提供借鉴，更好地指导中国资源节约与综合利用，使之充分融入社会主义科学发展观中去，更好地实践循环经济理念，归根结底达到统筹经济社会发展、人与自然和谐发展等目的。发达国家在循环经济和可持续发展的理论基础上，对资源节约和综合利用提出了相当丰富的政策建议，这些政策总的来说可以分为两种类型：约束型政策和激励型政策。约束型政策主要是通过国家订立各种法律、法规以及相关的规章制度约束企业、家庭、个人以及政府，促进资源节约和

---

① 《增长的极限》一书对各类自然资源可以使用的年限有过详细的说明，尽管很多自然资源并未像书中所述那样已经枯竭，但是本书确实让人们重新认识和重视起自然资源。

综合利用；激励型政策则不同，它包括正激励和负激励，通过奖励和惩罚的形式来引导和规范行为者的行为，以达到资源节约和综合利用的目的，主要包括税收政策、政府采购政策、公共财政政策等。除上述两类政策之外，西方国家还注重利用中介组织的力量来节约资源和综合利用资源。不同国家的政策体系有一定差异，下面主要就日本、德国和美国在资源节约和综合利用方面的做法作一个简要的介绍和评述。

第二节 约束型政策——立法

随着世界范围内资源短缺和环境恶化的加剧，人们的环境保护意识逐步加强，纷纷探索有利于环境保护和经济发展的新的经济发展模式。20 世纪 90 年代以来，发展循环经济成为国际社会的主流。当今世界，许多国家尤其是发达国家纷纷将循环经济纳入法制轨道，以立法的形式将循环经济这种先进的经济发展模式确定下来，从而使资源节约和综合利用的实现有了法制保障，其中以日本、德国和美国的立法成就最为显著。

一、日本

日本采用的是自上而下的立法模式，即以《循环型社会形成推进基本法》作为基本法，在该法指导下建立了各领域循环经济的法律法规。其具体立法可以分为三个层面：基本法、综合法和专项法。这些法律法规集中体现了"三个要素和一个目标"，即减少废弃物、旧物品再利用和资源再利用以及最终实现建立循环型社会的目标。具体立法如下表所示：

表9.1 日本资源节约与循环利用的相关法律

层次	年份	法律名称
第一层：基本法	1993	《环境基本法》
	2000	《循环型社会形成推进基本法》
第二层：综合法	1970	《固体废弃物处理和公共清洁法》
	1991	《资源有效利用促进法》

(续表)

层次	年份	法律名称
第三层：专项法	1995	《容器包装分类回收及再生利用促进法》
	1998	《特定家用电器再生利用法》
	2000	《食品资源再生利用促进法》《绿色采购法》《建筑材料再生利用法》
	2001	《多氯联苯废弃物妥善处理特别措施法》
	2002	《报废汽车再生利用法》

除以上直接与资源节约和环保相关的法律外，日本还制定了《环境影响评价法》《二恶英对策法》等辅助类法律，通过法律形式明确资源相关方责任和义务：（1）国家方：国家有责任制定和组织实施基本政策，公布相关信息，并提供技术援助和财政支持。（2）地方政府：明确资源节约和综合利用中政府的职能，加强对企业的监督和惩罚。地方自治体市镇村作为基层行政单位，有义务将保持环境清洁作为一项必须提供的公共服务。（3）企业：生产者有责任对产品进行改良设计，减少废弃物的产生并使之易于回收利用，且要承担合理的回收处理费用。即对产品从生产到最终处理的全过程负责。（4）公众团体和消费者：民间团体须对政府和企业的回收工作给予配合，依据政策、法规组织实施资源回收；消费者即废弃物的排放者有义务密封垃圾、分类排放、按规定付费并且不非法投弃等。这样一来，建立起资源回收和综合利用的三条途径：行政收集、集团回收以及直接搬运。

二、德国

德国资源节约和综合利用法律通常先对专门领域立法，然后制定统一规范的综合性法律。它的优点在于，先在个别专门领域进行立法实践，然后在立法实践中对个别专门领域所存在的问题予以及时有效的解决，待以个别领域的立法实践为基础形成成熟的立法经验和立法理论后，再制定综合性法律。德国资源节约和综合利用的法律体系可划分为法律、条例和指南三个方面，具体如表9.2所示：

表 9.2 德国资源节约与循环利用的相关法律

年份	法律名称
1972	《废弃物限制和废弃物处置法》
1974	《控制大气排放法》
1976	《控制水污染排放法》
1978	《"蓝色天使"计划》
1983	《控制燃烧污染法》
1984	《废弃物管理法》
1986	《废弃物限制和废弃物处置法》（成立德国联邦环境保护部和各州环保局，对该法进行修订）
1991	《避免和回收包装品条例》《包装品条例》
1994	《循环经济与废物管理法》（循环经济代表性法律）(制定)
1996	《循环经济与废物管理法》(实施)
1998	《包装法令》《生物废弃物条例》
1999	《垃圾法》《联邦水土保持与旧废弃物法令》
2000	《可再生能源促进法》
2001	《社区垃圾合乎环保置及垃圾处理法令》《废弃电池条例》《废车限制条例》
2002	《生态税改革法》《森林繁殖材料法》《废弃木材处置条例》（持续推动）
2004	《可再生能源修订法》
2005	《电子电器法》《包装条例第三修正案》《电子电器法之费用条例》《垃圾堆放评估条例》《巴塞尔协定之附件第二修正案》《垃圾运送法修正案》《解散与清理垃圾回收支援基金会法》
2006	《包装条例第四修正案》《废车条例第一修正案》《欧洲议会、议院关于垃圾处理条例(2006) 第 1013 号公报》《依据〈电子及电子器材法〉第 23 章第 1 条第 2、4、8、9 节所规定的主管部门追究和处罚违规情况之条例》《欧盟垃圾处理条例》《简化垃圾监控法》(2007 年 2 月 1 日正式生效)

《循环经济与废物管理法》是德国循环经济法律体系的核心，相当于总的"纲领"，对其他循环经济法律法规起到一定的统领作用，明确规定其立法目的是发展循环经济，保护自然资源，确保废物按照有利于保护环境的方式处理，同时也明确了废弃物产生者、拥有者和处置者担负着维护循环经济发展的最主要责任，并规定了废物管理处置的基本原则和做法。首先，通过源头防控，在生产和消费过程中避免和减少废物的产生，对不能避免产生的废物进行最大限度的再利用；且在处理废物的过程中，不得威胁人类健康、动植

物、水源、土壤等；只有那些不能利用的废物才被容许进行最终的无害化处理。其次，采取污染者负担原则，排污者承担避免或消除环境受损的义务和费用。最后，官民合作，即政府、企业、公民以及社会团体共同参与解决环境问题，共同构建循环型社会。

迄今为止，国有 8000 余部联邦和各州的环境法律和法规，还有欧盟的 400 多个法规在德国也具有法律效力，德国已经形成了一套较为完善的循环经济法律体系。

三、美国

美国在资源节约和综合利用方面的立法较为完善。美国于 1965 年第一次将废弃物的综合利用以法律形式确定下来，1976 年制定了《固体废弃物处置法》，并要求各州制定相应的法律和法规，加强对废弃物的回收利用。1990 年制定了《污染预防法》，后经过多次修改。但目前还没有一部全国实行的循环经济法规或再生循环利用法规。不过自从 80 年代中期俄勒冈、新泽西、罗德岛等州先后制定促进资源再生循环利用法规以来，现在已有半数以上的州先后制定了不同形式的再生循环利用法规。这样，美国发展循环经济的法律任务就主要由《固体废弃物处置法》和《污染预防法》来完成，还有就是美联邦政府和各州政府推行的一些有利于发展循环经济的政策。

美国加州于 1990 年通过了《综合废弃物管理法令》，要求在 2000 年以前，实现 50% 的废弃物可通过源削减和再循环的方式进行处理，未达到要求的城市将被处以每天 1 万美元的行政罚款。美国 7 个以上的州规定，40%—50% 的新闻纸必须使用再生纸。在威斯康星州，塑料容器必须使用 10%—25% 的再生材料。加州规定，玻璃容器必须使用 15%—65% 的再生材料，塑料垃圾袋必须使用 30% 的再生材料等。

20 世纪 90 年代，美国环境保护局针对电池是城市固体废弃物中最大的汞污染源制定了相应的法规，对电池生产过程中的汞含量加以限制。目前，美国出售的普通家用电池均可在用完后与其他垃圾一同处理而不会对环境造成破坏。但对充电电池和汽车使用的铅酸电池，美国政府则要求使用者将其送回汽车修理站或指定的电池零售商店。

美国国会于 1990 年还通过了《净化空气法》，该法禁止在制冷设备的制造、使用、维修和处理过程中排放含有氟氯化碳的制冷剂,并应对氟氯化碳等有害气体进行回收、循环利用等。

为推动资源的回收利用,美国环境保护署1988年宣布用5年时间,使城市垃圾回收利用率达到25%,到2005年,这一指标则要提高到35%。据此,各州纷纷通过立法,对本州居民提出了更严格的要求。例如,纽约州和加利福尼亚州提出要使回收利用率达到50%,新泽西州提出要达到60%,而罗得岛州的目标则高达70%。有些州还制定了对未遵守规定的居民的处罚条令。

表9.3 美国资源节约与循环利用的相关法律

时间	法律名称
1976 年	《资源保持与再生法案》《固体废弃物处置法》
1977 年	《清洁空气法案修正案》《清洁水法案》《露天矿藏开采控制法案》
1978 年	《土壤与水资源保护法案》《环境教育法案》
1980 年	《宏观环境控制法案》
1982 年	《核废料控制法案》
1984 年	《资源保持与再生法案修正案》《环境计划与辅助法案》
1986 年	《饮用水安全法案修正案》
1990 年	《联邦油污染控制法案》《机动车法案修正案》《污染预防法》《清洁空气法案修正案》
1994 年	《有毒材料运输法案修正案》

美国的循环经济立法经过几十年的发展,目前已涉及传统的造纸、炼铁、塑料、橡胶业以及新兴的家用电器、计算机设备、办公设备等产业,虽然仍没有一部全国性的法律法规,但是,各州所制定的各项法规对促进资源节约和综合利用,以及循环型社会的构建起到了至关重要的作用。

四、美、日、德三国的立法模式及其异同点

从上文可看出,三国均通过立法力图将传统"高消耗""高污染""低产出"的经济发展方式转变为循环型发展模式,并且在各个层面上都有促进资源节约和综合利用的具体的法律法规规定,从而把循环经济全面纳入法制化轨道,在立法理念上都体现了可持续发展理念,在立法原则上都体现了3R原则,其宗旨都是为了实现资源的节约和有效利用,实现循环型社会的构建。但由于这些国家在基本国情、立法背景和立法侧重点等方面的不同导致其在资源节约和有效使用方面的立法也存在着不同。

首先,在立法模式上,日本和德国实行的是单行立法模式,而美国实行的是混合立法模式。在单行立法模式下,国家制定和颁布相应的循环经济法律和法规。在日本表现为基本法、综合法和专项法三个层次;在德国表现为法律、条例和指南三个方面。该立法模式将循环经济纳入整个经济生活中,有学者又称其为经济循环型立法模式。而美国在混合立法模式下没有一部全国性的循环经济法律或资源再生利用法律,循环经济只是在其他相关法律法规中有所体现。在这种立法模式下,美国将循环经济仅仅作为环境污染防治的一种方法,因而这种立法模式又称为污染预防性模式。

其次,在法律体系上也不一致。日本是根据其基本国情选择和采用自上而下的立法模式,即先确立基本法,然后再在其指导下建立各个领域循环经济的专项法律法规。德国的循环经济立法体系首先是在个别领域先进行立法实践,在立法实践中对个别专门领域所存在的问题予以及时有效的解决,待以个别领域的立法实践为基础形成成熟的立法经验和立法理论后,再制定综合性法律。而美国则没有全国综合性的法律,表现为在共同的循环经济理念下各州根据需要制定不同形式的再生循环利用的法律法规。

再次,在基本法律制度方面有所不同。日本循环经济基本法律制度包括国家、企业和公众共同分担责任制度,事先评价制度,循序渐进制度,技术研发和普及循环经济知识制度,加强国际合作和开发制度。德国循环经济基本法律制度包括抑制废弃物形成制度、循环名录制度、循环目标制度、循环程序和示范制度、技术指导制度、政府扶持制度、经济刺激制度和专门监督制度。

最后,实际执行情况也不尽相同。美国法律更强调强制性,使得企业用于遵从法律的成本较高;相对而言,欧盟国家更多地采取经济途径促进经济发展和环境保护的协调;日本则由于其特殊的资源环境条件,更重视实际情况,资源节约从源头抓起。

第三节 激励型政策——经济政策

企业是发展循环经济的主体,是资源节约和综合利用政策实施的主体。

立法解决了因外部性和社会整体利益而必须采取的强制性措施问题，但企业必须盈利才能生存，这就要求循环经济的发展必须尊重经济规律，以使资源节约和综合利用成为企业自觉追求的目标。为此，各国政府制定了各种经济和产业政策，引导企业发展循环经济，以实现资源节约、资源综合利用和生态环境的美化。

从历史经验来看，世界各国与资源相关的经济政策不断完善，不同时期做法有所不同，侧重点也不太一样，但是目标都一样，西方国家资源政策取向变化趋势具体如图 9.1 所示：

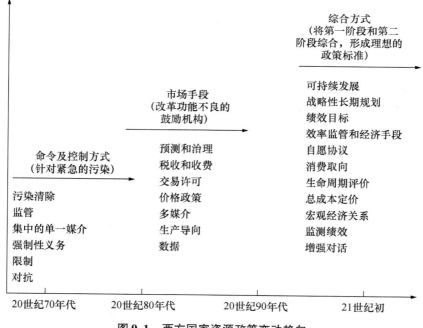

图 9.1 西方国家资源政策变动趋向

在具体实施过程中，各国经济政策大同小异，主要有以下方面的政策：

一、税收

（一）征税

征税包括征收新鲜材料税、征收生态税、征收填埋和焚烧税等，最常见的是征收绿色生态税。生态税是对那些对环境有害的材料和消耗了不可再生资源的产品增加的一个税种。生态税的引入有利于政府从宏观上协调市场机制的作用，促使企业采用先进的工艺与生产技术，通过经济措施的引进引导生产者的行为，进而达到调整消费模式和产业结构的目的。

国外绿色生态税收产生于20世纪70年代，典型的绿色生态税收有二氧化碳税、汽油税、垃圾税和资源税等。目前，已有相当多的国家开始通过征税政策来保护环境。德国除风能、太阳能等可再生能源外，对其他能源如汽油、电能、低硫柴油、电力消费矿物都要收取生态税，间接产品也不例外。在日本和德国，消费者购置新型、清洁和高能效汽车，政府都给予税收减免甚至补贴；如果购买高排量的汽车，则要缴纳"绿色拥有"税、消费税等。美国较早地采用了以权利金为核心的资源税政策，资源税是由州政府对开采煤炭、石油、天然气和其他矿产资源开征的。目前，一半以上的州开征资源税。如新泽西州和宾夕法尼亚州征收填埋和焚烧税，同时对每吨碳征收6—30美元的碳税。另外，路易斯安那州征收以权利金为核心的资源税政策主要包括：（1）矿产地租金政策；（2）权利金政策；（3）红利政策；（4）耗竭补贴政策。

（二）税收优惠

税收优惠主要针对使用再生资源利用处理类设备的企业制定税收优惠政策。例如，日本对废塑料制品类再生处理设备在使用年度内，除普通退税外，还按取得价格的14%进行特别退税；对废纸脱墨、玻璃碎片夹杂物去除、空瓶洗净、铝再生制造等设备实行3年的退还固定资产税政策。美国亚利桑那州1999年颁布的有关法规中，对分期付款购买回收再生资源及污染控制型设备的企业可减销售税10%；康奈狄克州对前来落户的再生资源加工利用企业给予优惠贷款，并减免州级企业所得税、设备销售税以及财产税。德国对排出或减少环境危害的产品，免征销售税，而只征收所得税；购买环保设施可在购置或建造的财政年度内折旧60%，以后每年按成本的10%折旧。

二、财政补贴

政府补贴的通行做法是对节能设备投资和技术开发项目给予贴息贷款或无（低）息贷款以及为贷款提供担保。主要体现为对前瞻性产业、边缘性产业以及弱势企业组织的政策扶持，尤其对于科技创新与研究、结合环境保护的能源合理开发与应用以及战略性行业与中小企业，政府通过综合运用财政补贴、政府购买、税收优惠和税率杠杆等政策工具予以扶持和推动。

例如，德国的沼气资源比较丰富，已经测算出沼气潜能可为170万户供热、440万户供电，所以德国地方政府通过低息贷款、农业开发贷款以及少量的财政拨款，资助企业或集体从事利用沼气集中发电的项目。此外，德国的太阳能利用潜力巨大，现在的利用率只有3%，将来计划提高到20%。德国制订了一个10万屋顶计划，将通过国家复兴银行提供无息贷款和地方政府的财政扶持手段相配合实施。日本政府资源能源厅则将每年财政预算的40%用于节能和新能源工作。

美国在这方面的做法更为突出。多年来，美国政府主要通过财政手段鼓励可再生能源的开发和利用。美国不仅拨款资助可再生能源的科研项目，还为可再生能源的发电项目提供抵税优惠。2003年，美国将抵税优惠额度再次提高，受惠的可再生能源范围也从原来的两种，扩大到风能、生物质能、地热、太阳能、小型水利灌溉发电工程等更多领域。2002年，美国根据《能源政策法》拨款3亿美元，用于实施太阳能工程项目，其目的是在2010年前在联邦机构的屋顶安装2万套太阳能系统。在不影响环境的前提下，充分合理利用现有资源也是美国政府的一贯方针。水电目前占美国能源产量的10%，也是其最大的传统可再生能源。美国现有约7.5万处堤坝，但只有约1/3得到利用。美国联邦政府2006年增拨1亿美元用于提高现有水电站的生产能力，进一步提高水电站发电量。煤是美国最丰富的传统资源之一，近年美国提出了"让煤更干净"的口号，联邦政府在2004年到2012年期间，每年拨款2亿美元，用于减少煤电环境污染等技术的开发和相关工程建设。美国政府近年还承诺为建设更安全、更高效的新核电站提供贷款担保。节能是美国能源政策的另一大重要内容，也是循环经济的一个重要方面。在2004年到2006年间，美国政府每年拨款34亿美元给地方州政府，用于旧家电回收和鼓励购买节能新产品。美国还在法律中对一些耗能型商用和消费者产品设定了新的节能标准。另外，美国还为生产节能型家电的厂家提供抵税优惠。同时，消费者购买节能设备也将获得抵税优惠。石油是战略性资源。为节约石油资源，减少对石油的依赖，使能源来源多样化，美国从石油消费大户——汽车下手，鼓励研发和使用新型可再生能源车辆。美国规定，购买燃料电池车等新型车辆的消费者可享受抵税优惠。美国还鼓励乙醇和氢电池的研发和生产，以便为车辆提供新的燃料。

三、政府采购政策

政府采购主要执行绿色采购政策，关注环境保护和资源节约。据统计，在整个欧洲国家，政府每年大约花费15000亿欧元用于采购产品和接受服务，几乎是欧盟所有家庭消费的15倍。德国是典型的政府绿色采购，德国政府采购也称公共采购，从采购对象来看，主要包括货物、工程、服务三个方面；从采购范围来看，具有广泛性特点，除了使用财政性资金的政府部门以外，还包括从事供水、能源、交通运输和邮政服务等公共事业的国有或私人企业。由于以上两点，特别是政府采购范围较广，德国政府采购的数额和规模都很庞大，大约占其GDP的18%—20%。德国1978年开始推行蓝天使环保标志（blue angle mark）制度，规定政府机构优先购买环保标志产品。到1999年年底，环境标志认证产品类别已经达到100个，涵盖机动车辆、建筑材料、室内装修、IT技术业、办公用品、园艺等多个领域。通过实施环保标志制度，既对消费者购买绿色产品起到了引导作用，提高了公众的环保意识，也促进了企业自愿调整产品结构，提高绿色产品的生产和消费份额。德国政府要求绿色采购产品具有耐久、可回收、可维修、易回收处置等特性。

美国各州也陆续制定了再生资源产品政府优先购买的有关政策法规，通过行政干预各级政府的购买行为，促进政府优先采购再生资源产品，同时规定审计机关有权对政府各部门购买再生产品情况进行检查，对未能按规定购买的行为将处以罚金。

1994年，日本滋贺县率先制定绿色采购方针，开始了有组织的绿色采购活动。1996年，日本政府与各产业团体联合成立了绿色采购网络（green purchasing network，GPN），标志着自主性的绿色采购活动在全国范围展开。2000年，日本政府颁布了《绿色采购法》，并于2001年4月1日起全面施行，将日本的绿色采购推向了新的发展阶段。2003年7月，日本政府制定了《绿色采购调查共同化协议》（JGPSSI），建立了绿色采购的信息咨询、交流制度。

建立政府绿色采购制度对引领绿色消费、推动资源节约和环境保护、实现循环经济发展模式具有重要的突破性意义。首先，政府采购的规模显著影响消费市场，甚至可以作为调控宏观经济的一个重要手段，是绿色消费的重要环节。政府采购制度作为公共财政体系管理中的一项重要内容，是国家管理直接支出的基本手段；政府绿色采购行为会对相关供应商产生积极影响，供应商为了赢得政府这个市场上最大的客户，积极采取措施增强其产品的绿色度，提高企业管理和技术创新水平，节约资源能源，减少污染物排放，提高产品质量和降低其对环境和人体的负面影响程度。

四、政府奖励

发达国家政府奖励政策中比较有影响的有：一是日本的资源回收奖。这种奖项旨在鼓励市民回收有用物质的积极性。该奖项实施后在日本许多城市收到良好的效果，如日本大阪市对社区、学校等集体回收报纸、硬板纸、旧布等发给奖金；在全市设了80多处牛奶盒回收点，回收到一定程度后可凭回收卡免费购买图书；市民回收100只铝罐或600个牛奶盒可得到100日元的奖励。二是美国的"总统绿色化学挑战奖"。该奖于1995年设立，为了重视和支持那些具有基础性和创新性并对工业界有实用价值的化学工艺新方法，以通过减少资源消耗来实现对污染的防治。

五、补偿金

日本率先建立了由环境省和经产省执行的生态工业园区补偿金制度，环境省主要资助生态工业园区的软硬件设施建设和科学研究与技术开发，而经产省主要资助硬件设施建设、与3R相关技术的研发及生态产品的研发等。国家对入园企业的补助经费占企业初步建设经费总额的1/3—1/2，地方政府也有一定补贴。此外，日本还建立了紧急设备购置补助金制度。以上各项经济手段归类于下表：

表 9.4　具体经济手段的类型及内容

类型	内容
税收	污染税，原料税，新鲜材料税，生态税，填埋和焚烧税，消费税，进出口税，差别税收，租金和资源税，土地使用税，投资税收减免等
财政金融	财政补贴，政府购买，软贷款，优惠利率，生态环境基金，绿色基金，加速折旧等
收费	废旧物资商品化收费制度，倒垃圾收费，污水治理费，排污费，市场准入费，道路费，管理收费，资源、生态、环境补偿费等
建立市场	排污许可证交易，配额交易，土地许可证交易，环境股票交易等
债券与抵押	环境行为债券，土地开垦债券，废弃物处理债券，环境事故债券，抵押等

六、收费制度

德国和日本在资源节约与综合利用方面走在了世界前列，资源利用是从垃圾开始的。为了贯彻垃圾管理思路，促进垃圾的消减和回收利用，德国依据循环经济原理，制定了有效利用资源的政策体系，其政策的重心首先是资源保护，其次是尽可能有效地处理废弃物。

（1）废旧物资商品化收费制度。日本在《个别物品再生利用法》中规定了废弃者应当支付与旧家电、旧容器包装、旧汽车的收集、再商品化等有关的费用，如《特定家用电器再生利用法》中明确规定居民废弃 1 台家电应交的处理费，《报废汽车再生利用法》中要求汽车所有者负担再循环利用的费用等。此外，日本还实行集体资源回收团体奖励金制度，对由市民组织团体回收家庭发生的废弃物发给相应的奖励金。

在德国，垃圾处理费的征收主要有两类，一类是向城市居民收费，另一类是向生产商收费（又称"产品费"）。对于居民收费而言，德国各个城市的垃圾收费方式不尽相同，有的是按户数收费；有的依据垃圾处理税或者固定费率的方式收取；有的按垃圾排放量收取。目前，大部分城市都是按照户数收取垃圾处理费，小部分城市是依据不同废弃物、不同数量来计量收取。

（2）倒垃圾收费。如美国 200 多个城市实行倾倒垃圾收费政策。美欧国家对饮料瓶罐采取垃圾处理预交费制，预交金部分用于回收处理，部分用于新技术研发。美国的研究表明，如每袋 32 加仑垃圾收费 1.5 美元，城市垃圾数量可减少 18%；瓶罐收费可使废弃物重量减少 10%—20%，体积减小

40%—60%。

（3）污水治理费。如德国居民水费中含污水治理费；市镇政府必须向州政府缴纳污水治理费，污水治理没达到要求的企业要承担巨额罚款。

（4）征收产品费。它更充分地体现出"污染者付费"原则，即要求厂商对其产品在整个生产周期内负责。具体而言是在生产过程和使用产品时要尽量避免废弃物的产生，在产品使用完后尽量使其回收利用或者有效处理而不至于对环境造成消极影响。产品费的征收使生产者在开发和设计新产品时，能尽可能地节省材料；在生产过程中能避免垃圾的过量产生；在产品使用完后能确保垃圾处理符合环保要求，尽量做到回收利用。所以，产品费的特点就是在产品设计、制造、利用和处理过程中考虑产品的环境因素，达到经济、社会和生态利益三者协调发展的目的。

七、抵押金制度

抵押金制度在许多国家的回收环节都通过法律得以强制执行。德国、美国等国家的饮料瓶押金制度都取得了良好的回收效果。为了提高包装品回收率，德国环境保护部制定了抵押金制度。德国《包装法》明确规定，如果一次性饮料包装的回收率低于72%，则必须实行强制性押金制度。自实行此制度以来，顾客在购买所有用塑料瓶和易拉罐包装的矿泉水、啤酒、可乐、汽水等饮料时，均需支付相应的押金，1.5升以下为0.25欧分，顾客在退还空瓶时领回押金。而在美国，据统计，纽约在实施饮料瓶押金制度的两年中节约了5000万美元的清洗费用和1990万美元的固体废弃物处理费用，以及5000万至1亿美元的能源费用。押金制度不仅提高了包装品的回收率，更让消费者改变了使用一次性饮料包装的消费习惯，转向使用更有利于环保的可多次利用的包装品，于节能降耗和环境保护大有裨益。

八、循环性消费政策

美国是发达国家，其资源与环境问题出现得较早，走的是一条先污染再治理的路，然而，此路不能够解决环境问题，特别是资源所带来的环境问题，在反思其发展路径后，美国十分注重环保，成为一个环保主义盛行的国家，不仅重视对废品和垃圾进行处理和加工，使其成为再生资源，而且也十分重视循环消费,并且制定了切实可行的循环性消费政策。所谓循环性消费是指一件物品在一个人看来是效用为零的毫无用处的物品,但是对于其他人可能有用,这样政府通过制定一定的政策途径,在市场机制的推动下,完成了物品从毫无用处的人向有用的人的转移,从而实现了消费的循环、梯度转移,有利于资源的节约与利用,有利于形成生态文明的消费文化。

美国开展循环型消费的渠道很多,主要包括:(1)家庭甩卖;(2)慈善机构的旧货交易;(3)商业网站或者政府支持的网站进行的旧货买卖。美国循环消费的一个重要方式是建立遍布全国的节省商店,即旧货店。这些旧货店一般为慈善结构所办,低价出售旧货的收入主要用于社会救济。例如,有1900多家节省商店的友善实业公司就是一家把收入用于残疾人事业的慈善机构。节省商店出售的物品从瓦罐到衣服等各种日用品,几乎全部是居民捐赠的旧货,节省商店对旧货进行清洗、消毒和整理,达到卫生和安全标准后放在旧货店中出售。除了商业网站外,政府为了更好地落实循环性消费政策,也开办了免费供企业和居民进行旧货交易的网站。例如,加利福尼亚州政府就开办了加州迈克斯物资交易网站,加州的部分县市也开办了类似的网站。以前,无论是庭院甩卖,还是旧货店买卖,交易范围都是有限的,但随着网络时代的到来,交易范围不再受时间和地域范围的限制,人们利用旧货拍卖网站电子港湾(eBay)就可以在任何地方和任何时候进行旧货交易。有资料显示,网民在这个网站上的月交易额已高达3亿美元,该网站利润在2004年就达到4.4亿美元。

九、行业和产业政策

(一) RPS 政策

RPS 政策又称"可再生能源配额制政策",是发达国家为了解决可再生资源的有效利用问题和资源再生能力问题,改变以往不注重可再生资源利用的现象,有目的地把可再生资源的综合利用纳入经济发展中。可再生能源强制性市场份额政策的概念是:一个国家或者其中一个地区的政府用法律或法规的形式对可再生能源发电的市场份额作出强制性规定。可见,这一政策的核心在于国家引导可再生资源的综合利用,主要是用于发电,具有清洁、可持续利用的优点。

（二）EMC 政策

EMC 政策又称"合同能源管理政策"，是在 20 世纪 70 年代中期诞生的，是基于市场的、全新的节能政策。这一政策是典型的在可持续发展背景下产生的，主要解决节能问题。在资源开发不当和利用不合理的同时，也存在资源浪费严重的事实，由此合同能源管理政策应运而生。合同能源管理在市场经济国家中逐步发展起来，是国际上最先进的能源管理模式，其实质是：一种以减少的能源费用来支付节能项目全部成本的节能投资方式，这种节能投资方式允许用户用未来的节能收益使工厂和设备升级，同时降低目前的运行成本。

（三）建筑能源护照政策

建筑能源护照政策是德国政府在欧盟各国中率先实行的主要针对建筑物节能的一种政策，这一政策的有效载体是建筑能源护照，其含义是指对建筑物能耗进行评估，并标明相应的等级划分的证书，而且包含关于一次能耗和二氧化碳排放量的内容。建筑能源护照作为有关建筑物节能的一种证书，是对建筑物能耗情况的说明，在一定程度上让消费者具有"知情权"。该政策规定从 2006 年起，业主在重新出售建筑物时，必须更新原有的建筑能源护照；大型建筑每隔 10 年也必须更新建筑能源护照；建筑面积大于 1000 平方米的公共建筑，必须在建筑物入口处公开展示其建筑能源护照；业主在出售、出租或是扩建其既有建筑时，也必须出示建筑能源护照。

（四）产业政策

在循环经济理念的指导下，为了切实解决资源约束问题，日本政府制定了产业倾斜政策，该政策提高了企业进行资源节约与综合利用的积极性。在此政策的影响下，日本发展起一种新的环保产业——静脉产业。它是那些将废弃物转换成再生资源的产业的统称，把生活和生产中的废弃物变废为保，循环利用，如同将含有较多二氧化碳的血液送回心脏的经脉。该产业的范围非常广泛，包括从垃圾的收集、搬运、燃烧、填埋处理以及再资源化到新产品的制作技术等。

第四节 发挥产业化和中介组织的作用

废弃物处理产业化政策,是垃圾经济政策中最具有特色的政策,在资源的回收利用中起到巨大作用。德国政府认识到垃圾处理是全民的事业,由于投资巨大,不能完全依靠政府解决垃圾问题,必须引入私人经济参与才能得到迅速发展,以推动垃圾处理的市场化与产业化。废弃物处理产业化政策主要通过以下几种方式运作:

在产品收费政策的压力下,生产商自己创办回收处理中心或者委托社会回收处理中心,解决其回收责任。一般而言,制造商专业处理公司主要在源头上控制,如绿色设计;在功能结构设计、电器部件设计、制造工业设计、运输结构设计,选择环保材料等方面下功夫。

德国 RED 公司是专业废旧电子电器(WEEE)回收处理公司,1985 年开始从事回收业,该公司的运作完全市场化,回收费用由市场决定,如显示器为 200—300 欧元每吨,电脑为 100—150 欧元每吨。对于回收价值高的废弃物则是付费购买,如回收的汽车配件含铜量高,则需付费 200 欧元每吨购买。

对于危险废弃物则由专业公司来处理,在德国主要是 Accurec 电池循环公司,它成立于 1995 年,是专门对危险废弃物进行处理的公司。

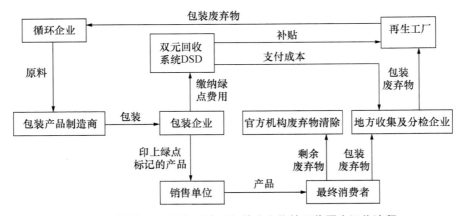

图 9.2 德国 DSD 双向系统对包装废弃物的回收再生运作流程

非营利性中介组织可发挥政府和企业不具备的功能。DSD 是德国专门组织回收处理包装废弃物的非营利社会中介组织,1995年由95家产品生产厂家、包装物生产厂家、商业企业以及垃圾回收部门联合组成,目前有1.6万家企业加入。DSD内部实行少数服从多数的表决机制,政府除对它规定回收利用任务指标以及进行法律监控外,其他方面均按市场机制进行。DSD 1998年的运作出现盈余,由于它是一个非营利性机构,因此盈利部分1999年用于为返还或减少第二年的收费。DSD的中介性表现在它本身不是垃圾处理企业,而是一个组织机构,它将有委托回收包装废弃物意愿的企业组织成网络,在需要回收的包装物上打上绿点标记,然后由DSD委托回收企业进行处理。"绿点"的标志为一个首尾相连的绿色箭头构成的圆圈,远看形似一个绿点,意为循环利用。任何商品的包装,只要印有它,就表明其生产企业参与了"商品包装再循环计划",并为处理自己产品的废弃包装交了费。"绿点"计划的基本原则是:谁生产垃圾谁就要为此付出代价。企业交纳的"绿点"费由DSD用于收集包装垃圾,然后进行清理、分拣和循环再生利用。

日本在大阪建立了废品回收情报网络,专门发行旧货信息报《大阪资源循环利用》,介绍各类旧物的相关资料。旧货报及时向市民发布信息并组织旧货调剂交易会,如旧自行车、电视、冰箱等都可以拿到交易会上进行交易,这样就为市民提供了淘汰旧货的机会。这样的信息中介组织可以使市民、企业、政府成为一体,互通信息,调剂余缺,推动垃圾减量运动的发展。美国实行会员制的中介组织代表政府与厂矿企业和社区联系。在政府部门的支持下,和其他公共机构一起推行"环保兰星"项目,取得很大的成功。他们还采取很多方式加强废弃物的回收处理、污染源的治理,使废弃物的回收和排放逐步走上规范有序的轨道。

第五节 启示及借鉴意义

上述三国法律法规和政策措施的实施取得了极大的直接经济效果,资源节约和综合利用体系已经深入生产、消费和处置等各个环节,同时也提高了全社会的资源意识和环境意识,使得资源节约和综合利用意识成为各国企业和民众心目中义不容辞的社会责任,发展循环经济得到全民的理解、支持和自觉参与。各国在推进循环型社会进程中,理念先进,措施具体,效果明显。

其中，完备的立法和严格的执法是根本保障；必要的经济支撑和鼓励优惠政策是重要条件；以政府绿色采购来启动和引导市场需求是有效手段；政府部门管理职能强化和职责明晰是组织保证；加强科学研究，发挥公众和中介组织作用是重要措施。虽然各国在具体的政策实施上有所异同，但是其核心理念是相同的，都是围绕着建立循环型社会，实现资源节约和综合利用来开展各项政策措施的，并且在各国也都取得了良好的成绩。

第一，这些国家都注重政策措施实施的可行性。一项好的政策是需要用实施效果说话的。政策措施的制定要根据国情，实事求是；政策制定出来之后，要根据实施效果对其进行可行性论证，作投入产出分析。如果一项政策实施的成本大于行为者自身所获得的收益，那么即便是看起来再好的政策也是没有人肯去实施的。在政策制定初期，由于基本国情的不同，各国的出发点也有所不同，如德国从环境保护入手，日本则从资源减量化入手。但大都是在面临资源和环境的巨大压力情况下，逐步推行循环经济建设和发展。在政策制定过程中都考虑了政策的约束与激励效果，各国各项激励政策的实施给各企业以利润驱动，是各企业参与政策实施的动力所在。一套行之有效的循环经济法律法规体系的建立能够保证在市场经济条件下，循环产业有市场，有利润，有研发新产品、新技术的动力，有后续发展能力，给循环经济的发展创建一个良好的经济环境。

第二，建立科学的技术标准。在现代经济中，技术占据十分重要的地位，不仅因为技术是经济增长的重要源泉之一，而且更重要的是因为技术在整个社会层面发挥着不可替代的作用。从某种意义上可以说社会的更替演进是科学技术的范式变迁，所以科学技术是"第一生产力"，深深地影响着人类社会如何发展以及发展方向。纵观美国、日本和德国的资源节约与综合利用，其技术体系由富有技术含量的高新技术、先进性技术和常规技术等多个层面的技术体系组成，发展方向是以高新技术作为主导技术，各国科学技术的开发与应用直接关系到资源节约和综合利用的效果。

第三，制定的各项法律法规均体现了生产者责任扩大（EPR）原则。将生产者对于产品的责任扩展到产品生命周期的最后阶段，即产品的使用结束之后。这样就使得生产者必须在发生源抑制废弃物的产生，因而有驱动力设计对环境压力比较小的产品，这样就在生产阶段促进了资源的循环利用，提高了资源的利用效率，缓解了资源和环境压力，实现了较大的生态效益。

第四，各项政策措施的实施环节都由全社会各行为主体共同参与，寻求广泛的社会认同。引入利益相关方并要求他们承担责任是至关重要的，一项政策措施的有效实施需要相关方面行为主体的广泛参与，需要相关行为者的配合并履行其相关方面的义务，这样这项措施才能在各个环节得以顺利实施。这里就涉及政府、企业、社会团体和个人等层面。从各国制定的法律法规和各项政策来看，都有针对各个主体层面的具体措施，给其以利益驱动和行为约束，以保障政策实施的效果。对于废弃物管理来说，获得类似于自愿承诺那样的积极性参与是必须的，预先的沟通可能换得产业及相关协会强有力的支持。

第五，都引入利益市场机制与市场手段的作用。由于信息不对称等原因，政府干预往往可能扰乱资源的有效配置，形成制度陷阱；而政府创建市场是由政府运用其行政权力，建立相应的法律、制度保障体系以人为创建市场，并保证其以市场规律运作，确保竞争性、公平性，所有利益主体满足自身利益最大化的同时实现资源最优配置，使政策负效应最小的一种做法。目前，排污权交易市场、水权市场等都属于这种类型。在任何废弃物的循环过程中，利用"污染者付费"原则都可以从源头上消减废弃物。通过排污权交易，使社会以最低成本实现污染物减排，环境容量资源实现高效率的配置。

第六，运用循环经济原理能够带来长期效益。从各国制定的资源节约和综合利用法律法规与政策措施来看，都是基于循环经济的理念制定的。着眼于效率显示了企业与整个经济降低成本的潜力，另外，在生产中寻求有效的生态策略不仅激发了企业的创造力，也创造了商业机会，使企业在国内外都提升了竞争力。

第十章

大国自然资源优势与产业发展战略选择

自然资源不仅影响一国产业结构，还影响一国经济结构、政治结构和对外贸易格局，因此本章提出的战略选择和政策建议也从多个方面展开，基于自然资源的视角主要涉及产业选择战略与政策、产业布局战略与政策、产业升级战略与政策、产业结构调整战略与政策以及产业对外贸易战略与政策。

第一节 自然资源与产业选择战略

产业是在一定条件下产生和发展的，它的产生与发展是一个历史过程，是历史发展的产物。人类社会的三次分工，产生了四大产业即农业、畜牧业、手工业和商业。从较长的人类经济发展史来看，自然资源的重要作用表现十分突出，生产力水平越是低下，自然资源的重要性越明显。从最近100多年的经济发展来看，自然资源往往成为工业强大的后盾，成为经济发展的重要保障。工业是大国发展的根本动力，工业化是大国经济发展必须重视的一个过程。毫无疑问，资源条件以及工业化的阶段、速度和质量会影响一国工业布局，而工业布局又会影响一国工业化进程，改变工业化的路径。那么，发展中的这些超级大国应该如何来进行产业选择呢？

自然资源为经济活动提供了生产要素的来源，是人类存在和发展的基础，更是各类经济活动产生的先决条件。自然资源的种类、数量和质量，决定了一国经济社会发展的道路和模式。然而，自然资源对产业和经济发展的影响往往是多方面的,有正面性,也有负面性。纵观世界各国的资源型区域,经常可以看到一个奇怪的现象:一方面,基于自然资源形成的资源型产业成为地区的主导产业或者支柱产业,成为地区经济发展最重要的力量。另一方面,资源性产业独大的畸形产业结构,严重挤压和制约了其他产业的发展,限制了现代制造业的发展空间,产业结构陷入"锁定"状态,使得资源型地区陷入"专业化陷阱",从而导致资源型区域的产业结构长期处于扭曲状态。因此,资源丰富的区域无法产生和享受产业结构优化和升级带来的"红利",从而产生"资源诅咒"现象。

前文已经对中国、印度、俄罗斯和巴西等国自然资源和产业发展的关系进行了深入的研究。自然资源会通过直接途径和间接途径影响一国的产业发展,首先,自然资源为一国或地区的产业形成提供了初始条件,资源的丰裕程度直接决定了产业的初始规模和产业发展潜力。其次,一国自然资源利用的技术和能力,是其产业升级、产业结构调整的关键,直接决定产业变迁的质量和速度。技术进步和产业升级之间相互影响,一方面,技术进步促进了产业分工和发展,另一方面,产业分工和发展又会促进技术进步,且这一过程具有动态性和持续性。最后,以自然资源为基础的产业发展思路、贸易政策和国家发展战略,都将影响产业形成、产业布局、产业结构和产业升级的速度。从历史经验证据来看,大国通常是基于资源要素禀赋、工业发展现状和国家发展战略来选择符合自身工业发展的布局,通过建立重点产业发展战略强化经济基础,通过技术进步抢占产业发展和经济发展的制高点。

笔者认为,发展中大国基于自然资源优势的产业选择战略应该是完整的产业选择战略,从整个国家层面来看,必须构建完整的工业体系和产业门类;从地区层面来看,可以根据区域要素禀赋特点有所侧重。在产业选择上应该考虑两个方面:第一,所选择的产业和产业组合应该具有合理性。学界公认的一个合理的产业结构应该包括三个方面即产业结构的合理化、多元化和高级化。产业结构合理化描述的是一国或者地区生产要素在产业间的配置比例应该合理;产业结构多元化主要是强调产业门类的多样性问题,[①] 产业门类要

[①] 产业结构的多元化在学术界并没有统一的认识,也没有合理的度量指标,这里的多元化实际上应该是工业产品生产门类的多样化。

求具有多样性的原因在于现实中消费者对于产品的需求具有多样性；产业结构的高级化是描述产业结构的升级问题，高级化是产业重心由第一产业向第二产业和第三产业转移的过程问题。这三个方面存在一定的关系，其中产业结构的合理化是产业结构的多元化和高级化的基础，而产业结构的多元化和高级化又会进一步优化产业结构使其更为合理。产业结构的高级化依赖于产业结构的合理化和产业结构的多元化，缺乏产业结构的合理化和高级化，极有可能发生逆转，产生所谓的产业结构的"虚高级化"。

第二，所选择的产业应该具有发展前景和自生能力。各个行业、产业在社会发展中的作用、地位和发展潜力是伴随经济社会发展而变化的。这里说的产业发展前景主要是指在可以预期的数十年内，不会因为某些自然资源的瓶颈约束而受到制约，也不会因为其他产业的崛起而导致一些产业消亡。所谓的自身能力指的是产业本身所具有的自我调整和发展的能力，实际上，产业依托的是企业的发展，因此自身能力对应的是产业内的各个企业。企业若要形成自身的能力，就必须具有比较优势和竞争优势，这些优势的来源既有来自于要素禀赋方面的因素如劳动力、资本和自然资源，也有来自于企业内部的因素，如企业技术水平和管理水平。显然，可以将政府纳入考虑，因为对于大国而言，多数是依靠政府来进行产业选择。历史经验表明：政府会根据自身发展战略来选择优先发展和重点发展的产业。若政府要重点发展和优先发展的产业没有比较优势，那么在开放竞争的市场中，产业中的企业就没有自生能力，产业发展也不会有前景，若强行维持产业的发展，最终会导致一系列的经济和社会扭曲。反之，若政府要重点发展和优先发展的产业具有比较优势的话，企业就会有自生能力，就能够做大做强，从而占领国内甚至国际市场，创造出可观的利润和财富。

第二节 自然资源与产业布局战略

从发展中大国的产业布局经历来看，中国、印度、俄罗斯、巴西都是平衡发展向非平衡发展的典型代表。在产业发展之初，从空间来看总是先于某个地点集中并走向产业集聚，然后再不断向其他地区辐射。在产业发展低级阶段，经济一般表现为集中发展，此时期工业布局受到自然资源禀赋因素的影响程度较大；在产业发展高级阶段，经济发展到一定水平，出于市场自发调节或政治需要，一般表现为缩小地区间经济发展差距的全面发展，这一时期工业布局更容易受到市场需求、外部规模的影响。

整体来看，对于发展中大国如中国、印度、俄罗斯和巴西等，工业化程度仍然比较低，工业化质量仍然不够高。特别是巴西和俄罗斯，在相当长时间内，自然资源型产业仍是经济发展的主导产业，自然资源禀赋总量和结构仍然在产业结构演进中发挥着重要的作用。然而，伴随经济增长、社会发展，值得关注的一个现象是：在产业结构升级过程中，区域的自然资源结构对产业结构的制约作用和制约程度逐渐减弱，市场规模、人力资本和技术因素的作用越来越大。自然资源对第三产业发展的约束最小，当工业化发展到一定程度，主导产业转向加工贸易产业和知识技术集约型产业时，自然资源结构对产业升级、产业结构的作用也会逐步减弱。从这些国家过去几十年的发展经历来看，产业布局都经历了由平衡发展到非平衡发展的转变。因此，在制定产业布局战略时要充分考虑如下因素：

第一，产业布局应遵循产业空间发展规律。由于区域的要素禀赋差异，一般产业布局方式都是由非平衡走向平衡。因此，一国经济发展水平处于起步阶段或者低级阶段时，产业布局应优先发展区域内具有优越的自然、经济和社会条件的地区；当国家经济社会发展到相对高级阶段时，其产业布局应考虑重点发展那些经济相对落后的地区，缩小地区间经济差距，提升国民经济整体实力。产业空间发展不平衡是绝对的规律，不要追求地区间发展的绝对平衡。

第二，产业布局的目标是使产业分布合理化，实现整体最优，而非地区的局部最优。中央政府在产业布局中应发挥重要作用，须全盘考虑、统筹发展，既要考虑短期内地区的经济利益，又要考虑到长期内国家的经济利益。

第三，产业布局要考虑产业的分工和协作，做到因地制宜、因时制宜。市场经济条件下，大国由于具有较大的规模优势，生产活动往往专业化和社会化程度比较高，企业不可能单独完成产品所有环节的生产，这要求企业间做好分工和协调工作，因此，每个地区要根据自己的特点形成专门化的产业部门，形成规模优势，这样才能在市场上具有竞争优势。考虑到地区间的要素禀赋差异，各地应该从自身情况出发，充分运用自身的综合优势，发展合适的产业，例如，矿产资源丰富地区适宜优先发展采掘业和加工工业。

第四，产业布局要考虑产业的可持续发展。自然资源禀赋是有限的而且多数是不可再生的，环境的净化能力和承载能力也是有限的。生产活动注定要从自然界索取自然资源，要向自然界排放废弃物，从而产生资源和环境问题。因此，在产业布局之初，就必须作好规划，注意资源的节约和综合利用，预防资源的过度开采和环境的过度破坏。

第五，产业布局还要考虑一些其他因素，如政治、国家安全、产业安全等因素。

在产业布局战略上，发展中大国可以根据自身实际情况进行选择，梯度推移战略、反梯度推移战略、点轴开发战略和增长极战略都有可取之处。以中国为例，实际上不同时期采取的就是不同的产业布局战略；20 世纪 80 年代中期到 20 世纪末一直实施的就是梯度推移的产业布局战略；21 世纪初到 2013 年前后采取的是反梯度推移战略，先后实施了西部大开发、振兴东北老工业基地以及中部崛起的发展战略；近年，政府又提出"一路一带"发展战略，这实际上是一种点轴开发战略。

第三节 自然资源与产业升级战略

产业升级包含两个方面的内容：一是产业结构的合理化，合理化主要是调整和改善区域要素禀赋在产业之间和产业内部的比例关系。二是产业经济效率的提升。产业经济效率强调的是产业投入和产出之间的关系，效率提升往往受到产业整体科技水平、行业和企业管理水平和标准、产业人力资本和客户对产品质量要求的制约，总的来看，技术进步是推动产业升级和产业变迁的核心因素。

自然资源禀赋对于产业升级有两方面的影响：一方面，自然资源丰裕程度直接影响产业结构的调整和升级，一些国家和地区出现的"资源诅咒"问题，就是由于自然资源禀赋过于丰富所引发。长期的发展经验表明：如果一国或地区的经济发展过分依赖于自然资源，那么资源型产业的繁荣会将生产要素主要是人力资本，从其他产业吸引过来，从而导致"锁定效应"。"锁定效应"从两方面深刻地影响了地区经济的进一步发展，从产业结构来看，"锁定效应"导致形成单一的产业结构,难以形成合理和多元的产业结构,不能形成合力推动产业高级化和合理化,特别是在资源价格下降时,会导致产业发展低迷,人力资本难以流动且缺乏去处,给区域经济带来灾难性的后果;从观念和思想上来看,"锁定效应"使得居民不愿意从事其他产业的工作,从而缺乏必要的技能以及学习其他技能的动力。总的来看,"锁定效应"恶化了当地产业结构的合理化水平,也阻碍了产业结构的多元化发展。

另一方面,自然资源可以通过影响产业布局进而影响产业升级。这主要表现在三个方面:其一,产业布局直接决定产业结构的布局,固化了生产力和要素禀赋在产业之间的分布,从而直接影响产业升级。其二,产业发展水平及布局,受制于要素禀赋和地区的生产力水平。生产力水平的高低也就决定了产业的发展和升级。其三,产业布局会影响产业结构的发展趋势,从而影响产业的发展与升级。产业布局与产业结构的关系十分紧密,各国应该从自身情况出发,促进产业结构的合理化和高级化。

产业升级可以围绕三个方面展开:第一,对传统产业进行技术创新。技术是推动产业升级的决定因素。传统产业技术创新可以从三个方面展开:一是加大研发投入,提升创新能力和力度,逐步建立企业的技术优势,并形成核心技术优势。二是加大引入人才和引入技术的力度。人才和技术引入可以带来新的技术和理念,通过消化吸收,模仿创新,最终形成自己的核心技术。三是探索新的合作模式,寻求产、学、研上的突破,提升科技转化为产品的能力。第二,对传统产业进行组织结构创新。在过去20年间,就企业层面而言,企业规模化和扁平化一直是发展趋势,从产品和产业竞争来看,表现为集团大公司之间的竞争,传统的小规模的、分散的、质量与效率低下的、缺乏核心技术的企业和产业岌岌可危。企业内部结构调整、产业合并和重组是企业强大、产业发展的必由之路,也是中国产业结构升级不可逾越的环节。第三,对传统产业进行体制创新和制度设计,对新兴产业进行规划、资助,同时提供有效的保护,确保其茁壮成长。

第四节 自然资源与产业结构调整战略

丰富的自然资源为新兴经济体提供了产业发展的初始条件,为经济持续发展提供了潜在的动力，伴随着工业化进程，国家的产业结构一直在调整和改变。工业发展是工业化的最突出表现，产业结构调整也表现在发展中大国工业内部结构的变化上，还可以通过进出口商品的结构变化观察得到。一国产业结构的调整不仅与一国的自然资源情况有关，还与一国的产业模式、产业发展思路、国家发展战略相关。

考虑到资源型产业本身的特点，各国对资源型产业的发展往往会进行相应的政策引导和限制。绝大多数自然资源本身具有非可再生性，一旦资源开采完毕将面临资源衰竭，因此各国对其开采规模进行限制，特别是一些战略性的资源，如石油、稀土、黄金资源等。一些研究表明，自然资源型产业对经济发展作用并不明显，而且存在着诸多不利。Mauricio 认为，简单的开采与初级的加工和利用并不利于产业分工和发展，不利于产品的差异化和技术进步。Corden 和 Neary 早在 1982 年就发现了资源的过度开发会对其他产业产生挤出效应，从而抑制其他产业的发展。由于国际市场的不完善，资源价格具有不稳定性，各类资源的国际价格经常发生剧烈波动，这种波动往往会导致资源依赖性强的经济体经济发展产生剧烈波动，此外，单一的资源产业的强大不利于收入分配，也不利于社会稳定。因此，各地政府在产业发展思路上并不愿意依靠单一的资源型产业来主导地区经济发展，而是力图以此为基础促进产业纵向和横向发展，完善产业结构。

发展中大国经济发展战略大多采用的是比较优势下的赶超战略，特别强调经济增长，并由此形成国家间对外贸易的进口替代或者是出口导向的战略。从 20 世纪 80 年代以来，中国就开始了借鉴亚洲四小龙外向型经济发展战略的成功经验，由进口替代战略向出口导向战略转移，这一转移的直接结果就是 20 年后中国成为世界制造业的重要基地，成功实现了产业发展的升级、结构的转变。印度对外贸易在 20 世纪 80 年代末之前实行的是进口替代政策，20 世纪 80 年代到 90 年代实行进口替代与出口促进并重的贸易政策，90 年代后开始实行出口导向型的对外贸易政策。然而，基于印度自身的其他条件，如基础设施、教育培养模式、开放时间以及国内耕地情况，印度注重发展的是服务业，力图成为"世界办公室"，经过 30 年的发展。印度第三产业在国民经济中所占比重已经超过 50%。20 世纪 90 年代以来，俄罗斯经济发展走的是外向资源型发展道路，注重自然资源对该国经济的影响，强调经济增长速度；近年来，这一政策有所调整，力图从资源型经济向发展型经济转变，强调经济增长速度和质量并重，对国内产业结构提出了新的要求。

第五节　自然资源与产业贸易战略

自然资源对国家内部的经济格局、政治格局以及国际环境都将产生重要而深远的影响。自然资源在国家间的流动，改变了世界贸易格局，改变了对工业文明的认知，改变了传统产业安全的思想，也改变了国家对外贸易以及发展战略。① 自然资源的开采、加工和利用，与国家和地方的法律法规密切相关，甚至还会受到国际法以及一些国际组织的影响。自然资源对外贸易，直接影响世界贸易结构，改变了资源禀赋在国家间的分配，从而引起世界政治经济格局的变动。因此，无论是从自然资源的结构和功能上，还是从自然资源的内涵和外延上来看都会深刻影响一国乃至世界经济和政治格局。

中国、印度、俄罗斯和巴西等发展中大国自然资源贸易金额巨大，在世界贸易中所占份额也大，这些国家的自然资源开采量、进出口数量的变化，经常会直接导致一些自然资源国际市场价格的剧烈波动。以中国为例，21世纪以来，作为"世界工厂"的中国已经成为世界第一大矿产资源消费国，也是第一大能源消费国，对于一些自然资源（如稀土）而言，也是最大的资源出口国。放眼全球，资源竞争日趋激烈，2008年美国次贷危机引起的全球危机，在一定程度上缓解了资源的竞争压力，然而这只是暂时的缓解，从长远来看，资源的竞争必将加剧。为此，作为一个负责任的大国，在对待全球的资源竞争时，应该保持清醒的头脑，制定好自己的基本策略。一方面，对于国际市场而言，我们应该融入世界经济的格局之中，积极参与国际事务，参与多边贸易规则的制定，以获取更多的话语权，同时也要共同遵守和维护新的贸易制度和规则；另一方面，对于国内市场而言，我们也必须不断改进、完善与资源相关的法律法规，制定自己的贸易政策和规则，确保国家利益和国家安全。此外，在资源和环境问题日益严重的今天，我们还应该高度重视国内和

---

① 如近年来在中国兴起的"一带一路"发展战略。

国际的资源环境问题，为全球治理难题，如气候问题，出谋划策，展示大国应有的风采。在具体的资源贸易政策上，应该更多强调资源进口而非出口，为此，我们可以采取一些策略，一方面，拓宽资源进口来源，确保资源运输渠道的稳定和安全，逐步构建完善的资源储备体系，充分运用大国的规模优势提高在国际市场上的议价能力，积极参与双边和多边贸易合作，鼓励本国企业走出去，参与国际企业并购和合作以及投资一体化；另一方面，鼓励企业节约资源，提高资源综合利用效率，降低单位GDP能耗，逐步进行进出口产品产业结构的调整以及国内整体产业结构的调整。

参 考 文 献

[1] Alexeev, M., Conrad, R., The Exclusive Curse of Oil, *Review of Economics and Statistics*, 2009(3), pp. 586-598.

[2] Arifovic, J., Genetic Algorithm Learning and the Cobweb Model, *Journal of Economic Dynamics and Control*, 1994(1), pp. 3-28.

[3] Auty, Richard, *Resource Abundance and Economic Development*, World Institute for Development Economics Research, London: Oxford University Press, 2001, pp. 554-559.

[4] Auty, R. M., *Resource-Based Industrialization: Sowing the Oil in Eight Developing Countries*, New York: Oxford University Press, 1990, pp. 3-4.

[5] Baier, S. L. and Bergstrand, J. H., The Growth of World Trade: Tariff, Transport Costs and Income Similarity, *Journal of International Economics*, 2001(1), pp. 1-27.

[6] Baran, P., Hobsbawm, E. J., The Stages of Economic Growth, *Kyklos*, 1961(3), pp. 234-242.

[7] Barrett, S., Strategic Environmental Policy and International Trade, *Journal of Public Economics*, 1994(1), pp. 325-338.

[8] Bernhofen, D. M., Strategic Trade Policy in a Vertically Related Industry, *Review of International Economics*, 1997(5), pp. 429-433.

[9] Blattman, C., Hwang, J., Williamson, J., Winner and Losers in the Commodity Lottery: The Iimpact of Terms of Trade Growth and Volatility in the Periphery 1870-1939, *Journal of Development Economics*, 2007(1), pp. 156-179.

[10] Brander, J. A. and Krugman, P., A "Reciprocal Dumping" Model of International Trade, *Journal of International Economics*, 1983(3-4), pp. 313-321.

[11] Brander, J. A., Intra—industry Trade in Identical Commodities, *Journal of International Economics*, 1981(1), pp. 1-14.

[12] Brunnschweiler, C. N., Bulte, E. H., Linking Natural Resources to Slow Growth and More Conflict, *Science*, 2008(5), pp. 616-617.

[13] Burguet, R. and Sempere, J., Trade Liberalization, Environmental Policy, and Welfare, *Journal of Environmental Economics and Management*, 2003(1), pp. 25-37.

[14] Cassiolato, J., Lastres, H., Local Systems of Innovation in Mercosur Countries, *Industry and Innovation*, 2000(7), pp. 33-53.

[15] Chenery, H. B. and Taylor, Development Patterns: Among Countries and Over Time, *the Review of Economics and Statistics*, 1968(4), pp. 391-416.

[16] Chenery, H. B., Patterns of Industrial Growth, *The American Economic Review*, 1960(4), pp. 624-654.

[17] Chenery, H., *Patterns of Development 1950-1970*, London: Oxford University Press, 1975, pp. 152-153.

[18] Copeland, B. R. and Taylor, M. S., Trade, Growth and the Environment, *Journal of Economic Literature*, 2004(3), pp. 7-71.

[19] Corden, W. M., Neary, J. P., Booming Sector and De-Industrialization in a Small Open Economy, *Economic Journal*, 1982(12), pp. 825-848.

[20] Davis, G. A., Learning to Love the Dutch Disease: Evidence from the Mineral Economies, *World Development*, 1995(10), pp. 1765-1779.

[21] Declerck, F., Cloutier, L. M., The Financial Value of Corporations in a Cobweb Economy: Champagne Industry Dynamics, *International Journal of Wine Business Research*, 2010(3), pp. 269-287.

[22] DeGraba, P., Input Market Price Discrimination and the Choice of Technology, *American Economic Review*, 1990(12), pp. 1246-1253.

[23] Fujiwara, K., Market Integration and Competition in Environmental and Trade Policies, *Environmental and Resource Economics*, 2011(4), pp. 561-572.

[24] Fujiwara, K., Strategic Environmental Policy and the Gains from Trade Liberalization, *Review of Development Economics*, 2010(5), pp. 360-373.

[25] Gylfason, T., Natural Resources, Education and Economics Development, *European Economic Review*, 2001(4-6), pp. 847-869.

[26] Hamilton, S. F. and Requate, T., Vertical Structure and Strategic Environmental Trade Policy, *Journal of Environmental Economics and Management*, 2004(2), pp. 260-269.

[27] Heckscher, F., The Effect of Foreign Trade on the Distribution of Income, *Eknomisk Tidskrift*, 1919(2), pp. 497-512.

[28] Hirschman, A., *The Strategy of Economic Development*, New Haven: Yale University Press, 1958, pp. 658-660.

[29] Hotelling, H. , The Economics of exhaustible Resources, *Journal of Political Economy*, 1931(1-2), pp. 137-175.

[30] Hult, T. , The BRIC Countries, *global EDGE Business Review*, 2009, Vol. 3, pp. 1-2.

[31] Humphreys, M. , Jeffrey, S. and Joseph, S. , eds. , *Escaping the Resource Curse*, New York: Columbia University Press, 2007, pp. 322-336.

[32] Isaksson, A. , Structural Change and Productivity Growth: A Review with Implications for Developing Countries, Research and Statistics Branch Working Paper, 2009.

[33] Jensen, N. , Wantchekon, L. , Resource Wealth and Political Regimes in Africa, *Comparative Political Studies*, 2004(7), pp. 816-841.

[34] Jorgenson, D. , Accounting for Growth in Information Age, *Handbook of Economic Growth*, 2005(1), pp. 743-815.

[35] Krugman, P. R. , Increasing Returns and Economic Geography, *Journal of Political Economy*, 1991(3), pp. 483-499.

[36] Lewis, W. , Economic Development with Unlimited Supplies of Labour, *The Manchester School*, 1954(5), pp. 139-191.

[37] Morrison, K. M. , Oil, Nontax Revenue, and the Redistributional Foundations of Regime Stability, *International Organization*, 2009(4), p. 107.

[38] Ngai, R. and Pissarides, C. , Structural Change in a Multi Sector Model of Growth, *American Economic Review*, 2007(1), pp. 429-443.

[39] Nordhaus, W. D. , Lethal Model 2: The Limits to Growth Revisited, *Brookings Papers on Economic Activity*, 1992(2), pp. 1-43.

[40] Norman, C. S. , Rule of Law and the Resource Curse, *Environmental and Resource Economics*, 2009(2), pp. 183-207.

[41] Ohlin, *Interregional and International Trade*, Cambridge: Harvard University Press, 1933, pp. 134-138.

[42] Papyrakis, E. , Gerlagh, R. , The Resource Curse Hypothesis and Its Transmission Channels, *Journal of Comparative Economics*, 2004(1), pp. 181-193.

[43] Phelps, E. , The Golden Rule of Accumulation: A Fable for Growthmen, *The American Economic Review*, 1961(4), pp. 638-643.

[44] Porter, M. E. , The Five Competitive Forces that Shape Strategy, *Harvard Business Review*, 2008(1), pp. 78-93.

[45] Ramsey, F. P. , A Mathematical Theory of Saving, *The Economic Journal*, 1928(3), pp. 543-559.

[46] Rauscher, M., On Ecological Dumping, *Oxford Economic Papers*, 1994(1), pp. 822-840.

[47] Roed, L., Are Rich Country Immune to the Resource Curse? Evidence from Norway's Management of Its Oil Riches, *Resources Policy*, 2005(2), pp. 75-86.

[48] Romer, D., *Advanced Macroeconomics*, New York: The Mcgraw-Hill Companies, Inc., 2001, pp. 11-43.

[49] Rosenstein-Rodan, P., Problems of Industrialization of Eastern and South-Eastern Europe, *Economic Journal*, 1943(1), pp. 202-211.

[50] Rostow, W., *The Stages of Economic Growth: A Non-Communist Manifesto*, Cambridge: Cambridge University Press, 1960, p. 4.

[51] Sachs, J. D., Warner, A. M., Natural Resource Abundance and Economic Growth, NBER Working Papers, 1995, (5398).

[52] Sachs, J. D., Warner, A. M., The Curse of Natural Resources, *European Economic Review*, 2001(4-6), pp. 827-838.

[53] Sala-i-Martin, X., Subramanian, Arvind, Addressing the Natural Resource Curse: An Illustration from Nigeria, NBER Working Papers, 2003, (9804).

[54] Schwartz, M., Third-Degree Price Discrimination and Output: Generalizing a Welfare Result, *American Economic Review*, 1990(5), pp. 1259-1262.

[55] Stijins, J. C., Natural Resource Abundance and Economic Growth Revisited, *Resources Policy*, 2005(2), pp. 107-130.

[56] Stijns, Jean-Philippe, Natural Resource Abundance and Human Capital Accumulation, *World Development*, 2006(6), pp. 1060-1083.

[57] Stolper, W. F., Samuelson, P. A., Protection and Real Wages, *The Review of Economic Studies*, 1941(1), pp. 58-73.

[58] Straume, O. R., Product Market Integration and Environmental Policy Coordination in an International Duopoly, *Environmental and Resource Economics*, 2006(4), pp. 535-563.

[59] Tanguay, G. A., Strategic Environmental Policies under International Duopolistic Competiton, *International Tax and Public Finance*, 2001(5-6), pp. 793-811.

[60] Torvik, R., Natural Resources, Rent Seeking and Welfare, *Journal of Development Economics*, 2002(2), pp. 455-470.

[61] Torvik, R., Why Do Some Resource-abundant Countries Succeed While Others Do Not?, *Oxford Review of Economic Policy*, 2009(2), pp. 241-256.

[62] Ulfelder, J., Natural-Resource Wealth and the Survival of Autocracy, *Comparative Political Studies*, 2007(18), pp. 995-1018.

[63] Varian, H., Price Discrimination and Social Welfare, *American Economic Review*, 1985(4), pp. 870-875.

[64] Varian, H., Price Discrimination, R. Schmalensee and R. Willig, eds., *Handbook of Industrial Organization*, 1989(1), pp. 597-654.

[65] Walz, U. and Wellisch, D., Is Free Trade in the Interest of Exporting Countries When There is Ecological Dumping, *Journal of Public Economics*, 1997(2), pp. 275-291.

[66] Word Commission on Environment and Development (WCED), *Our Common Future*, New York: Oxford University Press, 1987, p. 383.

[67] World Bank Staff, *The Changing Wealth of Nations-Measuring Sustainable Development in the New Millennium*, New York: The World Bank Press, 2011, p. 26.

[68] Wright, J., Frantz, E., Geddes, B., Oil and Autocratic Regime Survival, *British Journal of Political Science*, 2013(5), pp. 287-306.

[69] Yoshida, Y., Third-Degree Price Discrimination in Input Markets: Output and Welfare, *American Economic Review*, 2000(1), pp. 240-246.

[70] 边欣:《非线性蛛网理论及应用研究》,天津大学2005年硕士学位论文,第3—8页。

[71] 蔡昉、王德文、曲玥:《中国产业升级的大国雁阵模型分析》,载《经济研究》2009年第9期。

[72] 陈纪平:《经济发展阶段、结构变迁与资源诅咒》,载《西部论坛》2016年第6期。

[73] 陈佳贵、黄群慧:《工业发展、国情变化与经济现代化战略》,载《中国社会科学》2005年第4期。

[74] 陈佳贵、黄群慧、钟宏武:《中国地区工业化进程的综合评价和特征分析》,载《经济研究》2006年第6期。

[75] 陈隆近、吴亚萍、冯力沛:《财政透明度中的资源诅咒——基于四川省县级财政自主性的经验证据》,载《中国经济问题》2018年第1期。

[76] 陈雯:《中国—东盟自由贸易区的贸易效应研究——基于引力模型"单国模式"的实证分析》,载《国际贸易问题》2009年第1期。

[77] 陈昱、陈银蓉:《"资源诅咒"的空间异质性及差别化管理策略研究——中原城市群9个地市的实证》,载《中国农业资源与区划》2017年第1期。

[78] 陈元江:《工业化进程统计测度与质量分析指标体系研究》,载《武汉大学学报》(哲学社会科学版)2005年第6期。

[79] 程极明、李洁:《五大国经济与社会发展比较研究(1990—2005年)》,经济科学出版社2006年版,第23—42页。

[80] 楚天科技编著:《MATLAB R2008科学计算实例教程》,化学工业出版社2010年版,第

34—39 页。
[81] 邓可斌、丁菊红：《中国经济发展存在"资源之咒"吗?》，载《世界经济》2007 年第 9 期。
[82] 邓明、钱争鸣：《资源禀赋与"资源—经济"系统的有序度》，载《厦门大学学报》2012 年第 1 期。
[83] 邓伟、王高望：《资源红利还是资源诅咒》，载《浙江社会科学》2014 年第 7 期。
[84] 丁占文、刘光中：《一个非瓦尔拉斯均衡蛛网模型及其随机模型的研究》，载《系统科学与数学》1999 年第 7 期。
[85] 董景荣：《市场动态的非线性蛛网模型及其性态（Ⅰ）》，载《重庆师范学院学报》（自然科学版）1996 年第 4 期。
[86] 方颖、纪衎、赵扬：《中国是否存在"资源诅咒"》，载《世界经济》2011 年第 4 期。
[87] 冯梅：《全球产业转移与提升我国产业结构水平》，载《管理世界》2009 年第 5 期。
[88] 冯宗宪、姜昕、王青：《中国省际层面"资源诅咒"问题的再检验》，载《中国人口·资源与环境》2010 年第 10 期。
[89] 干春晖、郑若谷：《改革开放以来产业结构演进与生产率增长研究——对中国 1978—2007 年"结构红利假说"的检验》，载《中国工业经济》2009 年第 2 期。
[90] 干春晖、郑若谷、余典范：《中国产业结构变迁对经济增长和波动的影响》，载《经济研究》2011 年第 5 期。
[91] 高鸿业：《西方经济学（微观部分）》（第 5 版），中国人民大学出版社 2011 年版，第 78—85 页。
[92] 龚德恩、雷勇：《非均衡蛛网模型价格调节的稳定性分析》，载《华侨大学学报》（自然科学版）1999 第 3 期。
[93] 龚德恩、雷勇：《非均衡蛛网模型价格调节的稳定性分析（Ⅱ）》，载《华侨大学学报》（自然科学版）1999 年第 4 期。
[94] 郭根龙、杨静：《金融发展能缓解资源诅咒吗?——基于中国资源型区域的实证分析》，载《经济问题》2017 年第 9 期。
[95] 郭克莎：《中国工业化的进程、问题与出路》，载《中国社会科学》2000 年第 5 期。
[96] 郭熙保：《从发展经济学观点看待库兹涅茨假说——兼论中国收入不平等扩大的原因》，载《管理世界》2002 年第 3 期。
[97] 郭熙保、胡汉昌：《后发优势研究述评》，载《山东社会科学》2002 年第 3 期。
[98] 贺铿、郑家亨：《文兼武等中国现代化进程监测系统研究》，载《统计研究》2003 年第 5 期。
[99] 洪开荣、侯冠华：《基于空间计量模型对"资源诅咒"假说的再检验》，载《生态经济》

2017年第11期。

[100] 胡华:《资源诅咒命题在中国大陆是否成立——基于省级面板数据的分析》,载《现代财经·天津财经大学学报》2013年第3期。

[101] 胡晓鹏:《产业结构变迁视角下经济增长的系统性分析》,载《财经科学》2004年第1期。

[102] 胡援成、肖德勇:《经济发展门槛与自然资源诅咒——基于我国省级层面的面板数据实证研究》,载《管理世界》2007年第4期。

[103] 黄茂兴、李军军:《技术选择、产业结构升级与经济增长》,载《经济研究》2009年第7期。

[104] 黄悦、刘继生、张野:《资源丰裕程度与经济发展关系的探讨——资源诅咒效应国内研究综述》,载《地理科学》2013年第7期。

[105] 黄赜琳:《非线性非均衡蛛网模型的动态分析》,载《数学的实践与认识》2004年第3期。

[106] 简新华、向琳:《新型工业化道路的特点和优越性》,载《管理世界》2003年第7期。

[107] 江小涓:《中国经济发展进入新阶段:挑战与战略》,载《经济研究》2004年第11期。

[108] 姜泽林:《腐败规制与资源诅咒:一个理论分析框架及实证检验》,载《财会通讯》2016年第33期。

[109] 金碚、吕铁、邓洲:《中国工业结构转型升级:进展、问题与趋势》,载《中国工业经济》2011年第2期。

[110] 李丛志:《发达国家废塑料再生利用现状及对我国的影响》,载《再生资源与循环经济》2013年第4期。

[111] 李天籽:《自然资源丰裕度对中国地区经济增长的影响及其传导机制研究》,载《经济科学》2007年第6期。

[112] 李跃军、姜琴君:《"旅游资源诅咒"论的若干问题》,载《中国名城》2016年第10期。

[113] 林毅夫、蔡昉、李周:《比较优势与发展战略——对"东亚奇迹"的再解释》,载《中国社会科学》1999年第5期。

[114] 林毅夫:《后发优势与后发劣势——与杨小凯教授商榷》,载《经济学季刊》2003年第2期。

[115] 林毅夫、李永军:《比较优势、竞争优势与发展中国家的经济发展》,载《管理世界》2003年第7期。

[116] 刘伟、李绍荣:《产业结构与经济增长》,载《中国工业经济》2002年第5期。

[117] 刘伟、张辉:《中国经济增长中的产业结构变迁和技术进步》,载《经济研究》2008年第11期。

[118] 刘贞、程勇军、杨武、任丽芸：《从演化制度经济学角度分析资源诅咒现象》，载《能源研究与利用》2009 年第 1 期。

[119] 陆铭、陈钊、万广华：《因患寡，而患不均——中国的收入差距、投资、教育和增长的相互影响》，载《经济研究》2005 年第 12 期。

[120] 罗浩：《自然资源与经济增长:资源瓶颈及其解决途径》，载《经济研究》2007 年第 6 期。

[121] 马捷、段颀：《受工会影响的国际寡头竞争与环境倾销》，载《经济研究》2009 年第 5 期。

[122] 马予红：《自然资源与经济增长关系研究综述》，载《经济学动态》2006 年第 2 期。

[123] 马宇、程道金：《"资源福音"还是"资源诅咒"——基于门槛面板模型的实证研究》，载《财贸研究》2017 年第 1 期。

[124] 么海涛：《蛛网模型的数学研究》，载《北京信息科技大学学报》2011 年第 2 期。

[125] 〔美〕埃德加·M.胡佛：《区域经济学导论》，王翼龙译，商务印书馆 1990 年版，第 33—35 页。

[126] 〔美〕保罗·萨谬尔森、威廉·D.诺德豪斯：《经济学》（第 12 版），高鸿业等译，中国发展出版社 1992 版，第 41—42 页。

[127] 〔美〕德内拉·梅多斯、乔根·兰德斯、丹尼斯·梅多斯：《增长的极限》，李涛、王智勇等译，机械工业出版社 2013 年版，第 18—25 页。

[128] 〔美〕霍利斯·钱纳里、莫尔塞斯·塞尔昆：《发展的格局 1950—1970》，李小青等译，中国财政经济出版社 1989 年版，第 81—107 页。

[129] 〔美〕鲁迪格·多恩布什、斯坦利·费希尔、理查德·斯塔兹：《宏观经济学》（第 12 版），王志伟译注，中国人民大学出版社 2012 版，第 42—73 页。

[130] 〔美〕西蒙·库兹涅茨：《各国经济增长》，常勋等译，商务印书馆 2007 年版，第 124—125 页。

[131] 苗建青：《日本废弃物回收政策研究》，载《外国经济与管理》2005 年第 12 期。

[132] 倪晓宁、包明华：《DEA 方法在潜在 GDP 估算中的应用》，载《统计与决策》2010 年第 2 期。

[133] 欧阳峣：《大国经济的特征及其层次性》，载《光明日报》2014 年 7 月 30 日。

[134] 欧阳峣：《大国经济发展理论的研究范式》，载《经济学动态》2012 年第 12 期。

[135] 欧阳峣：《大国经济研究》（第二辑），北京：经济科学出版社 2010 年版，第 3—12、67—78 页。

[136] 欧阳峣：《"大国内生能力"与经济发展》，载《光明日报》2013 年 3 月 27 日。

[137] 欧阳峣：《大国综合优势》，格致出版社、上海三联书店、上海人民出版社2011年版，第4—6页。

[138] 欧阳峣：《构建大国综合优势——中国经济竞争力的基础及框架分析》，载《湖南商学院学报》2006年第1期。

[139] 欧阳峣、罗会华：《大国的概念：含义、层次及类型》，载《经济学动态》2010年第8期。

[140] 欧阳峣、生延超：《大国经济发展的典型化特征》，载《经济理论与经济管理》2012年第5期。

[141] 庞加兰：《资源收入转移支付机制解决"资源诅咒"假说的研究》，载《价格理论与实践》2016年第3期。

[142] 庞永红：《"契约人"假设的伦理意蕴》，载《河北学刊》2005年第5期。

[143] 裴潇、黄玲、蒲志仲：《"资源诅咒"现象的再检验》，载《财会通讯》2014年第5期。

[144] 彭欢欢、姚磊：《资源禀赋与经济门槛》，载《现代管理科学》2015年第1期。

[145] 戚衡玮：《发展中大国发展模式的理论探讨——基于劳动力市场的分析》，载《理论界》2006年第5期。

[146] 任才方、王晓辉：《新型工业化指标体系探索》，载《中国统计》2003年第5期。

[147] 商勇：《中国新型工业化评价指标体系的构建和实证分析》，载《区域经济评论》2015年第5期。

[148] 邵帅、齐中英：《西部地区的能源开发与经济增长》，载《经济研究》2008年第6期。

[149] 邵帅、齐中英：《西部地区的能源开发与经济增长》，载《经济研究》2008年第4期。

[150] 孙龙中、徐松：《技术性贸易壁垒对我国农产品出口的影响与对策》，载《国际贸易问题》2008年第2期。

[151] 孙庆刚、秦放鸣：《"资源诅咒"在我国省际层面传导机制研究——兼评〈"资源诅咒"：制度视域的解析〉》，载《经济问题》2010年第9期。

[152] 孙婷婷、李宝毅、张静：《对加权蛛网模型稳定性的探讨》，载《数学的实践与认识》2010年第17期。

[153] 孙早、张敏、刘文璨：《后危机时代的大国产业战略与新兴战略产业的发展》，载《经济学家》2010年第9期。

[154] 汤天滋：《主要发达国家发展循环经济经验述评》，载《财经问题研究》2005年第2期。

[155] 田小燕、贺青：《对蛛网模型以及改进后的蛛网模型的研究》，载《当代经理人》2006年第4期。

[156] 田志华：《资源诅咒存在吗？》，载《产业经济评论》2014年第3期。

[157] 万建香、汪寿阳：《社会资本与技术创新能否打破"资源诅咒"？——基于面板门槛效

应的研究》,载《经济研究》2016 年第 12 期。

[158] 王必达、高云虹:《自然资源与经济增长关系的理论演进》,载《经济问题探索》2009 年第 11 期。

[159] 王淀佐、、姚华军、贾文龙、王雪峰:《有关矿产资源节约与综合利用的思考与建议》,载《中国国土资源经济》2011 年第 10 期。

[160] 王燕梅、于永春:《国际纵向分工下的产业升级和竞争优势构建》,载《经济学家》2009 年第 3 期。

[161] 魏后凯:《比较优势、竞争优势与区域发展战略》,载《福建论坛》(人文社会科学版) 2004 年第 9 期。

[162] 吴东美:《日本环境保护和资源节约情况给我们的启示》,载《中国价格监督检查》2010 年第 1 期。

[163] 吴忠群:《中国经济增长中消费和投资的确定》,载《中国社会科学》2002 年第 3 期。

[164] 项松林、赵曙东:《中性还是偏向性技术变迁影响出口?——基于细分行业贸易数据的经验分析》,载《财贸经济》2012 年第 6 期。

[165] 谢春、李健:《中国特色新型工业化评价指标体系构建及实证分析》,载《系统工程》2011 年第 3 期。

[166] 邢斐、何欢浪:《贸易自由化、纵向关联市场与战略性环境政策》,载《经济研究》2011 年第 5 期。

[167] 徐波、吕颖:《发达国家发展循环经济的政策及启示》,载《生态经济》2005 年第 6 期。

[168] 徐朝阳:《工业化与后工业化:"倒 U 型"产业结构变迁》,载《世界经济》2010 年第 12 期。

[169] 徐康宁、王剑:《自然资源丰裕程度与经济发展水平关系的研究》,载《经济研究》2006 年第 1 期。

[170] 徐康宁、王剑:《自然资源丰裕度与经济发展水平关系研究》,载《经济研究》2006 年第 1 期。

[171] 许新三:《国际区域产业结构分析导论——一个一般理论及其对中国的应用分析》,载《世界经济》2002 年第 12 期。

[172] 薛雅伟、张在旭、李宏勋、栾俊毓:《资源产业空间集聚与区域经济增长:"资源诅咒"效应实证》,载《中国人口·资源与环境》2016 年第 8 期。

[173] 杨敬增:《日本再生资源综合利用技术简介》,载《再生资源与循环经济》2011 年第 4 期。

[174] 杨汝岱、姚洋:《有限赶超和大国经济发展》,载《国际经济评论》2006 年第 4 期。

[175] 杨犨犨、李平:《新型工业化评价指标体系及测度分析》,载《经济管理》2011年第10期。

[176] 杨小凯、张永生:《新贸易理论、比较利益理论及其经验研究的新成果:文献综述》,载《经济学季刊》2001年第1期。

[177] 姚顺波、韩久保:《基于资源丰裕和资源依赖不同视角下的"资源诅咒"问题再检验——以陕西省10个地市面板数据为例》,载《经济经纬》2017年第5期。

[178] 姚毓春、范欣:《有条件资源诅咒在中国存在吗?》,载《吉林大学社会科学学报》2014年第5期。

[179] 殷俐娟:《资源富集地区避免"资源诅咒"效应的策略》,载《国土资源科技管理》2008年第2期。

[180] 〔英〕大卫·李嘉图:《政治经济学与赋税原理》,郭大力、王亚南译,上海三联书店2008年版,第25—26页。

[181] 〔英〕亚当·斯密:《国民财富的性质和原因的研究》(下),郭大力、王亚南译,上海三联书店2009年版,第7—8页。

[182] 俞立平、潘云涛、武夷山:《工业化与信息化互动关系的实证研究》,载《中国软科学》2009年第1期。

[183] 袁志刚、范剑勇:《1978年以来中国的工业化进程及其地区差异分析》,载《管理世界》2003年第8期。

[184] 张军、陈诗一:《结构改革与中国工业增长》,载《经济研究》2009年第7期。

[185] 张李节:《大国优势与我国经济增长的潜力》,载《现代经济》2007年第12期。

[186] 张亚莉、杨志春:《具时滞效应的多商品蛛网模型及其稳定性分析》,载《数学的实践与认识》2010年第3期。

[187] 张亚莉:《一类非均衡蛛网模型的稳定性分析》,载《重庆文理学院学报》(自然科学版)2008年第2期。

[188] 赵奉军:《关于"资源诅咒"的文献综述》,载《重庆工商大学学报》(西部论坛)2006年第1期。

[189] 赵领娣、徐乐、张磊:《资源产业依赖、人力资本与"资源诅咒"假说——基于资源型城市的再检验》,载《地域研究与开发》2016年第4期。

[190] 郑若谷、干春晖、余典范:《转型期中国经济增长的产业结构和制度效应——基于一个随机前沿模型的研究》,载《中国工业经济》2010年第2期。

[191] 周亚平、陈文江:《财政转移支付与西部资源诅咒认知》,载《西北师大学报》(社会科学版)2017年第5期。

[192] 周振华:《新型工业化道路:工业化与信息化的互动与融合》,载《上海经济研究》2002年第12期。

[193] 邹书婷、朱媛媛、张永利、杨琳:《江汉平原土地资源诅咒效应研究》,载《长江流域资源与环境》2015年第12期。

[194] 邹炜龙:《"资源诅咒"困境:成因与对策——对黄石市经济发展模式的反思》,载《长江论坛》2016年第2期。

附　　录

附录1　约定价格型蛛网蒙特卡洛模拟程序 zwmx1. m 源代码

```
function [k, slblv] = zwmx1(e, n)            % 契约决定价格
k = zeros(numel(n), numel(e));
eps = 10.^(-e);                              % eps 为允许误差
for j = 1: 10000
a = 6; c = 2;
if(unifrnd(0, 9, 1, 1) < 3)
  b = 5; d = 4;
  elseif (unifrnd(0, 9, 1, 1) > 6)
    b = 5; d = 5;
  else b = 4; d = 5;
end
pp = (a + c)/(b + d); qq = a - b * pp;
p(1) = 1;% unifrnd(c/d + eps(1), a/b - eps(1), 1, 1);
kc(1) = 0;                                   % kc(1)表示初始库存
if(p(1) = = [ ])
  disp('you wu 1')
  break
end
for t = 1: max(n)
  qd(t) = a - b * p(t); qs(t) = -c + d * p(t) - kc(t);
```

```
      if (qs(t) <0)
         qs(t) =0;
      end
      kc(t +1) = - c + d * p(t) - qd(t);
      if(kc(t +1) = =0)
         dp = 0; q(t) = qd(t);
elseif (kc(t +1) >0)
         dp = unifrnd((qd(t) +c)/d - p(t), 0, 1, 1);         q(t) = qd(t);
else dp = unifrnd(0, (a + c - d * p(t))/b - p(t), 1, 1);  q(t) = - c + d * p(t);
         kc(t +1) = kc(t) + qs(t) - ( - c + d * p(t));
end
p(t +1) = p(t) + dp;                                          t = t +1;
end
j = j +1;
for i =1: 3
Pe = p(n(i)); Qe = qd(n(i));
for kk =1: numel(e)
kkk = [abs(Pe - pp) < eps(kk), abs(Qe - qq) < eps(kk)];
if(kkk)
k(i, kk) = k(i, kk) +1; end
end; end
end
slblv = k./10000;                                    % slblv 表示收敛率
```

附录2 约定成交量型蛛网蒙特卡洛模拟程序 zwmx2. m 源代码

```
function [k, slblv] = zwmx2(e, n)
k = zeros(numel(n), numel(e)); eps =10.^( - e);   % eps 为允许误差
for j =1: 10000
a =6; c =2;
if(unifrnd(0, 9, 1, 1) <3)
```

```
    b = 5; d = 4;
  elseif (unifrnd(0, 9, 1, 1) > 6)
    b = 5; d = 5;
  else b = 4; d = 5;
end
pp = (a + c)/(b + d); qq = a - b * pp;
q(1) = 2.5; p(1) = (a - q(1))/b;
kc(1) = 0;                                    % kc(1)表示虚拟库存初始化
for t = 1: max(n)
  qs(t) = -c + d * p(t);
  if (qs(t) < 0)
    qs(t) = 0;
  end
  kc(t) = qs(t) - a + b * p(t);
  dkc = min(qs(t), a - b * p(t));
  ddp = (a - q(t))/b - (q(t) + c)/d;
  if(kc(t) = = 0)
    dq = 0; minp = p(t);
  elseif (kc(t) > 0)
    q1 = min(qs(t), a - b * ((q(t) + c)/d));
    dq = unifrnd(0, q1 - q(t), 1, 1);
    minp = max((q(t) + c)/d, (a - qs(t))/b);
  elseif(kc(t) < 0 && q(t) > dkc && ddp < 0)
    q1 = max(qs(t), a - b * ((a - b * p(t) + c)/d));
    dq = unifrnd(q1 - q(t), 0, 1, 1);
    minp = min(p(t), (a - b * ((a - b * p(t) + c)/d) + c)/d);
  else q1 = min(a - b * p(t), -c + d * (a - q(t))/b);
    dq = unifrnd(0, q1 - q(t), 1, 1);
    minp = min(p(t), (a + c - d * (a - q(t))/b)/b);
  end
  q(t + 1) = q(t) + dq; p(t + 1) = unifrnd(minp, (a - q(t + 1))/b, 1, 1);
  t = t + 1; end
j = j + 1;
```

```
for i = 1: numel(n)
Pe = p(n(i)); Qe = q(n(i));
for kk = 1: numel(e)
kkk = [abs(Pe - pp) < eps(kk), abs(Qe - qq) < eps(kk)];
if(kkk)
k(i, kk) = k(i, kk) + 1; end
end; end
end
slblv = k/10000;                          % slblv 表示收敛率
```

附录3 约定价格及成交量型蛛网蒙特卡洛模拟程序 zwmx3. m 源代码

```
function [k, slblv] = zwmx3(e, n)
k = zeros(numel(n), numel(e)); eps = 10.^( - e);    % eps 为允许误差
for j = 1: 10000
  a = 6; c = 2;
if(unifrnd(0, 9, 1, 1) < 3)
  b = 5; d = 4;
  elseif (unifrnd(0, 9, 1, 1) > 6)
    b = 5; d = 5;
  else b = 4; d = 5;
end
pp = (a + c)/(b + d); qq = a - b * pp;
q(1) = 0.76;% unifrnd(eps(1), qq - eps(1), 1, 1);
p(1) = 0.95;% unifrnd((q(1) + c)/d, (a - q(1))/b, 1, 1);
kc(1) = 0;          % kc(1)表示虚拟库存初始化
for t = 1: max(n)
  qd(t) = a - p(t) * b;                    qs(t) = - c + d * p(t);
  kc(t) = qs(t) - qd(t);                   qq1 = min(qd(t), qs(t));
  dq = unifrnd(0, qq1 - q(t), 1, 1);       q(t + 1) = q(t) + dq;
  if(kc(t) = = 0)
    dp = 0;
```

```
    elseif(kc(t)>0)
    dp=unifrnd((qd(t)+c)/d-p(t),0,1,1);
    else
    dp=unifrnd(0,(a-qs(t))/b-p(t),1,1);
    end
    p(t+1)=p(t)+dp;                                          t=t+1;
end
j=j+1;
for i=1:3
Pe=p(n(i));Qe=qd(n(i));
for kk=1:numel(e)
kkk=[abs(Pe-pp)<eps(kk),abs(Qe-qq)<eps(kk)];
if(kkk)
k(i,kk)=k(i,kk)+1;end
end;end
end
slblv=k/10000;                              % slblv 表示收敛率
```

附录4 蒙特卡洛模拟主程序 main. n 源代码

```
clc;clear;
tic
e=[2,4,8,13];
nn=[20,50,100];                    % 迭代次数
x1=zwmx1(e,nn);                    % 计算约定价格型蛛网的蒙特卡洛模拟收敛次数
x2=zwmx2(e,nn);                    % 计算约定成交量型蛛网的蒙特卡洛模拟收敛次数
x3=zwmx3(e,nn);                    % 计算约定价格及成交量型蛛网的蒙特卡洛模拟收敛
                                     次数
x=[e;x1;x2;x3]                     % 计算收敛次数矩阵
xx=round(x(2:10,:)./100)           % 计算收敛比率矩阵
toc
```

附录5　实证检验程序 shiyou.m 源代码

```
clear; clc;
data = xlsread('世界石油供需及价格数据', 'sheet1', 'c17: g44');
p = data(:, 1); qd = data(:, 5); qs = data(:, 5);
% 边界估计
for j = 1: 2
    if(j = =1)
X = p'; % 用户输入多指标输入矩阵 X
Y = qs';
    else X = -qd';
        Y = p'; % 用户多指标输出矩阵 Y
    end
n = size(X', 1); m = size(X, 1); s = size(Y, 1);
epsilon = 10^-10; % 定义非阿基米德无穷小 e =10 -10
f = -[zeros(1, n) -epsilon*ones(1, m+s) 1];
A = zeros(1, n+m+s+1); b = 0;
LB = zeros(n+m+s+1, 1); UB = [];
LB(n+m+s+1) = -Inf;
for i =1: n;
Aeq = [X, eye(m), zeros(m, s), zeros(m, 1);
Y, zeros(s, m), -eye(s), -Y(:, i);
ones(1, n) zeros(1, m+s+1)];
beq = [X(:, i); zeros(s, 1); 1];
w(:, i) = LINPROG (f, A, b, Aeq, beq, LB, UB); % 解线性规划, 得 DMUi 的最佳权
    向量 wi
end
w; % 输出最佳权向量
lambda = w(1: n,:); % 输出 1 *
s_ minus = w(n+1: n+m,:); % 输出 s * -
s_ plus = w(n+m+1: n+m+s,:); % 输出 s * +
```

```
theta = w(n + m + s + 1,:); % 输出 q *
q1(j,:) = Y. * theta;
figure
if(j = =1)
kk = 1;
for jj =1: n
  if(p(jj) < =46)
    qss(kk) =q1(j, jj);     ps(kk) =p(jj);     kk = kk +1;
  end
end
nn = numel(ps);
beta3 = (nn * sum(ps. * qss) - sum(ps) * sum(qss))/(nn * sum(ps. ^2) -
  sum(ps) ^2)
beta2 = mean(qss) - beta3 * mean(ps)
plot(Y, p, '-r', q1(j,:), p, 'o', beta2 + beta3 * ps, ps)
ess = sum((qss - beta2 - beta3 * ps). ^2);
  e = qss - beta2 - beta3 * ps;
R2 = 1 - sum((qss - beta2 - beta3 * ps). ^2)/sum((qss - mean(qss)). ^2)
t0 = beta2/sqrt(ess * sum(ps. ^2)/nn/(nn - 2)/sum((ps - mean(ps)). ^2))
  t1 = beta3/sqrt(ess/(nn - 2)/sum((ps - mean(ps)). ^2))
  for i =1: (nn - 1)
    de = e(i +1) - e(i);
  end
  DW = sum(de. ^2)/ess
  F = (nn - 2) * R2/(1 - R2)
else
  pd = q1(j, 9: end);    qdd = qd(9: end)';
beta1 = (numel(pd) * sum(pd. * qdd) - sum(pd) * sum(qdd))/(numel(pd) *
  sum(pd. ^2) - sum(pd) ^2)
  beta0 = mean(qdd) - beta1 * mean(pd)
  plot( -X, p, '-r', -X, q1(j,:), 'o', (beta0 + beta1 * pd), pd)
  ess = sum((qdd - beta0 - beta1 * pd). ^2);
  e = qdd - beta0 - beta1 * pd;
```

```
    R2 = 1 - ess/sum((qdd - mean(qdd)).^2)
    t0 = beta0/sqrt(ess * sum(pd.^2)/11/9/sum((pd - mean(pd)).^2))
    t1 = beta1/sqrt(ess/9/sum((pd - mean(pd)).^2))
    for i = 1:(numel(pd) - 1)
       de = e(i + 1) - e(i);
    end
    DW = sum(de.^2)/ess
    F = 9 * R2/(1 - R2)
  end
  j = j + 1;
end
figure
pdd = 15:100; pddd = 60:110;
plot(beta2 + beta3 * pdd, pdd, beta0 + beta1 * pddd, pddd, 'r - -', qd,
    p, '* - g')
legend([], {'供给边界', '需求边界', '收敛路径'}, 'Position', [0.6746
    0.127 0.2179 0.1444]);
% 实际模型与理论模型吻合度检验
kk(1) = 1;
a = beta0; b = beta1; c = beta2; d = beta3;
kc(1) = 0; % kc(1)表示初始虚拟库存
for t = 2:numel(qd)
    qqd(t - 1) = a + p(t - 1) * b;          qqs(t - 1) = c + d * p(t - 1);
    kc(t - 1) = qqs(t - 1) - qqd(t - 1);    qq1 = min(qqd(t - 1), qqs(t - 1));
    if(qd(t - 1) < qd(t))
       if(qd(t) < = qq1 + 4000)
          kk(t) = 1;     else kk(t) = 0;
       end
    end
  t = t + 1;
end
wenhedu = sum(kk)/numel(qd)       % 计算吻合度
```

附录6 世界石油供需及价格数据表

年份	按当年的价格 (美元/桶)	按2011年 的价格 (美元/桶)	总消费量 (千桶/日)	开采产量 (千桶/日)	供给量 (千桶/日)	成交量 (千桶/日)
1980	36.83	100.54	61311	62946	62946	61311
1981	35.93	88.91	59405	59533	59533	59405
1982	32.97	76.85	57805	57296	57805	57805
1983	29.55	66.74	57588	56597	57588	57588
1984	28.78	62.31	58852	57676	58852	58852
1985	27.56	57.61	59218	57439	59218	59218
1986	14.43	29.62	60991	60415	60991	60991
1987	18.44	36.50	62270	60725	62270	62270
1988	14.92	28.38	64054	63093	64054	64054
1989	18.23	33.06	65438	63988	65438	65438
1990	23.73	40.83	66653	65370	66653	66653
1991	20.00	33.04	66799	65190	66799	66799
1992	19.32	30.98	67811	65702	67811	67811
1993	16.97	26.42	67438	65962	68384	68384
1994	15.82	24.01	68957	67053	68957	68957
1995	17.02	25.12	70040	67970	70040	70040
1996	20.67	29.63	71442	69825	71442	71442
1997	19.09	26.76	73566	72081	73566	73566
1998	12.72	17.55	74108	73437	74108	74108
1999	17.97	24.26	75737	72272	75737	75737
2000	28.50	37.22	76597	74796	76597	76597
2001	24.44	31.05	77245	74767	77245	77245
2002	25.02	31.29	78187	74493	78187	78187
2003	28.83	35.25	79686	76860	79686	79686
2004	38.27	45.57	82746	80358	82746	82746
2005	54.52	62.80	83925	81391	83925	83925
2006	65.14	72.69	84873	81687	84873	84873
2007	72.39	78.53	86321	81729	86321	86321

注：数据来自《BP世界能源统计年鉴》(2012年)。